福州大学哲学社会科学学术著作出版资助

U0594388

高新技术企业社会责任投资问题研究

Gaoxin Jishu Qiye

Shehui Zeren Touzi Wenti Yanjiu

黄莲琴 著

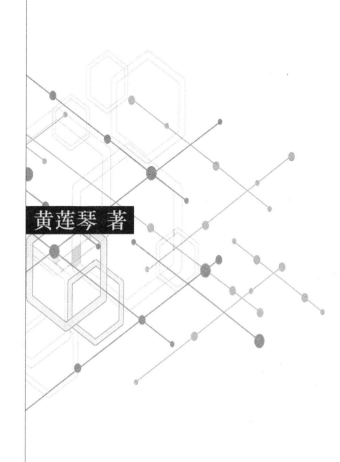

中国财经出版传媒集团

经济科学出版社

Economic Science Press

图书在版编目（CIP）数据

高新技术企业社会责任投资问题研究／黄莲琴著
. —北京：经济科学出版社，2019.9
ISBN 978 - 7 - 5218 - 0859 - 9

Ⅰ.①高… Ⅱ.①黄… Ⅲ.①高技术企业-企业责任
-社会责任-投资管理-研究-中国 Ⅵ.
①F279.244.4

中国版本图书馆 CIP 数据核字（2019）第 199764 号

责任编辑：谭志军 李 军
责任校对：齐 杰
责任印制：李 鹏

高新技术企业社会责任投资问题研究
黄莲琴 著
经济科学出版社出版、发行 新华书店经销
社址：北京市海淀区阜成路甲 28 号 邮编：100142
总编部电话：010 - 88191217 发行部电话：010 - 88191522
网址：www.esp.com.cn
电子邮箱：esp@esp.com.cn
天猫网店：经济科学出版社旗舰店
网址：http://jjkxcbs.tmall.com
固安华明印业有限公司印装
710×1000 16 开 14.5 印张 245000 字
2019 年 10 月第 1 版 2019 年 10 月第 1 次印刷
ISBN 978 - 7 - 5218 - 0859 - 9 定价：58.00 元
（图书出现印装问题，本社负责调换。电话：010 - 88191510）
（版权所有 侵权必究 打击盗版 举报热线：010 - 88191661
QQ：2242791300 营销中心电话：010 - 88191537
电子邮箱：dbts@esp.com.cn）

前 言

高新技术企业是我国经济发展的关键驱动力，是我国经济稳增长、促转型和调结构的重要支柱，推动着我国创新能力的稳步提升和经济的可持续发展。我国长期以来依靠规模速度型粗放式的增长方式已不再适应经济新常态的要求，高新技术企业必须兼顾企业、社会和环境的均衡发展，即将经济效益、社会效益和生态效益的实现纳入企业技术创新的目标中，进行有效的社会责任投资（SRI），从而实现技术创新生态化和社会与生态的和谐稳定发展。目前，国内外关于一般企业社会责任投资的研究较多着眼于其财务价值，但研究结论不一；鲜有研究企业社会责任投资的创新绩效、社会价值和可持续发展。因此，本书拟以高新技术企业为样本，从利益相关者和资源投入视角对高新技术企业社会责任投资的影响因素、企业社会责任投资对创新绩效、财务价值、社会价值和可持续发展水平的影响效应进行理论研究和实证检验。

本书采用规范研究和实证研究相结合的方法。首先，介绍研究背景与意义、研究内容与框架、研究贡献与创新之处；其次，界定企业社会责任投资的相关概念，阐述高新技术企业社会责任投资的必要性和理论基础，并对国内外相关研究文献进行梳理与评述；再其次，剖析了我国高新技术企业的发展现状与问题、企业社会责任报告披露内容与质量及企业社会责任投资的现状；最后，基于利益相关者视角阐述了高新技术社会责任投资的影响因素、以及对创新绩效、财务价值、社会价值和可持续发展的影响，提出相应的研究假说，并以 2010~2015 年我国 A 股高新技术上市公司为样本进行实证检验。本书研究结果的主要贡献如下：

第一，剖析了我国高新技术企业发展的现状与问题。近年来我国高新技术企业数量与规模总体保持增长趋势，企业 R&D 人员投入、R&D 经费支出和新产品销售收入呈逐年递增。但是，还存在一些问题：高新技术企业认定标准单一，高新技术企业不同行业发展集中化、地区发展不平衡，创新投入资源行业分布趋向集中化，而地域差异较大，同时部分行业创新资源投入与产出比例失衡。

第二，我国高新技术上市公司社会责任投资强度呈逐年持续增强的趋势，这表明我国高新技术上市公司越来越重视对各利益相关者进行社会责任投资。从相关利益者角度来看，高新技术企业对分维度的社会责任投资强度的变动趋势呈现差异性，表现为高新技术上市公司对员工的社会责任投资呈上升趋势，对政府、消费者的社会责任投资强度的变化趋势比较平稳，而对投资者、社区的社会责任投资呈波动式下降趋势，对供应商的社会责任投资呈平稳下降趋势。

第三，从公司内部较全面地考察了高新技术企业社会责任投资的影响因素。研究发现，公司治理、公司特征因素对高新技术企业社会责任投资产生影响，具体表现为：从公司治理因素来看，股权集中度、董事会规模能促进高新技术企业加大社会责任投资强度；而董事长与总经理两职位合一、高管薪酬激励则与新技术企业社会责任投资呈显著负相关；从公司特征来看，国有控股、公司规模、经营年限、财务杠杆和研发投入均有利于提高高新技术企业的社会责任投资；而成长性、现金流量与企业社会责任投资呈显著负相关。

第四，现有文献较少研究高新技术企业社会责任投资及其分维度的创新绩效，本书基于利益相关者和资源投入视角对其进行考察。研究发现，企业创新绩效随着社会责任投资的增强而提升。进一步研究发现，高新技术企业对不同利益相关者的社会责任投资的创新绩效影响效应不一，具体表现为：企业对员工和客户的社会责任投资有利于创新绩效的显著提升；而企业对于投资者、社区和政府的社会责任投资对创新绩效则呈现出显著的负面影响，这表明了企业分维度的社会责任投资的创新绩效具有异质性。

第五，目前文献对一般企业社会责任投资与财务绩效之间关系研究结论存在分歧，基于此，本书从不同产权视角考察了高新技术企业社会责任投资与财务价值之间的关系。研究结果发现：一是高新技术企业社会责任投资能够有效地提升企业当期及滞后一期的财务价值，且企业社会责任投资对滞后一期财务价值的提升效应较当期更大更显著；二是高新技术企业对投资者、员工、政府、社区、消费者和供应商等各利益相关者的社会责任投资均能显著提升当期和滞后期的财务价值。三是高新技术企业社会责任投资对财务价值的影响因产权性质的不同而存在异质性，即国有企业样本社会责任投资对财务价值的影响不显著，而非国有企业样本社会责任投资对当期、滞后期的财务价值均具有显著的正向影响。

第六，现有文献对于企业社会责任投资与社会价值、可持续发展之间的关系研究较为缺乏，本书对此进行研究，结果发现：一是高新技术企业 SRI 能够有效地提升企业的社会价值；但是国有样本与非国有样本社会责任投资的社会价值效应存在差异，国有样本企业社会责任投资与其社会价值呈显著正相关，而非国有样本却不显著。二是高新技术企业加大社会责任投资力度能够促进企业的可持续发展；同样，国有样本与非国有样本企业社会责任投资对可持续发展的影响效应存在差异，即国有样本企业社会责任投资对可持续发展的影响不显著，而非国有样本企业社会责任投资对可持续发展具有显著的正向影响。

总之，高新技术企业对各利益相关者的社会责任投资不仅能够提升企业的创新绩效、财务价值和社会价值，而且能够促进其可持续发展；而随着高新技术企业创新绩效与财务价值的提升，企业将逐渐积累更雄厚的实力满足相关利益者的需求，加大企业社会责任投资强度，从而进一步提升其社会价值和可持续发展水平，有利于高新技术企业实现创新、经济、社会和生态效益的统一，促进企业技术创新的生态化转向和绿色可持续发展战略的实施。

黄莲琴

2019. 8

目 录

1

绪　　论

1.1　研究背景

1.1.1　企业实施社会责任投资是绿色可持续发展的需要

企业社会责任投资（Social Responsible Investment，SRI）是基于社会责任理念的一种投资行为，在投资决策过程中整合财务、道德、社会与环境价值标准的投资方式〔考顿（Cowton），1999；斯科顿（Scholtens），2001；李建伟等，2010〕，以引导企业兼顾经济、社会和生态效益，实现"三效合一"的目标。因此，企业社会责任投资是一种基于可持续发展战略的投资模式。

企业社会责任投资起源于宗教运动中的伦理投资，是西方经济研究的重要议题之一；班纳吉（Banerjee，2010）指出，金融危机的爆发促使全社会更加关注资本市场的责任和透明，进一步推动社会责任投资成为目前欧美资本市场的主流。近年来，随着我国企业对社会责任关注度的增强，企业社会责任投资在中国资本市场逐渐兴起；尤其是随着生态文明建设的推进及"创新、协调、绿色、开放、共享"五大发展理念和绿色治理的相继提出，注重产业结构的优化、要素资源的最优配置及多元治理模式的创新成为企业实现绿色发展、可持续发展的重中之重，促使企业重视社会责任的履行与投资。

目前，国内外学者主要对一般企业社会责任投资的影响因素、财务绩效和社会价值进行研究。学者研究认为制度环境、经济发展、市场竞争程度、公司治理、公司特征和管理者特征等内外部因素对一般企业社会责任投资产生影响，但研究结论尚未达到一致。对于学者更关注的企业社会责任投资的财务绩效，研究结论呈现正相关、负相关、非线性或不相关等多样性情况；例如，达姆和斯科顿（Dam and Scholtens，2015）认为，企业社会责任投资降低企业风险，提高企业的资产回报率；杨等（Youn et al.，2016）研究表明，企业积极的社会责任投资能提升企业价值；郑若娟和胡璐（2014）研究表明，我国企业社会责任投资的整体财务绩效高于传统投资，并且有较好的抗风险能力。而赖特等（Wright et al.，1995）、卡佩尔·布兰卡和蒙乔恩（Capelle-Blancard and Monjon，2012）研究认为，企业社会责任投资使投资回报率下降，其绩效不如常规基金；阎海燕等（2017）研究发现，社会责任投资初期占用财务资源降低企业的盈利能力，但是，从长远来看，社会责任投资能帮助企业建立竞争优势，提升企业绩效。佩伊勒和肖特嘉（Peylo and Schaltegger，2014）研究表明，企业社会责任投资的可持续性与财务绩效之间存在明显的非线性关系；而亨弗雷等（Humphrey et al.，2011）、雷韦利和维维安尼（Revelli and Viviani，2015）研究认为，企业社会责任投资与传统基金的绩效、或与传统投资相比，不存在显著差异。至于企业社会责任投资的社会价值研究相对较少，例如，沃林和卢尔（Waring and Lewer，2004）认为企业社会责任投资的增长对企业形成压力，迫使经理选择更为人性的管理方式，从而对员工履行了社会责任；付强和刘益（2013）认为，基于技术创新的企业社会责任会积极影响企业社会绩效，而社会绩效促进企业财务绩效的提升。可见，学者对一般企业社会责任投资的影响因素、财务绩效和社会价值等的研究成果存在分歧，鲜有文献研究企业社会责任投资对其创新绩效、可持续发展的影响。

摩根士丹利国际资本公司（MSCI）报告指出，中国企业，尤其是一些大型国有企业、上市公司把注意力集中于经济增长，忽视了许多环境、社会和治理方面（Environment，Society and Governance，ESG）的重大问题。MSCI（2015）的研究表明，在境外上市的中国内地企业（主要是在香港上市）属于新兴市场上市企业中 ESG 标准最低的企业；在"MSCI 中国指数"中的 140 家中资企业中，超过85%的企业 ESG 评级低于 BBB 级（低于中位数），即处于7个评级中最低的三级；相较而言，"MSCI 新兴市场指数"成分股企业中，大约45%的企业评级在 BBB 级以上。2018 年，MSCI 对"MSCI 中国 A 股国际指数"中的 423 家上市公司评测结果显示，86%的公司 ESG 评级低于 BBB 级。可见，促使中国企业切实履行社会责任，有效地进行社会责任投资，以满足不同利益相关者的诉求，有效地解决环境、社会和治理等方面存在的问题已刻不容缓。

1.1.2　高新技术企业创新生态化与社会责任投资殊途同归

改革开放以来我国经济高速发展，已成为仅次于美国之后的世界第二大经济体。但是，我国经济迅猛发展的背后实际上是依靠规模速度型粗放式投资推动的，这种方式已不适应经济新常态的需求，应该转为质量效率型集约增长，即以科技进步为动力的增长方式。而高新技术企业的出现与创新发展适应时代的需求。

高新技术企业由于其高技术、高知识、高资源密集投入的特点，已成为衡量国家和地区经济发展的主要推动力，其科技成果转化能力更是成为国家和地区竞争力的主要体现。高新技术企业作为我国当下发展最迅速的产业之一，其在国民经济中的地位日益提升。我国高新技术企业的产业集群优势日益凸显，已经形成以长三角地区、珠三角地区和环渤海地区等为代表的产业集群发展区域。然而，我国不少高新技术企业的发展模式仍是粗放型经济增长模式，较大程度上依靠资源高投入拉动经济增长，而当前生态环境和资源状况已经无法支撑这样的增长方式。因此，在我国倡导转变经济增长方式、科技版开市、实现技术创新生态化的时代背景下，如何优化产业资源配置、提升创新能力和创新成果转化效率，是我国高新技术企业亟待解决的问题。

高新技术企业是我国技术创新和转变经济增长模式的关键。近年来，技术创新生态化开始成为研究热点，其倡导绿色、协调、全面的可持续发展，主张将生态化和环保的理念贯穿企业技术创新活动的始终，对企业技术创新成果的考察标准应当结合生态效益与社会效益，因此，高新技术企业发展目标应该从片面追求经济效益转向兼顾经济效益、生态效益和社会效益。这与企业社会责任投资的"三效合一"的最终目标是一脉相承的。以往关于高新技术企业的研究较多集中于如何通过技术创新来提升企业的核心竞争力（李维胜，2011；李相银和余莉莉，2012；周艳菊等，2014）。然而，高新技术企业凭借技术创新迅速发展的同时，也引致了由技术造成的资源短缺、高新技术污染问题，对员工、生态环境等利益相关者的社会责任问题缺乏关注，从而对社会与生态的和谐、稳定造成不良影响。为了解决这一问题，高新技术企业必须引领实现技术创新的生态转向，以符合现代社会发展与生态良性循环、协调与共的内在要求（夏碧芸，2013）。高新技术企业只有坚持以社会责任投资为导向，以绿色循环低碳发展为途径，构建节约资源和保护环境的产业结构和生产方式，才能促进企业的绿色可持续创新发展。因此，有必要研究高新技术企业社会责任投资问题，从而使企业充分认识到生态化技术创新与企业社会责任投资的一致性（顾丽，2005），以及如何进行社会责任投资才能带来较高的创新绩效、财务绩效和社会价值等。

近年来频发的食品安全、产品质量、环境污染事件促使企业进行社会责任投资的呼声日益高涨，但是，高新技术企业进行社会责任投资可能导致成本的增加。那么企业进行社会责任投资所增加的成本能否为企业带来经济效益的提高？影响高新技术企业社会责任投资的因素有哪些？高新技术企业社会责任投资是否会对企业的创新绩效、财务价值产生影响？同时，高新技术企业社会责任投资到底能否切实提高社会价值？以及企业社会责任投资能否促进企业的可持续发展？福建省加大力度实施"生态省"战略之际，福建省高新技术企业社会责任投资的影响因素、创新绩效及价值效应与全国高新技术企业相比是否存在差异？目前尚未有文献对这些问题进行研究。因此，本书从理论上厘清高新技术企业社会责任投资与其创新绩效、财务价值、社会价值和可持续发展之间的关系，在此基础上，检验高新技术企业社会责任投资的影响因素、创新绩效和价值效应，并将福建省样本与全国样本进行比较，为高新技术企业更主动、更有战略性地进行企业社会责任投资提供理论依据和经验支持。

1.2　研究意义

"经济新常态"是调结构稳增长的经济，注重长远，着眼于经济结构的对称态与可持续发展。而高新技术企业是我国经济发展的关键驱动力，是我国经济稳增长、促转型和调结构的重要支柱；在技术创新亟须生态化、科技版开市之际，对高新技术企业社会责任投资问题进行研究，以期寻找实现企业与社会共赢的途径显得至关重要。近几十年来企业社会责任投资在西方国家迅猛发展，并成为发达资本市场的主流；而国内对企业社会责任投资的研究尚处于起步阶段。因此，根据我国和福建省的实际情况，在对全国和福建省高新技术企业的社会责任投资现状进行比较分析的基础上，对高新技术企业社会责任投资的影响因素进行检验，考察高新技术企业社会责任投资的创新绩效、财务价值、社会价值和可持续发展等经济和社会后果，针对性地提出相关政策建议，以促进高新技术企业通过社会责任投资践行社会责任，改善环境、社会和企业治理状况，为建设机制活、产业优、百姓富和生态美的可持续战略奠定基础，可以说具有重要的理论意义与应用价值。

1.2.1 理论意义

本书旨在厘清高新技术企业社会责任投资的影响因素，以及其与创新绩效、财务价值、社会价值和可持续发展之间的关系，研究高新技术企业社会责任投资价值效应的作用机理，并进行实证检验，具有重要的理论意义。

1. 拓展了高新技术企业社会责任投资的相关研究

现有文献较多研究一般企业社会责任投资的财务绩效和社会价值，对于高新技术企业社会责任投资的界定和评价方面的研究相对较少，鲜有文献研究高新技术企业社会责任投资的创新绩效、社会价值和可持续发展等。因此，本书在界定企业社会责任投资内涵的基础上，研究高新技术企业社会责任投资的价值效应的作用路径，检验高新技术企业社会责任投资对创新绩效、财务价值、社会价值和可持续发展的影响，明晰高新技术企业社会责任投资的表现，能够丰富高新技术企业社会责任投资领域的相关研究。

2. 弥补了高新技术企业创新绩效影响因素研究的不足

现有文献对一般企业社会责任投资影响因素的研究往往是针对某一角度，不够全面。本书从公司内部视角较全面地考察了高新技术上市公司社会责任投资的影响因素，研究发现公司治理因素和公司特征因素对高新技术企业社会责任投资产生影响。而对于企业创新绩效影响因素的研究，目前学者主要认为高层次人力资源、内部研发资金、外部技术支持等因素对企业创新绩效产生影响。从社会责任投资角度对高新技术企业创新绩效的影响进行理论阐释与实证检验，可进一步丰富企业创新绩效影响因素的研究成果。

3. 丰富了企业社会责任投资财务价值的研究成果

尽管学术界对于一般企业社会责任投资的财务价值已有较广泛的研究，但从其研究成果看，不同行业的企业社会责任投资状况不同，得出的结论也不尽相同。本书以高新技术上市公司为研究对象，综合考虑了公司特征、公司治理因素对企业社会责任投资的财务价值的影响，得出的结论针对性更强。此外，本书还考虑了企业社会责任投资对财务价值影响的滞后性，以及各利益相关者的不同维度社会责任投资对财务价值的影响，考察的视角更加全面，拓展了企业社会责任投资财务价值效应方面的研究。

4. 为企业社会责任投资度量指标的构建提供参考

目前对企业社会责任的衡量方式多样，如以企业社会责任报告的披露情况或者以调查问卷的方式取得企业社会责任的信息，其可信度和客观性还存在一定的局限性。本书结合高新技术企业特征，利用财务报表数据，从相关利益者视角对高新技术企业社会责任投资的不同维度进行度量，充分考虑指标数据的可靠性和准确性，弥补了企业社会责任投资度量指标研究的不足。

1.2.2 现实意义

改革开放以来，我国经济蓬勃发展，技术创新能力逐渐提高，但是资源消耗速度过快，生态环境过度破坏，企业社会责任危机也日益突显。高新技术企业作为我国国民经济发展的重要支柱，其对各利益相关者的依赖程度更高，必须切实对相关利益者进行有效的社会责任投资，才能确保其发展的可持续性。研究高新技术企业社会责任投资的价值效应，探寻实现企业与社会共赢的途径，具有重要的现实意义。

1. 有利于提高高新技术企业的创新绩效水平

随着我国市场经济的不断完善和经济的全球化，高新技术企业面临的市场竞争也越发激烈。许多高新技术企业因为落后而被市场淘汰，可能原因是企业没有充分地考虑到哪些因素会对创新绩效产生影响。因此，对高新技术企业社会责任投资与创新绩效之间的关系进行研究，有利于完善高新技术企业创新绩效的影响因素体系，提升企业的技术创新能力和创新绩效水平。

2. 有利于高新技术企业社会责任投资理念的推广

高新技术企业是自主创新的最重要主体和基本单位，要建设成为创新型国家的关键是大量高新技术企业脱颖而出、不断涌现。因此，对高新技术企业社会责任投资的创新绩效、价值效应展开研究，能够引起社会公众对高新技术企业社会责任投资的关注，促使高新技术企业树立与推广社会责任投资理念，并且为今后高新技术企业社会责任投资的规范和决策提供参考。

3. 有利于高新技术企业更有效地进行社会责任投资

本书厘清高新技术企业社会责任投资的影响因素，研究高新技术企业社会责任投资的影响机理，实证检验了企业社会责任投资的创新绩效、财务价值、社会价值和可持续发展效应，在此基础上阐释了高新技术企业社会责任投资产生价值效应的路径，为高新技术企业制定科学合理的社会责任投资战略决策提供经验证据。

4. 为政府规范高新技术企业社会责任投资提供参考

高新技术企业的发展前景关系到国家的综合国力，本书在分析我国和福建省高新技术企业发展现状的基础上，剖析了其存在的问题。同时指出高新技术企业社会责任报告披露存在的问题，分析了高新技术企业社会责任投资现状与尚存的不足之处，为政府相关部门针对性地规范企业社会责任投资的相关政策提供依据。

1.3　研究内容与框架

具体而言，本书共分8章，各章主要内容如下：

第1章为绪论。主要介绍了本书的研究背景与研究意义、研究内容与框架、研究方法以及其贡献与创新之处。

第2章为理论基础与文献回顾。首先，对企业社会责任投资与高新技术企业的相关概念进行界定，结合高新技术企业特征阐述了高新技术企业进行社会责任投资的必要性；其次，简要阐述本书涉及的有关理论基础；最后，回顾和梳理了国内外社会责任投资的相关研究，并进行简要述评。

第3章是高新技术企业社会责任投资现状分析。首先，对我国及福建省高新技术企业发展现状进行分析与对比，探究高新技术企业发展所面临的问题；其次，分析我国高新技术上市公司社会责任报告披露现状及存在的问题；最后，比较分析我国与福建省高新技术上市公司社会责任投资综合强度及各利益相关者不同维度的企业社会责任投资现状。

第4章是高新技术企业社会责任投资影响因素的实证研究。分析了公司特征与公司治理因素对企业社会责任投资的影响，提出相应的研究假说，在此基础上，检验了公司特征、公司治理因素对高新技术企业社会责任投资以及其相关利益者分维度社会责任投资的影响效应，并将福建省样本与全国样本进行比较研究。

第5章是高新技术企业社会责任投资与创新绩效的实证研究。厘清高新技术企业进行社会责任投资的驱动机制，阐述了企业社会责任投资对创新绩效的影响，检验和比较了全国样本与福建样本企业社会责任投资以及其分维度对创新绩效的影响。

第6章是高新技术企业社会责任投资与财务价值的实证研究。阐述了高新技术企业社会责任投资对当期财务价值及滞后一期财务价值的作用机理，比较检验了国有样本、非国有样本及全国、福建样本企业社会责任投资的财务价值效应。

第7章是高新技术企业社会责任投资与可持续发展的实证研究。阐述了高新技术企业社会责任投资对其社会价值、可持续发展的影响，提出研究假说并且进行了相应的实证检验与比较。

第8章为总结全书，得出研究结论和研究启示，并指出本书研究的不足及未来研究方向。

根据上述的研究内容，本书的整体研究框架如图1-1所示。

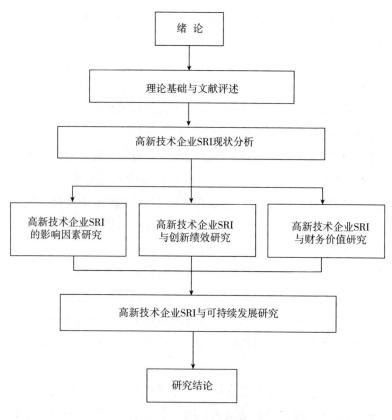

图1-1 本书的研究框架

1.4 研究方法

本书采用规范研究与实证研究相结合的方法，以实证研究为主、规范研究为辅，对高新技术企业社会责任投资问题进行研究。具体采用的方法简述如下：

在研究过程中，首先，本书采用规范研究的方法，对企业社会责任、企业社会责任报告、社会责任投资的概念进行界定，阐述了高新技术企业实施社会责任投资的必要性；对国内外相关的企业社会责任投资研究文献进行回顾与评述。其次，采用调研与归纳分析法。第3章利用高新技术企业的相关资料，比较分析了我国与福建省高新技术企业发展情况、企业社会责任报告披露问题以及高新技术企业社会责任投资的现状。最后，采用回归分析法。第4~7章根据理论分析和研究假说，构建回归模型，考察了公司治理、公司特征等因素对高新技术企业社会责任投资产生的影响，高新技术企业社会责任投资对公司创新绩效、财务价值、社会价值以及可持续发展的影响效应。

1.5 研究贡献与创新之处

企业社会责任投资是近年来新兴的研究热点，相关领域的许多方面都有待深入研究。本书结合高新技术企业的特征，对高新技术企业社会责任投资的影响因素、创新绩效与价值效应进行了探究。本书的研究贡献和创新之处主要体现在以下几个方面：

第一，剖析了我国高新技术企业发展的现状与问题。首先，本书从高新技术企业总体情况、R&D人员、研发费用投入及研发产出等方面对我国高新技术企业的发展现状进行分析，发现近年来我国高新技术企业数量与规模总体保持增长趋势，企业R&D人员投入、R&D经费支出和新产品销售收入呈逐年递增。与广东省、浙江省、江苏省等相邻省份相比，福建省高新技术企业的数量、发展规模较低，R&D经费投入虽然逐年上升，但强度明显偏低，企业的新产品销售收入和盈利能力也较低。其次，归纳了高新技术企业发展存在的问题。具体表现为：高新技术企业认定标准单一，高新技术企业不同行业发展集中化、地区发展不平衡，创新投入资源（R&D人员和经费）行业分布趋向集中化，而地域差异较大，同时部分行业创新资源投入与产出比例失衡。

第二，考察了我国高新技术企业社会责任报告和社会责任投资的现状。首先，从高新技术上市公司社会责任报告的披露内容、披露质量来看，发现较多企业披露了社会责任的相关内容，但对各利益相关者的权益保护内容的披露比例差异较大；企业社会责任报告经第三方机构审验的公司或者参照 GRI《可持续发展报告指南》进行披露的公司数量较少，总体披露质量不高，不利于报告使用者了解企业社会责任投资情况。其次，我国高新技术上市公司社会责任投资强度呈逐年持续增强的趋势，表明我国高新技术上市公司越来越重视对各利益相关者进行社会责任投资；而福建省高新技术上市公司的社会责任投资强度略高于全国水平。从相关利益者角度来看，高新技术企业对分维度的社会责任投资强度的变动趋势呈现差异性，表现为：高新技术上市公司对员工的社会责任投资呈上升趋势，对政府、消费者的社会责任投资强度的变化趋势比较平稳，而对投资者、社区的社会责任投资呈波动式下降趋势，对供应商的社会责任投资呈平稳下降趋势。

第三，从公司内部较全面地考察了高新技术企业社会责任投资的影响因素。研究发现，公司治理、公司特征因素对高新技术企业社会责任投资产生影响，具体表现为：一是从公司治理因素来看，股权集中度、董事会规模与企业社会责任投资呈显著正相关，即股权集中度、董事会规模能促进高新技术企业加大社会责任投资的强度；董事长与总经理两职权合一和高管薪酬激励则与新技术企业社会责任投资呈负相关；而独立董事比例对企业社会责任投资的影响不显著；二是从公司特征来看，国有控股、公司规模、经营年限、财务杠杆和研发投入均有利于促进高新技术企业的社会责任投资水平；成长性、现金流量与企业社会责任投资呈显著负相关，这可能是由于高新技术企业的成长性特性需要更多的财力、人才等资源的投入，相应地减少了企业的社会责任投资水平。三是从高新技术社会责任投资的分维度来看，由于高新技术企业对投资者、员工、客户、政府和社区等社会责任投资的对象不同，导致公司治理、公司特征因素对各利益相关者分维度的社会责任投资的影响效应存在异质性。

第四，现有文献较少研究高新技术企业社会责任投资及其分维度的创新绩效，本书基于利益相关者和资源投入视角对其进行考察。研究结果发现：一是高新技术企业社会责任投资显著影响企业的创新绩效，企业创新绩效随着社会责任投资的增强而提升；但是，福建省高新技术企业社会责任投资对创新绩效的正向影响效应不显著。二是高新技术企业对不同利益相关者的社会责任投资的创新绩效影响效应不一。在全国样本中，企业对员工和客户的社会责任投资有利于创新绩效的显著提升，而企业对投资者、社区和政府的社会责任投资对创新绩效具有显著的负面影响；在福建省样本中，只有企业对员工的社会责任投资提高了企业的创新绩效。这表明企业对各相关利益者的社会责任投资对创新绩效的影响具有异质性。

第五，目前文献对一般企业社会责任投资与财务绩效之间关系研究结论存在分歧，基于此，本书从不同产权视角考察了高新技术企业社会责任投资与财务价值之间的关系。研究结果发现：一是高新技术企业社会责任投资能够有效地提高企业当期财务价值；与全国样本相比，福建省高新技术样本企业社会责任投资对当期财务价值的提升效应更大。二是高新技术企业社会责任投资对财务价值的提升作用具有一定的滞后性，即企业社会责任投资对滞后一期财务价值的提升效应较当期更大更显著；同样，较全国样本而言，福建省样本企业的提升效应更大。三是高新技术企业对投资者、员工、政府、社区、消费者和供应商等各利益相关者的社会责任投资均能显著提升当期和滞后期的财务价值。但在福建省样本中，高新技术企业对各利益相关者的社会责任投资对财务价值的影响效应不一。具体表现为：企业对投资者、员工、政府和供应商等分维度的社会责任投资均能提升当期和滞后期的财务价值；企业对社区的社会责任投资只能提高滞后期的财务价值；而企业对消费者的社会责任投资对当期和滞后期的财务价值的影响均不显著。四是高新技术企业社会责任投资因产权性质的不同对企业财务价值的影响存在异质性，具体表现为：国有企业样本社会责任投资对财务价值的影响不显著，而非国有企业样本社会责任投资对当期、滞后期的财务价值均具有显著的正向影响，相比较而言，其对滞后期财务价值的提升效应更大更显著。

第六，现有文献对于企业社会责任投资与社会价值、可持续发展之间的关系研究较为缺乏，本书对此进行研究。研究结果表明：一是高新技术企业社会责任投资能够有效地提升企业的社会价值；但是，国有样本与非国有样本企业社会责任投资的社会价值效应存在差异，具体表现为：国有样本企业社会责任投资与其社会价值呈显著正相关，而非国有样本却不显著。二是高新技术企业加大社会责任投资力度能够促进企业的可持续发展，这在全国样本与福建省样本中均得到体现；但是，国有样本与非国有样本企业社会责任投资对可持续发展的影响效应存在差异，即国有样本企业社会责任投资对可持续发展的影响不显著，而非国有样本企业社会责任投资对可持续发展具有显著的正向影响。

② 理论基础与文献综述

首先，本章对企业社会责任投资与高新技术企业相关概念进行界定，并结合高新技术企业特征阐述了其进行社会责任投资的必要性。其次，简要阐述了本书涉及的有关理论基础，即：三重底线理论、利益相关者理论、企业公民理论、可持续发展理论和技术创新等理论。最后，对国内外现有的相关研究进行回顾和梳理，并进行简要述评。

2.1 企业社会责任与社会责任报告

2.1.1 企业社会责任

1924 年，英国学者奥利弗·谢尔顿（Oliver Sheldon）在《管理哲学》中首次提出企业社会责任的思想，他认为，企业的最高责任应当是为社区提供服务，而不仅仅是为股东获取利润。然而，由于受"经济人"假说和利润最大化理论的影响，其后的几十年间，人们对企业社会责任这一概念争议不断，许多学者遵循功利性的价值理念来看待企业社会责任，认为企业作为理性经济人，其从事一切活动的根本动机是追求利润最大化，企业的道德行为与其经济活动是不相容的。直到 19 世纪 50 年代，企业社会责任理论与实践才得以初步发展，1953 年霍华德·布朗（Howard. R. Brown）在其著作《商人的社会责任》中首次提出"企业社会责任"（Corporate Social Responsibility，CSR）这一术语，其在界定"企业社会责任"的过程中融入了社会期望，认为企业在制定经营目标和进行经营决策时应当主动迎合社会期望。

20 世纪 70 年代，企业社会责任的相关研究开始转向社会贡献度，逐渐开始强调和完善企业社会责任的履行标准；学者们从各种不同的角度进行研究，企业社会责任的内涵不断丰富。卡罗利（Carroll，1979）细化了企业社会责任的概念，将其分为经济、法律、道德和自觉责任四个子维度；卡罗利（Carroll，1991）进一步将四个维度的责任形象地划分为金字塔的四个层级，其中，经济责任处于金字塔的最底层，表明经济责任是基础，相应地，法律、道德、慈善责任依次从塔底向塔尖排列，揭示了企业社会责任由低级向高级推进。

20 世纪 90 年代以来，利益相关者理论、企业公民和企业伦理理论等为企业社会责任的研究提供了新视角，并成为社会责任研究的主要理论基础。埃尔金顿（Elkington，1997）研究认为，财务增长能力是企业生存发展不可或缺的基础，因此企业必须保持财务增长能力，同时需要注重社会公正和关注环境保护，这是企业应当履行的义务，即企业应当同时关注经济、社会、环境这三重底线（三重底线理论）。格雷等（Gray et al.，1995）将环境问题、能源问题、慈善和政治捐赠问题、社区问题等 15 类归纳为企业社会责任的内容；恩德勒（Enderle，2004）认为，环境责任是企业社会责任的重要组成，环境责任主要包括环境的可持续发展、自然资源降耗及减少废弃物排放等。

随着经济发展的全球化，企业社会责任逐渐融入全球的视野。许多国际组织机构包括社会责任商业联合会、世界银行、世界永续发展协会、欧洲委员会、美国经济发展委员会、世界经济论坛等也对企业社会责任的概念进行界定。例如，社会责任商业联合会认为，企业社会责任是指企业超越或符合社会对商业组织在道德、法律、商业和公众等方面的期望，包括员工关系创造及维持就业机会、投资于社区活动、环境管理及经营业绩等方面。世界银行突出强调利益相关者的主体地位，把企业社会责任界定为企业的一种承诺，以利益相关者的利益为企业经营的出发点，促进可持续发展。世界永续发展协会指出，企业社会责任是企业承诺在遵守法律法规与道德标准的同时，致力于推动经济增长与提高员工等相关社会成员的生活质量。而欧盟则把企业社会责任界定为，企业在自愿的基础上，综合考虑其自身运营对社会环境及利益相关者的影响。美国经济发展委员会将企业社会责任划分为两大类，涵盖了经济增长及效率、资源保护与再生、污染防治等 10 个领域；一类是自愿性，即企业自觉实施的社会行为并且在其中起着主导作用；另一类是非自愿性，即需要通过法律来督促企业履行的社会行为。世界经济论坛则认为，公司道德标准包括遵守法律、国际标准、防止腐败贿赂、道德行为准则及商业原则问题；对人的责任，包括员工安全计划、就业机会均等、反对歧视、薪酬公平；对环境的责任，包括维护环境质量、使用清洁能源、共同应对气候变化；对社会发展的贡献，主要包括传播国际标准、为贫困地区提供产品和服务，成为企业投资、慈善行动的一部分。

我国学者关于企业社会责任的研究起步较晚，对企业社会责任的界定大多借鉴国外学者的研究。例如，陈迅和韩亚琴（2005）认同国外学者的主流观点，认为企业社会责任包括经济、法律、伦理和自愿性责任等，进而以企业对各利益相关方的社会责任与企业关系的密切程度为标准，将企业社会责任分为三个层次。第一层次是对股东和员工的基本企业社会责任；第二层次是对消费者、政府、社区以及环境的中级企业社会责任；第三层次是慈善捐助、公益事业的高级企业社会责任。黄晓鹏（2010）从利益相关者理论、社会契约理论的视角，认为企业社会责任是企业各个利益相关者关于企业剩余分配的一种契约，而企业经营者是这个契约的中心签约人。郭洪涛（2011）认为，企业社会责任是指企业在追求自身利益最优化的过程中主动采取行动，改善包括收入分配的合理化、劳动者收入的提高、商品质量的保证、环境质量的改善等社会福利。

基于此，从相关利益者视角，本书认为企业社会责任除了对股东负责，还应当对全体社会承担责任，即企业社会责任不仅包括企业对投资者的责任，还包括对员工、政府、消费者、社区以及供应商的责任，企业的经营目标应当考虑所有利益相关者，而不仅局限于股东利益最大化。

2.1.2 企业社会责任报告

企业社会责任报告是企业传递其履行社会责任信息的有效途径，也是企业与利益相关方进行沟通交流的重要载体。企业社会责任报告萌芽于20世纪70年代的雇员报告，随着经济的快速发展，企业规模不断扩大，其业务活动产生的社会贡献也越发显著，企业对社会的影响力亦不断增强，社会各界对企业的期望愈来愈高。在此背景下，西方发达国家部分企业开始在披露财务信息的基础上，附加披露企业社会责任的信息。1989年，全球首份独立于财务报告的企业环境报告是由挪威海德鲁公司发布，该报告包含企业经营情况与企业在环境方面的战略、管理和绩效。而中国第一份企业社会责任报告则是中国石油2001年发布的健康、安全与环境报告。

随着企业社会责任的推广普及，催生了社会责任制度的规范与披露。2002

年中国证监会出台的《上市公司治理准则》要求公司应该关注和重视社会责任；2005 年修订的《公司法》首次以法律形式明确了企业要承担相应的社会责任，要求公司从事经营活动，必须遵守法律、行政法规、社会公德、商业道德、诚实守信，接受政府和社会公众的监督，承担社会责任。2006 年，深圳证券交易所发布了《上市公司社会责任指引》，倡导上市公司承担社会责任，指出上市公司社会责任是指上市公司对国家和社会的全面发展、自然环境和资源，以及股东、债权人、职工、客户、消费者、供应商、社区等利益相关方所应承担的责任；鼓励上市公司建立社会责任披露制度，对外披露社会责任报告；2008 年底，明确要求"SZ100 指数"的上市公司披露社会责任报告。国务院国有资产监督管理委员会 2007 年 12 月发布了《关于中央企业履行社会责任的指导意见》，指出了中央企业履行社会责任的重要意义、指导思想、原则、要求、内容和措施，以推动中央企业在建设中国特色社会主义事业中，认真履行好社会责任，实现企业与社会、环境的全面协调可持续发展。2008 年，上海证券交易所颁发了《关于加强上市公司社会责任承担工作的通知》及《上市公司环境信息披露指引》，规范了社会责任报告和环境信息披露的内容；并于 2008 年底要求在上交所上市的"上证公司治理板块"样本公司、发行境外上市外资股、金融类公司发布社会责任报告，同时鼓励其他公司披露。

至于社会责任报告披露的内容要求，根据深圳证券交易所的《上市公司社会责任指引》规定，企业社会责任报告应当包括：股东和债权人、职工、供应商、客户和消费者权益保护，环境保护与可持续发展及公共关系和社会公益事业等内容。而上海证券交易所发布的《公司履行社会责任的报告编制指引》指出，社会责任报告是反映公司履行社会责任方面工作的报告；公司在编制社会责任报告时，应至少关注公司在促进社会、环境生态及经济可持续发展方面的工作。

2.2 企业社会责任投资

2.2.1 企业社会责任投资的内涵

企业社会责任投资（SRI）萌芽于 20 世纪初的美国。一些宗教信徒者由于自己的宗教信仰而经常拒绝投资于类似酒类、烟草、赌博、军火等行业，但投资规模和社会影响都很有限。20 世纪 50 年代后，不断增强的社会和环境意识使得人们开始反感企业过于追求经济利益而不顾其他利益相关者的利益。在欧美等发达国家，越来越多人开始排斥不环保的商品，"绿色消费"和"可持续发展"的想法逐渐被推崇。因此，注重绿色环保生产经营的企业得到众多投资者的青睐，也迫使企业开始注重社会责任投资。

企业社会责任投资，是指企业在做出投资决策时，综合考虑财务、环境和社会因素，即企业在社会责任方面的投资，又称为"三重底线投资"。卢克等人（Luc et al.，2008）研究认为，社会责任投资者愿意以次优绩效为代价来换取社会价值。社会责任投资在关注财务效益的同时兼顾环境效益和社会效益，进行社会责任投资的企业在追求股东利益最大化目标的同时，能够满足多方利益相关者，促进环境与社会效益的提升，实现企业与社会双重可持续发展。多米尼（2008）以"改变世界、创造财富"精简概括了企业社会责任投资的内涵，企业通过社会责任投资直接或者间接改善环境、社会以及企业自身治理状况，从而促进世界可持续发展；社会责任投资将财务价值与社会价值相结合，在投资过程中将环境、社会和治理（ESG）等方面的协调作为决策标准。杨大梅和肖玉超（2008）认为，社会责任投资是促使企业平衡 ESG 的同时开展的投资活动，是社会责任运动重要的一环，能够促使企业社会责任实施，有利于企业永续发展。

2.2.2 企业社会责任投资的特点

社会责任投资作为考虑了各利益相关者的投资方式，与传统投资相比，具有其独特性，主要表现为：

1. 投资目标的双重性

企业社会责任投资与传统投资最大的不同就是投资目标的差别。传统投资的目标主要为了获得投资回报，从而使资本获得最大程度的增值；而社会责任投资除了获取投资回报外，还包括对各相关利益者的社会投资，以积极推动企业在员工保障、消费者权益保护、生态环境等方面做出贡献，以实现经济、社会和生态效益"三效合一"的目标。

2. 投资项目筛选标准的复合化

在进行投资决策之前，传统的投资主要关注企业的当前财务状况和预期未来盈利能力；而对于社会责任投资对象的筛选，不仅需要了解公司的相关财务状况，还要关注公司在环境保护、公司治理、职工权益保护等有关践行社会责任方面的表现。

3. 促进社会的可持续发展

如果企业只重视经济效益而忽视社会、生态环境等问题，会使企业难以得到健康长远的发展。企业社会责任投资和社会的和谐发展是相辅相成的，企业的良好发展与其社会责任投资的表现有关，而社会的美满幸福也是建立在企业对社会责任投资的关注度上。企业进行社会责任投资能够为其发展创造一个良好的内部与外部环境，有利于提升自身声誉和社会形象，赢得竞争优势，促进企业和社会的可持续发展。

2.3 高新技术企业社会责任投资

2.3.1 高新技术企业的认定

关于高新技术企业的界定，学者们认为通常应当定位在"技术高"和"技术新"两个关键标准上。高新技术企业是一个动态的、相对的概念，不同时期、不同国家对其界定也不同，主要取决于所处时期的科技水平。本书根据国家颁布的《高新技术企业认定管理办法》，对高新技术企业进行界定。高新技术企业是指在《国家重点支持的高新技术领域》内，持续进行研究开发与技术成果转化，形成企业核心自主知识产权，并以此为基础开展经营活动，在中国境内注册的居民企业。

《高新技术企业认定管理办法》从企业的核心技术、自主知识产权、产品或服务、科研人员和研发费用等方面对高新技术企业的认定条件做出了明确的规定。

1. 我国高新技术企业的认定条件

2016年1月29日，科技部等部门对《高新技术企业认定管理办法》进行了修订完善。通过解读该认定管理办法可知，认定为高新技术企业须同时满足8个条件：①关于企业年龄，必须是注册成立一年以上的企业；②企业必须拥有其主要产品（服务）核心技术的知识产权的所有权，而获得方式不受限制，可以是自主研发，也可以是外部购买等；③核心技术属《国家重点支持的高新技术领域》规定的范围；④企业R&D人员投入占比应不低于10%；⑤关于研发费用投入强度（研发费用/销售收入），最近一年销售收入低于5000万元的，研发费用投入强度应当不低于5%；销售收入介于5000万元至2亿元的，研发费用投入强度应当不低于4%；销售收入超过2亿元的，研发费用投入强度应当不低于3%；⑥关于高新技术产品（服务）为企业带来的收益，要求该部分收入占企业同期总收入比例不低于60%；⑦企业创新能力评价应达到相应要求；⑧关于企业经营合规方面的要求，在申请认定前一年内，要求企业未发生重大安全、重大质量事故或严重环境违法行为。

2. 福建省高新技术企业的认定条件

福建省为规范省内高新技术企业认定管理工作，根据《高新技术企业认定管理办法》和《高新技术企业认定管理工作指引》的规定，结合实际制定了《福建省高新技术企业认定管理实施细则》。福建省关于高新技术企业认定标准的具体细则与国家颁布的规定基本一致，只是在注册地、注册时间的规定存在细微差别。

作为深化科技体制改革和引导企业在科技创新中发挥主体地位的一项正式制度，高新技术企业认定政策蕴含丰富的政策红利。研发和创新活动的高风险性使得企业和外部投资者之间存在严重的信息不对称，而企业获得高新技术企业认定，向市场传递出政府对其创新能力的权威认可信号，获得相应的创新资源，降低企业和外部利益相关者之间的信息不对称；企业获得认定为高新技术企业后，可以享受15%的企业所得税税率优惠及其他税收优惠，地方政府也提供了政府补贴、贷款便利、土地使用等优惠政策以扶持高新技术企业发展。

2.3.2 高新技术企业的特征

高新技术企业是知识、技术密集的经济实体。常风林（2003）认为高新技术企业是集合了某种或某领域的精英技术人才和专业技术的企业，其拥有很强的技术创新的能力，可以使企业保持足够的竞争力，但同时也会面临其他类型企业未遇到的高风险。马希敏和杜春沈（2005）认为高新技术企业是以高新技术成果为主要技术和资源投入，生产高附加值产品的企业。因此，高新技术企业具有以下特征：

1. 创新性

创新是高新技术企业赖以生存的保障，是其生产经营的核心，也是其利润增长的主要方式。这就要求高新技术企业高度重视创新，包括组织制度创新、组织学习能力提升和创新人才培养储备等。同时，企业能够善于发现新机会和新发展点，始终把握关键新技术。准确挖掘客户的真正需求，针对市场需求开发技术并将所开发技术市场化，从而转化为新的利润增长点。

2. 高知识性

高新技术企业的创新性必须建立在高知识性的基础之上。知识的独创性能够带来技术的独创性，从而使企业的产品或服务能够在市场上脱颖而出具备差异化优势，因此知识独创性是高新技术企业核心竞争力的动力源泉。作为典型的知识密集型企业，高新技术企业的人才资源往往显现出具有较高学历、拥有核心技术、研发人员素质高、管理者通常具备技术能力等特征。

3. 高投入性

高新技术企业通常是高度智力密集型企业，技术的研发、技术成果的商品化和产业化、生产与销售、技术人才的培养、储备与保留等环节均需要大量的资金注入作为支撑。从资本投入的角度来看，高新技术企业的投入成本往往比传统企业高；从生产环节上来看，从研究、开发再到商品化、市场化，资金投入比例是逐渐提高的。尤其是具有前瞻性的高技术产品，为了让消费者认识并接受产品，需要大量的前期市场推广费用，况且从研发到产品上市的过程往往比较漫长，企业对资金的需求具有长期性的特征。

4. 高风险性

通过以上特征以及企业外部环境的变化莫测可以看出，高新技术企业面临的风险高于传统企业，其风险主要来源于人才、技术、资金和市场等方面。首先，高新技术企业对高知识性人才的依赖性强，但是高知识性人才往往受过高级教育、偏年轻化、思维比较创新，同时竞争对手往往对这些人才求贤若渴，导致高知识人才往往具有一定的流动性，企业遭遇人才流失风险较大。其次，从技术研发到产品试制成功并实现市场化的过程漫长且不确定性极高，学者研究表明，高新技术企业只有15%～20%的项目能够研发成功，且仅有5%能够非常成功。况且，如果开发出的产品技术含量不高，则极易被市场上的竞争对手模仿，将会导致企业丧失优势。再次，高新技术企业需要大量的资金注入作为支撑，然而，我国目前的资本市场尚未完善，很多高新技术企业由于风险较高而导致银行不愿意提供大额贷款。由于高新技术企业的各个环节一环紧扣一环，面对巨额的资金需求，一旦资金链断裂或是资金短缺，高新技术企业的某个环节可能出现问题，其他环节由于蝴蝶效应也可能无法开展，从而导致企业陷入困境、甚至破产失败。最后，市场是高新技术企业能否成功的决定性因素，然而市场是变化莫测的，其动态性要求高新技术企业对市场的变化要有敏锐的洞察力，同时研发的方向要面向市场、研发的速度要赶超市场。否则，一旦市场需求发生改变、竞争对手研发速度赶超本企业，企业就会前功尽弃。

2.3.3 高新技术企业实施社会责任投资的必要性

在科学技术作为第一生产力的今天，高新技术企业在经济发展中举足轻重。随着经济发展进程的推进，社会和环境负担不断加重，而以往的研究更多是关注高新技术企业如何通过技术创新来增强核心竞争力，较少关注企业在发展过程中同时也带来了环境污染、员工权益保障缺失等社会责任问题，影响了生态和社会的和谐、稳定。高新技术企业走在技术和产品的前沿，更应当主动进行社会责任投资，在推进经济发展的同时兼顾社会和环境效益，注重社会友好型、环境友好型技术和产品的研发并加大投产比例，推动企业自身和其他企业提高产业废水废物的处理效率和效果，促进企业与社会共同可持续发展。

由前面对高新技术企业的特征分析可知，高新技术企业具有创新性、高知识性、高投入性和高风险性等特征；作为经济发展的主要推动力，高新技术企业不应将眼光局限于短期的经济利益，而应当站在利益相关者的视角，协调企业自身与各利益相关者的利益，主动并恰当进行社会责任投资，以促进企业可持续发展。鉴于此高新技术企业进行社会责任投资的必要性主要体现在以下几方面。

1. 技术创新生态化要求高新技术企业注重社会责任投资

工业化时代，西方国家为了追求技术创新，不顾工业化对环境造成的危害，全力发展经济。尽管经济得到了极大发展，但是相当多的原本储量丰富的不可再生能源现已逐渐枯竭，良好的生态环境也迅速恶化，为了遏止继续恶化的态势，现如今不得不投入大量人力物力来治理污染以改善生态环境。当今的自然资源短缺的现实导致我国长期以来的粗放型经济发展方式已不再适用，必须把实现社会效益和生态效益也纳入技术创新的目标之中。因此，为响应技术创新生态化的要求，高新技术企业应当注重进行社会责任投资，实现企业与社会、生态的协调和可持续发展。

2. 高新技术企业对高知识性人才的依赖性强

高知识性人才是高新技术企业的核心竞争力，只有保持持续创新能力，企业才能赢得竞争优势，而企业持续创新能力是以高知识性人才为基础的。高新技术企业对高知识性员工的依赖性比较强，而高知识性人才往往受过高等教育、偏年轻化、思维比较创新，他们不只满足于薪酬待遇的提高，可能更多地会追求精神层面的福利。同时，面对竞争对手对人才的求贤若渴，企业更是应当注重对员工的社会责任投资，提高企业对人才的重视程度，优化人才管理措施，吸引更多的高知识性人才为企业服务。

3. 高新技术企业的发展有赖于可靠的供应商

高新技术企业的竞争优势主要来源于产品的差异化，产品技术含量高才能有效吸引客户，而客户对高新技术产品的品质、性能等要求则较高，这就要求企业具备可靠的供应商。同时，高新技术企业的生产经营有赖于各类技术和产品的支持，企业自身的技术和产品的升级创新也有赖于相关技术和产品的升级创新，企业应当注重对相关供应商的社会责任投资，加强相互之间的伙伴关系建设，互利共赢。

4. 政府和社区的支持为高新技术企业创新发展奠定基础

政府主要通过税收等政策工具对整个市场以及市场中的组织及个人产生较强的影响。高新技术企业积极对政府进行社会责任投资，遵守相关政策法规合法经营、按时足额缴纳相关税费，创造就业机会，为政府解决就业问题，融洽政企关系；政府亦可为高新技术企业发展提供良好的政策环境，如提供更多的政策支持与扶持、税收优惠等，从而降低高新技术企业的经营成本，提高企业的创值能力；同时，政府的财政正常运转，政府才有能力凭借丰厚的财力改善高新技术企业的经营环境，如教育投入的增加可为高新技术企业培养更多高素质人才。

高新技术企业对社区进行社会责任投资不仅有助于解决社会问题，促进社会的发展，而且对企业自身而言，企业对社会公益的投资可以提高企业的知名度，创立良好的声誉，可以增加投资者、消费者、供应商等对企业的好感，强化他们对企业的信心，促进企业将无形资产转化为有形资产，从而增加企业的价值。

综上所述，通过积极对各利益相关者进行社会责任投资，一方面，高新技术企业可取得社会公众的信任、政府和社区支持、提升企业形象等优势，促进企业发展的可持续性；另一方面，社会中的各个利益相关者能够从企业的贡献中获益，最终实现企业与社会互利共赢、和谐发展。

2.4 相关理论基础

高新技术企业社会责任投资的主要理论基础包括：利益相关者理论、可持续发展理论、福利经济学、环境经济学、信息经济学和技术创新理论等，这些经济学分支学科和理论都对社会责任投资提供了强有力的理论支持。

2.4.1 三重底线理论

埃尔金顿（Elkington，1997）研究认为，从责任的视角切入来看，企业社会责任由经济、环境和社会三个方面的责任组成，而这三方面的责任是企业进行经营管理决策时依据的三重底线。首先，企业作为经济人，经济责任是企业社会责任的基础责任，企业应当为其投资者（包括股东和债权人）争取利润、向政府缴纳税款等；其次，企业在生产过程中还应当承担环境责任，注意保护环境，减少碳排放量、处理好废物废水、节约资源；最后，企业还应当考虑其他利益相关者利益，如：注重对社区的投入、维护供应商权益、强调对消费者的投资等。因此，高新技术企业社会责任投资应当以经济、环境和社会这三重底线为理论依据，注重研发投资，提高企业的创新、创值能力，保证企业的经济效益，保持企业良性发展的可持续，为社会创造更多的经济价值；同时应当兼顾对环境和社会方面的社会责任投资，包括为员工提供舒适安全的工作环境和福利待遇的保障，取得环境质量管理认证、保护生态环境，促进技术创新生态化等，以及对消费者的社会责任投资（如产品质量保证、售后服务、质量培训等），提升社会价值，从而促进企业与社会的可持续发展。

2.4.2 利益相关者理论

诺贝尔经济学家获得者米尔顿·弗里德曼（Milton Friedman）当年一句"企业唯一的社会责任就是获利"，曾在全球引起轩然大波。企业以盈利为目的是出于生产竞争的必然，也是企业自诞生以来为人类所熟知的使命。但是企业在生产经营过程中消耗公共资源，对环境、社区、员工产生影响，因此，企业在追求经济利益的同时也应履行自身的社会责任。如同管理学大师迈克尔·波特（Michael Porter）所说："社会责任与经营策略的结合，将是企业未来新竞争力的来源"。企业想要永续发展，就必须扬弃将利润视为唯一目标的传统观念。

1959 年，潘罗斯（Penrose）提出了"企业是资产和人际的集合"的观点，为利益相关者理论的提出奠定了基础。1963 年，斯坦福研究院率先定义了利益相关者，指出利益相关者是与企业生存不可分离的个人或群体。1965 年，安索夫（Ansoff）首次正式提出"利益相关者"一词，并认为企业在定制其经营目标的过程中要平衡兼顾企业各利益相关者（管理者、股东、个人、贩卖商和供应商等）之间不同的利益。1984 年，弗里曼（Freeman）首次对利益相关者的范围和概念进行了全面的界定。他认为利益相关者既包括在企业实现目标过程中受影响的个人和群体，还包括影响企业目标实现的个人及群体，具体包括管理者、股东、消费者、雇员、供应商、政府部门和社区等。

从以上观点可知，利益相关者是指企业在经营管理过程中涉及的与企业生存和发展有着直接或者间接关系的主体。弗里曼（1984）认为，利益相关者能够影响企业经营目标，同时企业经营目标的实现也影响着利益相关者，两者之间是相互影响、相互依赖的关系。卡罗尔和巴克霍尔茨（2003）认同弗里曼（1984）的观点，认为企业与利益相关者之间的作用关系是相互的。

与企业社会责任投资类似，利益相关者理论要求企业在发展过程中要兼顾股东和其他利益相关者的利益。为此，利益相关者理论越来越受社会责任投资研究者的关注，并且成为企业社会责任投资重要的理论基础。利益相关者理论认为，企业的生存发展一定程度上取决于利益相关者的利益得到满足的情况，即利益相关者能够影响企业的经营目标；反过来，利益相关者的利益能否得到满足也取决于企业经营目标的实现情况，即两者之间的作用是相互的。因此，企业应当服务于广泛的利益相关者而不仅服务于股东。

根据利益相关者理论，企业的经营目标不再是股东利益最大化，而是满足员工、社区、消费者、政府和供应商等利益相关者的要求。建立良好的员工关系能够提升士气，进而提高生产率和员工满意度，减少员工离职率，从而提升效益、减少损失；建立良好的社区关系和政府关系，能够为企业争取更多的政策优惠和当地民众及政府的支持，从而降低相关成本、提升公司竞争力；建立良好的消费者关系，能够提高客户满意度和保持客户忠诚度、吸引更多的消费者群体，从而降低企业广告成本和客户维持成本、提升市场占有率；建立良好的供应商关系，能够保证及时获得优质的原材料及半成品供应，保证企业生产经营正常运转。因此，如果高新技术企业能够进行恰当的社会责任投资，能够与利益相关者建立良好的关系，从而促进财务价值的提升，进而提升企业的社会效益。

2.4.3　企业公民理论

企业公民理论发展于 20 世纪 90 年代的企业社会责任运动。从公民定义来看，公民是指拥有某国国籍的自然人，享有一定的文化教育权利、政治权利和社会权利等，同时作为对等条件，公民均应承担相应的义务和责任。企业公民理论认为，企业作为社会的一分子，其与一般的自然人无异，既拥有作为公民应享有的权利，同时又需要承担相应的责任；从企业公民的角度出发，一个企业要想成功，必须依赖于社会的整体制度完善水平、资源环境的可获得性和福利水平，因此，企业在其经营管理过程中必须综合考虑其员工、消费者、政府和社区等多方面的影响。

企业公民理论与企业社会责任投资渊源颇深。龚天平（2010）研究认为，企业公民概念是从企业社会责任延伸而来的，而企业伦理则是企业公民道德层面的内涵。焦晓波和孔大超（2011）则认为，利益相关者理论与企业社会责任结合，萌生了企业公民理论；企业在实践中运用公民理论，政府随之给予适当的推动，导致企业公民理论最终逐渐成为学术界研究热点。张永奇（2014）指出，由于社会大众对企业发展"经济人—社会人"转向过渡的要求，因而企业公民理论的发展并不是偶然的，而是经济与社会发展的必然结果。

根据企业公民理论，高新技术企业在对股东负责的同时应当对各利益相关者（包括员工、环境和社区、政府、消费者以及供应商等）承担相关责任，积极进行社会责任投资，兼顾企业财务效益和社会效益，促进企业和社会共同可持续发展。适当运用企业公民理论将有助于提升企业的社会责任意识，激励企业加大社会责任投资强度，实现企业与社会之间的良性互动。

2.4.4　可持续发展理论

20 世纪中叶以来，由于全球经济快速发展、人口急剧增加、城市化进程急速推进，人类对资源的开采利用力度过大，带来的直接后果是生态环境的破坏日益严重，人们逐渐开始思考这样的发展方式是否可取。美国生物学家蕾切尔·卡逊（Rachel Carso）首先在其作品《寂静的春天》中向人们描述环境恶化问题，继而巴巴拉·沃德和勒内·杜博斯（Barbara Ward and Rene Dubos）

在《只有一个地球》中呼吁人们应当以环保的方式发展经济。终于，1992年联合国环境发展大会将可持续发展从理论探讨转为实际行动。随后，各国开始积极响应，可持续发展的理念得到广泛传播和接纳。我国的和谐社会、科学发展观和全面协调可持续发展的观念也是基于可持续发展理论提出的。可持续发展理论要求我们将眼光放长远，不能局限于眼前的短期利益，不能以牺牲未来换取短期的经济快速增长带来的利益，经济发展要科学合理可持续。

可持续发展理论引导人们将经济发展与地球环境的承载能力相匹配，实现经济、社会、环境协调发展。对于企业而言，可持续发展要求其不仅要关注自身发展，同时也要注重各利益相关者的共同发展。对于股东，企业要保持盈利能力，为股东创造财富；对于债权人，企业要保持稳定的收益和稳健的战略以保证其偿债能力；对于员工，企业要提供有吸引力的员工福利和良好的工作环境；对于政府，企业应当依法纳税，自觉履行纳税义务；对于社区，企业应当注重环保，减少碳排放量，减少污染，创造就业，回馈社会；对于消费者，企业应当提供质量有保证的产品和良好的售后服务等。当利益相关者得到满足之后，各方会反过来支持企业的各项活动，企业借此持续提升竞争力；当企业实力得到提升后，又会加大对利益相关者的投资力度，从而企业与利益相关者之间能够良性互动，促进企业与利益相关者共同可持续发展。也就是说，当企业注重社会责任投资，并进行恰当的社会责任投资，其能够得到各利益相关者的认可和支持，从而促进企业更好地发展；另外，当企业得到进一步发展之后，企业会加大社会责任投资，提升社会价值，实现可持续发展。因此，企业社会责任投资是实现可持续发展的一个良好途径。

2.4.5 技术创新理论

索罗的研究表明，经济的发展是两部分要素增长的综合结果：一方面是企业资金和人才方面的投入的增加；另一方面则是企业技术水平的不断提升。企业的创新过程中最重要的两个关键点是：一是要有新的创意点，这是创新的基础；二是如何对创意点进行实践，在成果产出方面具备足够的实力和独到的眼光。经济增长理论学家丹尼森对索罗的研究进行了验证，他发现经济总体增长率要高于企业在资本和人力资源上投入的增长率，剩下一部分增长的原因不是由于要素的增长，他认为这部分无法解释的增长是企业在创新方面的突破引起的。

内生经济增长理论代表人物罗默提出了一个收益递增的增长模型，这与收益递减的传统模型截然不同。他认为技术进步是经济增长的内生变量和知识积累的结果,知识积累是经济增长的原动力。他认为一般知识使所有企业都能获得规模收益,而专有知识则给个别企业带来垄断利润,这些收益又为企业提供了下一期研究与开发的基金。因此,知识作为一种内生的独立因素不仅可以使知识本身产生递增收益,而且可以使资本、劳动等其他投入要素的收益递增。

美国经济学家戴维斯和诺斯提出了有关企业创新制度的理论,他们认为促进企业创新绩效的关键因素是能够构建出有效而合理的对创新的激励政策。除了公司内部的制度规定以外,还需要对企业的创新产出进行保护,设立专门的法律法规维护创新成果的拥有者。这样才能鼓励更多的企业和技术人才在创新方面狠下功夫,从而提升整体的创新能力,促进经济的增长。

2.5　国内外研究文献综述

2.5.1　关于企业社会责任投资概念的相关研究

库珀和施勒格尔米尔希(Cooper and Schlegelmilch, 1993)指出,学术界对企业社会责任投资的研究已有一定的成果,但就社会责任投资(SRI)概念的界定尚未形成一致意见。相关研究还提出过类似"社会责任投资"的术语,例如,鲍尔斯(Powers, 1971)将其定义为创造性投资、塞霍特兰(Sehot-land, 1980)将其定义为有争议的投资、沃克托等(Wokutch et al., 1984)将其定义为发展投资和战略性投资及辛普森(Simpson, 1991)将其定义为目标和绿色投资。和"社会责任投资"最为接近的术语是"伦理投资",迈克逊等(Michelson et al., 2004)认为两者本质上并无区别,只是在美国通常称为"社会责任投资",而在英国则常称为"伦理投资"。卢什和莱登伯格(Louche and Lydenberg, 2006)认为社会责任投资的概念更加广泛,而不仅局限于伦理的范畴。本杰明(Benjamin, 2014)认为企业社会责任投资与传统投资并不矛盾,管理者应当加强企业社会责任投资可持续发展的观念;维塔利亚诺等(Vitaliano et al., 2007)认为,假设企业进行投资时都是理性的,那么社会责任的履行可看成一种投资决策,为了社会责任投资收益更高,应当全面衡量社会责任的成本与收益;丁等(Ding et al., 2008)从经济学和管理学的角度研究了社会责任嵌入企业投资决策中的必要性,认为生态保护不能只依靠行政力量和消费者，企业在生产经营过程中也应承担自身的责任。

国内，陈虹和李薇（2006）将企业社会责任投资定义为企业应主动采取的、与企业核心经营活动不可分割的措施；田祖海（2007）指出，社会责任投资是在投资决策过程中整合了道德、社会及环境价值标准的投资方式，社会责任投资比绿色投资（与环境问题相关的投资）、伦理投资（只局限于道德标准）的概念要宽泛得多。刘曼红和杨玲（2007）认为企业社会责任投资定义为"德益投资"，兼顾局部利益和全局利益，兼顾短期利益和长期利益，兼顾个体利益和整体利益，最终实现全局与局部、长期与短期、整体与个体的财务价值和社会价值，促进全面、协调和可持续发展；杨大梅和肖玉超（2008）认为，社会责任投资是促使企业平衡 ESG 的同时开展的投资活动，是社会责任运动重要的一环，能够促使企业社会责任的实施，有利于企业永续发展。崔秀梅（2010）提出企业社会责任投资分为内部、外部社会责任投资，其中，外部社会责任投资是指学术界泛指的企业社会责任投资，即金融机构将投资目的和 ESG 等问题相统一的投资模式，这属于筹资行为；内部社会责任投资要求企业要结合社会、环境和伦理方面做出投资决策，要将资金投向符合社会责任理念的项目，是一项投资行为。孙美等（2017）认为，与社会责任投资关联的概念分别是伦理投资、社会责任投资和可持续性责任投资，这三个概念是随着企业社会责任概念的不断演进而发展的，彼此之间呈递进关系，当前全球社会责任投资已经进入可持续性社会责任投资阶段。其中，传统的社会责任投资是将财务目标与投资者关心的环境责任、社会责任和公司治理（ESG）相结合进行的投资；而可持续性责任投资（Sustainable and Responsible Investment，SRI）在投资决策时考虑企业 ESG 方面的风险和机会，其目的不是短期资金回报，而是以可持续发展的眼光，以实现环境、社会和企业可持续发展为前提，从企业的不断发展中获得资金回报为目的。

2.5.2　关于企业社会责任的相关研究

由于企业社会责任投资是基于社会责任理念的一种投资行为，因此，对于企业社会责任的相关研究文献进行相应的梳理。

1. 关于企业社会责任的衡量方法研究

根据文献梳理，衡量企业社会责任的方法主要有：声誉指数法、内容分析法和 KLD 指数法三种。

（1）声誉指数法。该方法主要通过搜集样本企业相关的审计报告、财务报告和社会责任报告等资料，由研究人员进行判断分析后，一一比对排序，作出合理的主观评价，根据评价确定样本企业声誉指数，借此来衡量样本企业社会责任的强度〔莫斯凯维兹（Moskowitz，1972）〕。这种方法的优点是：一是采用评价标准相同，结果具有一致性；二是反映了专家的专业意见；三是虽然结果源于专家学者的主观判断，但以大量的调查数据为依据，反映了社会各方对企业履行社会责任情况的看法。该方法具有局限性，首先与企业相关的财务资料是否经过审计、是否具有权威性；其次通过研究人员的主观评价可能带有个人喜好，随意性较强；最后是该方法只适合样本数量较少的研究，适用范围很窄，得出的结论可能缺乏普遍性。

（2）内容分析法。该方法与声誉指数法有点类似，研究人员通过查阅样本企业提供的财务报告、社会责任报告等相关资料，对企业社会责任履行情况进行分析，确定分值或数值，用定性和定量相结合的方法对企业社会责任进行度量。阿伯特和蒙森（Abbott and Monsen，1979）指出，这是一种用于收集数据的技术，这些数据包括以奇闻逸事和文学等形式记载的定性信息，然后对这些数据加以分类，以估算出反映不同复杂程度的定量指标。其计算优势是衡量指标一旦确定，可比性强，可以获得的数据量更多，更有普遍性。不足之处主要表现为变量的选择没有恒定的标准，只能根据企业披露信息了解企业的社会责任履行情况，缺乏可信性；另外，企业所提供的资料的真伪性以及研究人员自身的随意性，缺乏客观性。赵占恒等（2015）借助内容分析法对品牌丑闻事件后 CSR 特征进行探索性研究发现，企业应重视社会责任；CSR 是构成品牌形象的重要组成部分，CSR 不仅具有提升品牌形象的作用，而且会对品牌资产起到保护作用。

（3）KLD 指数法。KLD 指数法是从利益相关者的角度衡量企业社会责任的方法，是 1988 年由金德尔、莱登伯格和多米尼（Kinder，Lydenberg and Domini）三人创立，对上市公司的环境、社会、治理等表现进行调查研究基础上建立的一种评价企业对利益相关者承担责任与否的评级标准，即著名的 KLD 指数法。KLD 指数主要从生态环境、社区关系、企业员工关系、产品安全责任、妇女群体和少数民族 6 个方面对企业社会责任进行评价。KLD 指数法在国外较成熟，得到了各企业和社会的广泛认可，并且成功地运用在 CSR 投资中。该方法的优势在于：一是结合利益相关者理论，考虑了产品安全、社区关系、环境保护等多维度来衡量企业社会责任，弥补了声誉指数法和内容分析法的不足；二是 KLD 指数法指标全面，较为客观、公正。这种衡量方式得到学者们的普遍认同。但也存在如何赋予权重、如何获得一手资料以及收集数据耗费大量人力、物力等问题。对于企业社会责任各维度及权重的确定，受到了学者的关注，常用的方法包括德尔菲法、因子分析法和层次分析法，例如，张兰霞等（2009）、宋建波和盛春艳（2009）在研究中使用层次分析法。该方法具有较强的科学性，但如果同一层次的指标过多，会导致指标间产生矛盾，矩阵的一致性检验很难通过。宋岩和张鲁光（2015）根据食品行业的特质，从社会效益系统、社会责任系统和环境责任系统三个层面（包含 23 个指标）构建食品行业的社会责任评价体系，运用 EW—IFAHP 法确定了各指标的客观权重，以评价食品行业上市公司的社会责任；王小东和邓康一（2019）基于利益相关者视角研究企业的社会责任承担情况，构建 AHP 模型分析法，计算企业的社会责任总评分，并对企业社会责任履行水平进行评价。

此外，徐泓和朱秀霞（2012）根据企业社会责任的内涵，将其划分为经济责任、法律责任、伦理责任、慈善责任等维度，每个维度都选取相应的指标，采用因子分析法对企业社会责任的有效性进行衡量。韦飞和汤雨晴（2013）参考了上交所发布的《关于加强上市公司社会责任承担工作的通知》中对每股社会贡献值的定义，利用财务报表数据界定了社会责任的投入强度，具体计算公式为：社会责任投入强度＝（支付的各项税费＋分配股利、利润或偿付利息支付的现金＋支付给职工以及为职工支付的现金＋技术开发费＋安全生产费＋捐款支出＋环保、节能减排资金＋育林费－绿化费－排污费）/职工人数。

近年来，学者尝试熵权法、粗糙集模糊积分等新方法计算企业社会责任综合得分。例如，买生等（2012）将科学发展观引入企业社会责任评价体系，构建了包含科学发展表征指标的企业社会责任客观评价指标体系以及熵权—理想点法评价模型，并进行评价发现，引入科学发展观的企业社会责任评价体系更能表征和促进企业社会责任发展水平；林正奎（2012）根据保险业社会责任的内涵，构建保险业社会责任评价指标体系，并借助熵权和层次分析分析法（AHP）建立了组合评价模型，对 15 个副省级城市进行实证，结果表明这些副省级城市在"十一五"期间社会责任履职能力呈现整体上升趋势。而那保国（2012）根据企业社会责任评价的特点，构建了粗糙集—模糊积分企业社会责任评价模型，即将粗糙集理论中的属性重要度方法引入指标权重的设定中，将基于模糊测度的模糊积分方法引入到评价综合得分的计算。孟斌等（2019）以交通运输行业上市企业为研究对象，通过主基底分析遴选出对企业社会责任评价结果影响显著的指标，采用相关分析剔除信息反映重复的指标，设立了二级准则层、39 个指标的交通运输行业企业社会责任评价指标体系，通过模糊理想点法对指标进行赋权，构建了交通运输行业企业社会责任绩效评价模型。

2. 关于企业社会责任的影响因素研究

20 世纪 70 年代，关于社会责任影响因素的研究开始受到关注，取得较丰硕的成果。托洛曼和布拉得雷（Trotman and Bradley，1981）研究发现，企业规模、行业系统性风险和管理者的管理能力与企业社会责任信息披露呈正相关，表明喜欢披露社会责任信息的企业都呈现出企业规模较大和行业系统性风险高的特点，并且这些企业更加关注企业的长远利益和发展。考恩等（Cowen et al.，1987）研究表明，企业成长性、企业性质和规模对企业社会责任信息披露具有显著正向关系。科米尔和戈登（Cormier and Gordon，2001）研究也得出，企业性质和企业规模对样本企业社会责任信息的披露产生了影响。布雷默和米林顿（Brammer and Millington，2003）研究认为，企业规模对企业社会责任的履行产生正向影响，企业性质和相关利益者偏好对企业社会责任产生显著影响。阿卜杜勒和易卜拉欣（Abdul and Ibrahim，2002）以马来西亚高管为对象，采用问卷调查的方式研究发现，高管的态度对社会责任的履行产生正向显著影响；哈尼法和库克（Haniffa and Cooke，2005）研究结果显示，企业社会责任信息披露情况与管理层态度密切相关，并且企业规模、盈利性、行业等因素显著影响社会责任信息披露。

国内学者对于企业社会责任影响因素的研究相对较晚，但是 21 世纪以来发展较迅速。李双龙（2005）研究发现，企业规模、经济预期、风俗习惯、社会制度、企业性质、经济发展水平会影响企业社会责任。谭宏琳和杨俊（2009）研究表明，公司规模、企业性质和财务绩效对企业社会责任呈负向影响，高管薪酬和独董比例对其影响不显著。许英杰和石颖（2014）研究发现，企业的社会责任水平将随着企业规模的增大而提高；对于不同维度的社会责任其影响因素不同，例如，企业对政府、员工的社会责任跟企业财务状况有关，而企业对消费者的社会责任则国有企业的表现更好。曹宇和赵越春（2014）研究发现，企业性质、企业年龄、企业经营所在地和管理层的结构等因素影响企业社会责任的履行。靳小翠（2017）研究表明，企业文化会促使企业承担社会责任，这种影响效应在非国有企业中更显著；当企业经营状况恶化时，良好的企业文化会指导和约束企业继续承担社会责任。

冯臻（2014）研究结果表明，高管对于企业社会责任的态度、行为和规范会影响公司社会责任的履行；于晓红和武文静（2014）研究发现，高管薪酬、董事持股比例与社会责任呈显著正相关，而高管持股比例、董事长兼任总经理与社会责任呈显著负相关；张兆国等（2018）研究表明，高管团队在年龄和任期方面的异质性均与企业社会责任呈负相关，在学历和性别方面的异质性均与企业社会责任呈正相关；预算管理在高管团队异质性影响企业社会责任中起到了积极的行为整合作用；与国有控股公司相比，非国有控股公司高管团队在年龄和任期上的异质性与企业社会责任的负向关系更加显著，而在性别上的异质性与企业社会责任的正向关系不如国有控股公司显著。蒋尧明和赖妍（2019）研究表明，高管海外背景与企业社会责任信息披露正相关；与高管海外学习背景相比，高管海外工作背景对企业社会责任信息披露质量的提升作用更强；相较于海外进修／培训／访学和海外从事博士后研究的方式，获得学历／学位方式的高管海外学习背景对企业社会责任信息披露质量的提升作用更高；拥有海外背景的高管所在任职地区的规制压力越大，高管海外背景对企业社会责任信息披露的正向影响越强。秦续忠等（2018）研究表明，管理层持股对企业社会责任披露具有负面影响，而外资持股、董事长具有政治关联对企业社会责任披露具有正面影响；董事长兼任总经理会强化董事长的政治关联对企业社会责任披露的影响，而公共持股、董事会独立性和董事会的政治关联强度对企业社会责任披露没有显著影响。

陈智和徐广成（2011）研究发现，卓有成效的公司内部治理有利于企业社会责任的履行，反之企业社会责任的履行有助于公司治理结构的完善；马善俊和孟枫平（2015）研究显示，监事会中企业外部人员的比例越高，企业社会责任水平更高；公司高管的激励政策对企业社会责任的影响存在异质性，现金方式比股权方式更有效地促进企业社会责任投资行为；黄保亮和侯文涤（2018）研究发现，当企业财务绩效发生变化时，国有公司、独立董事比例较高、董事长与总经理两职分离、董事激励水平较高的上市公司，选择坚持其社会责任的倾向更强；对于更高层级的慈善责任而言，上述因素对其影响方向仍然一致，这表明高水平的公司治理水平有利于提高上市公司的社会责任意识。

李志斌和章铁生（2017）研究发现，内部控制对社会责任信息的披露具有显著的正向影响，且在非国有企业中内部控制对其社会责任信息披露的正向作用更大，这说明内部控制是企业社会责任信息披露行为的重要影响因素，可以通过强化内部控制实现我国企业社会责任信息披露水平的提升。林钟高等（2018）研究发现，存在内部控制缺陷的企业社会责任履行水平明显偏低，但缺陷修复后企业社会责任的履行程度提高，这种效果在市场化进程低的地区更加明显。这表明企业的社会责任行为受到内外部环境的双重影响，通过内部控制这一"免疫功能系统"的持续改进，不断修复内部控制缺陷，降低外部环境的不利作用，满足企业利益相关者的需求而提高社会责任的履行水平。李兰云等（2019）研究发现，内部控制对企业社会责任的履行产生正向影响，代理成本对内部控制与企业社会责任间的关系具有部分中介作用，即内部控制可以通过降低代理成本来促进企业社会责任履行。与国有企业相比，非国有企业中代理成本在内部控制与企业社会责任之间的部分中介效应更加显著。

沈涟波和范存斌（2015）研究发现，企业履行社会责任主要是被动接受的方式，主观意愿不强；相关的法律法规对企业社会责任行为的约束力和社会各界的监督措施对企业社会责任都能产生正面影响。张晓和范英杰（2016）研究发现，来自政府方面的监管和社会整体的法律治理水平会对社会责任产生积极的影响，而来自制度方面的压力对社会责任的影响较微弱。王翊和许晓卉（2018）研究发现，媒体的负面报道、深度报道和市场导向型报道对公司社会责任履行均具有显著的正向影响，而媒体报道总数、简要报道和政策形报道则对公司社会责任履行的影响不显著；在市场化程度较高或法律制度环境较好的地区，媒体的负面报道、深度报道和市场导向型报道对公司社会责任履行的治理效应更加显著。黄超（2017）研究发现，国际"四大"会计师事务所面临更高的诉讼风险，更加关注公司社会责任等非财务信息披露状况，从而提高了公司社会责任信息的披露质量。与国有企业相比，非国有企业的社会责任信息披露状况较差，国际"四大"审计对非国有企业社会责任信息披露质量的提升作用更明显。在法制环境较好的地区，国际"四大"审计对公司社会责任信息披露质量的提升效应更明显。

3. 关于企业社会责任与财务绩效间关系的研究

现有文献对企业社会责任（CSR）与财务绩效间关系的研究呈现正相关、负相关、"U"型或不相关等多样化结论。

沃多克和格雷夫斯（Waddock and Graves，1997）研究表明，企业社会责任与财务绩效正相关。麦克皮克和图利（Mcpeak and Tooley，2008）对具有良好社会责任履行记录的美国企业进行研究发现，这些企业的财务业绩表现突出。彼得斯和姆伦（Peters and Mullen，2009）研究显示，企业社会责任对财务表现具有正面的推动作用，且体现在企业的长期财务指标上。罗等（Luo et al.，2012）研究发现，企业社会责任具有长期激励价值。乔和哈乔托（Jo and Harjoto，2012）研究结果表明，企业社会责任参与对财务绩效产生正向影响，支持基于利益相关者理论的冲突解决假说。同时企业在社区、环境、多元化和员工方面的社会责任参与对于提升企业财务绩效发挥了显著的积极作用。王（Wang，2016）认为台湾的投资者注意到企业社会责任的履行通过企业声誉带来良好的财务业绩，也能激励企业积极履行义务。奥利弗等（Oliver et al.，2017）研究发现，企业社会责任具有套期保值功能，公司通过社会责任履行能增强利益相关方的自信心，能够经受更高的风险。

萨埃迪等（Saeidi et al.，2015）以伊朗制造业企业为样本研究发现，企业履行社会责任将通过竞争优势、企业声誉和客户满意度等介质因素对企业财务绩效产生积极影响。哈桑等（Hasan et al.，2016）则认为，生产率是企业社会责任对企业财务绩效产生正向影响的媒介因素。王和萨尔基斯（Wang and Sarkis，2017）以美国绿色企业为样本进行研究表明，企业实施严格的社会责任治理可能会产生良好的社会责任效果，而良好的企业社会责任效果可以帮助企业实现和维护社会合法性，从而有助于改善商业环境和提高财务绩效。企业实施象征性的社会责任治理可能会造成合法性差距，导致较差的财务绩效，因此企业只有认真实施社会责任治理以实现良好的社会责任效果时，企业财务绩效才得以提升。基姆等（Kim et al.，2018）以美国软件行业上市公司为样本进行研究发现，当企业的竞争水平较高时，企业积极的社会责任活动会增强企业财务业绩。当企业的竞争水平较低时，企业消极的社会责任活动则会提高财务业绩，这说明企业社会责任对财务绩效的影响效应中竞争行为是一项重要因素。

王言超和徐惠珍（2014）基于利益相关者理论，以电力企业为例对企业社会责任与财务绩效关系进行了研究，结果表明企业社会责任有利于企业财务业绩的提升。鄂贝贝等（2015）基于利益相关者和声誉理论视角研究表明，企业整体社会责任与财务绩效之间呈显著正相关。王能等（2018）研究发现，在中国经济新常态背景下，企业社会责任履行作为信号传递机制、交易实现机制和价值创造机制，能显著提升公司绩效，企业社会责任履行具有显著的经济效应。东、中、西部地区及制造业和非制造业企业社会责任的履行均能显著提升公司绩效，即企业社会责任履行的经济效应无地区与行业差异。周虹等（2019）研究表明，内向型战略性企业社会责任活动对绩效具有显著正向的累积效应，当这一活动与企业生产经营关联度高时对绩效的提升效果更为明显。而外向型战略性企业社会责任活动对绩效的影响仅在能够被消费者感知时才能发挥正向影响。杨洁等（2019）研究发现，在资本市场中，企业社会责任提升了现金持有的价值，并且随着企业市值的增加，这种正相关效果更加显著。在产品市场中，企业社会责任能显著提升高销售增长率企业的现金持有价值，而在低销售增长率企业中，低水平社会责任则会损害现金持有价值。这表明企业社会责任活动能够缓解管理者与利益相关群体之间的矛盾，从而改善利益相关者对公司的认知并赋予更高价值。陆静和徐传（2019）研究表明，企业社会责任是一种减少公司偏离最优风险承担水平的有效机制，企业社会责任可以增加公司价值，这说明了企业社会责任对确保公司有效投资和提升公司价值的重要性。杨红心（2014）研究发现，上市公司社会责任与财务绩效之间呈正相关关系，但社会责任对财务绩效的影响存在着滞后性。骆嘉琪等（2019）研究结果表明，交通运输行业企业社会责任的履行及企业的成长性均能提升当期的财务绩效指标。财务绩效将同时受到滞后一期及滞后两期企业社会责任的正向影响并且时间越长，当期社会责任对后期财务绩效的影响越弱。

但是，希尔曼和凯姆（Hillman and Keim，2001）认为，企业社会责任实质上是一种成本的体现，并不能为企业带来经济利益，反而会使企业失去竞争优势。范斯（Vance，2006）研究发现，企业社会责任与市场价值间呈负相关。布雷默等（Brammer et al.，2006）以英国上市公司为样本研究表明，企业社会责任降低了公司的股票收益，特别是针对社区与环境方面的社会责任，而就业方面的社会责任与收益呈弱相关。马克尼等（Makni et al.，2009）对履行环境责任的企业进行研究发现，企业履行社会责任会减少企业利润。

学者的研究表明，企业社会责任对长、短期财务绩效的影响存在差异。例如，洛佩斯等（Lopez et al.，2007）研究表明，从短期来看，企业社会责任对公司利润产生不利影响，但企业社会责任会在长期中取得经济回报。温素彬和方苑（2008）研究发现，企业社会责任履行的价值效应有长短期之分，在短期降低了财务绩效，从长期来看提升了企业价值。周丽萍等（2016）研究也发现，企业社会责任与财务绩效显著相关，与短期绩效显著负相关，与长期绩效显著正相关。于晓红和武文静（2014）研究显示，履行社会责任与当期企业价值呈显著负相关，但与后续企业价值呈现正相关关系，这说明持续履行社会责任有助于提升企业长期价值。朱乃平等（2014）研究表明，企业积极承担社会责任能够直接提高企业的长期财务绩效，但对短期财务绩效没有显著影响，并且技术创新投入调节增强了企业社会责任对企业长期财务绩效的积极影响。而杨皖苏和杨善林（2016）比较研究了大、中小型企业承担社会责任对企业短期财务绩效和长期财务绩效的影响，研究结果表明，不同规模企业承担社会责任都不会引起其短期财务状况的恶化。但是，大、中小型企业的社会责任对长期财务绩效的影响具有异质性，即大型企业多呈正向关系，中小型企业则负向关系较多，而且不同规模企业对员工和顾客的社会责任对长期财务绩效均产生负面影响。

此外，学者研究表明企业社会责任和财务绩效具有其他类型的关系。例如，鲍曼和海尔（Bowman and Haire，1975）研究认为，企业社会责任对企业净资产收益率指标产生负向影响，随后影响逐渐减弱，最终开始显现正向影响。李茜等（2018）研究表明，企业社会责任对财务绩效呈倒"U"型影响，即先有显著正向的影响，到一定临界值后变成负向影响。而企业社会责任的缺失则对财务绩效呈"U"型影响，即先有显著的负向影响，到一定临界值后变成正向影响。

麦克威廉姆斯和西格尔（Mcwilliams and Siegel，2000）研究发现，企业社会责任与企业价值之间无明显关系。埃斯特洛等（Estallo et al.，2009）研究表明，企业社会责任与财务绩效之间的关系不显著。加西亚·卡斯特罗等（Garcia-Castro et al.，2010）以美国企业为样本，通过 KLD 指数分析，结果显示企业经济业绩的好坏与其社会责任感的强烈程度无显著关系。马德伦（Madrron，2016）以西班牙公司为样本，发现企业社会责任与财务绩效不相关。陈玉清和马丽丽（2005）研究发现，我国上市公司披露的真实社会责任贡献信息与公司价值间的相关性不显著。郭晔等（2019）研究了我国 A 股市场对企业披露社会责任信息的反应，结果表明企业社会责任报告与股票的累计异常收益率无显著关系。但是，A 股市场对社会责任报告评分较高的企业给予一定的肯定反应，而对评分较低报告的企业则表现出负面的反应，并且社会责任报告的质量与 A 股市场表现有一定的正相关性，这表明社会责任报告整体质量偏低、公众企业社会责任意识较弱是制约资本市场对企业社会责任信息披露评价的主要因素。

4. 关于企业社会责任与创新绩效之间关系的研究

现有学者对企业社会责任与创新绩效间关系研究的文献不多。邦尼（Barney，1991）认为，企业社会责任是通过对企业的科技发展战略、创新文化、研发人员的组成和结构等对企业创新绩效产生影响。麦克威廉姆斯和西格尔（Mcwilliams and Siegel，2000）研究表明，如果企业坚持长期履行社会责任战略，则会极大地提高其研发能力和产品品质等。马宗达和马库斯（Majumdar and Marcus，2001）认为，企业履行社会责任对企业创新的组织方式和管理模式产生影响，提高员工的研发能力，进而促进企业技术创新绩效的提升。而赫尔和罗森伯格（Hull and Rothenberg，2008）认为，企业社会绩效的提升可能会占用本来用于核心技术研发的资源和管理活动，从而不利于企业的技术创新。

周璐和王前锋（2013）将企业社会责任分为货币资本层社会责任、人力资本层社会责任以及社会资本层社会责任等 3 个层次，构建了企业社会责任对技术创新影响的理论模型，分析得出，企业社会责任对技术创新具有促进作用，具体表现为货币资本层社会责任、人力资本层社会责任对技术创新具有直接正面影响，而社会资本层社会责任对技术创新的影响是间接的。黄珺和郭志娇（2015）研究表明，企业履行社会责任会增加其对先进知识、市场偏好和新技术的了解，并能赢得技术创新资源，促进企业提升技术创新水平。企业进行技术创新有利于其获得差异化竞争优势，帮助企业占领新市场并扩大原有市场份额，从而提升企业价值；技术创新在社会责任对企业价值的作用中发挥中介效应。陈莞和张璇（2016）研究发现，对企业内部的利益相关者和企业供应链上的利益相关者履行社会责任对企业的创新绩效具有正向影响，而对企业外部的利益相关者履行社会责任对企业创新绩效不产生影响。季桓永等（2019）以中国研发密集型上市企业为样本，将企业技术创新分为探索式和利用式技术创新两种类型，检验企业社会责任对二元性技术创新的差异性影响，研究发现，企业社会责任对探索式技术创新产生显著的正向影响，但对利用式技术创新没有影响；而非沉淀性冗余资源对企业社会责任与探索式技术创新间的关系起正向调节作用。冷建飞和高云（2019）研究了不同类型企业社会责任信息披露质量对创新持续性的影响，结果显示，对股东、员工的责任信息披露质量能显著缓解融资约束，从而正向影响企业创新持续性；对供应商、客户、消费者、社会和环境的责任信息披露质量只能部分缓解融资约束，但仍正向促进企业创新的持续性。而李文茜等（2018）研究表明，企业社会责任对技术创新绩效具有倒"U"型影响，即企业社会责任在某一临界点内能有效地促进企业技术创新绩效，但超过该临界点后会阻碍企业技术创新绩效。企业规模与竞争强度均负向调节企业社会责任对技术创新绩效的倒"U"型影响，即减弱企业社会责任对技术创新绩效的促进作用，加剧其对技术创新绩效的阻碍作用；市场不确定性则是正向调节企业社会责任的倒"U"型作用，即增强企业社会责任对技术创新绩效的促进作用，减弱其对技术创新绩效的阻碍作用。

2.5.3 关于企业社会责任投资的影响因素研究

从企业外部因素来看，学者研究认为制度、法规、经济发展水平、市场竞争程度等对企业社会责任投资产生影响。例如，阿贝尔森（Abelson，2002）认为，如果政府将经济处罚作为一种重要的规范手段，企业将会更积极进行社会责任投资。桑德伯格等（Sandberg et al.，2009）认为，法规和制度是斯堪的纳维地区社会责任投资的重要驱动因素；斯科顿和希凡尼（Scholtens and Sievanen，2013）指出，影响北欧企业社会责任投资的重要因素是经济的开放性、养老金产业的规模和文化价值观等。贡德等（Gond et al.，2011）发现，美国的养老金法案等政府法规有助于推动企业社会责任投资的发展。陶宇（2019）研究表明，企业所处的外部环境越完善，企业履行社会责任的程度就越高。格雷和戴利（Gray and Deily，1996）认为，随着环境管制的加强，企业面临着更大的环境压力，违背环境政策的成本加大，企业会迫于这种环境政策所带来的环境压力去承担社会责任，增加环保投资。穆罗维克等（Murovec et al.，2012）研究表明，政策措施、以往的环境投资、环境技术对客户的重要性及企业绩效对环境投资具有积极影响。阿扎德甘等（Azadegan et al.，2018）对发展中国家管理者环境投资决策的驱动因素进行研究发现，与发达国家管理者相比，发展中国家管理者在应对消费者压力时提高环境投资水平较小。当社区压力缓和消费者压力时，发展中国家的管理者会进行更大的投资。而更大的资源可用性不会影响发展中国家管理者的环境投资水平。原毅军和耿殿贺（2010）认为，政府的环境规制和激励政策是企业参与污染治理的主要驱动因素，企业通常不会主动进行环保投资，即使有企业主动进行环保投资，大部分是源于减少或避免因环境问题受到监管部门的处罚。赵晓琴和万迪昉（2011）研究发现，企业所在省份的经济发展水平对慈善捐赠产生正向影响，即越富裕省区的企业捐款数额和捐款的企业数越多。企业政府干预较少、市场化进程较高的省区企业慈善捐款水平较高。而卢正文和刘春林（2011）研究表明，产品市场竞争程度与企业捐赠之间呈倒"U"型关系，即处于强、弱竞争行业的企业捐赠趋于更少。杨薇和孔东民（2017）研究表明，媒体关注对公司形成外部监督压力，提高了公司对消费者的社会责任投资，加强了企业对消费者权益的保护。

从企业内部因素来看，学者研究认为公司治理、企业特征、管理者特征等对企业社会责任投资产生影响。例如，德赛（Desai, 2016）认为，如果机构投资者成为企业股东，其可以通过经济影响力"用脚投票"（即采取反对方式），从而影响股东决策，要求企业进行社会责任投资。梁建等（2010）研究发现，在公司治理结构各指标中，"三会"完整的公司治理结构和建立党组织对企业的慈善捐赠具有显著正向影响。但是，聂萍和王瑞芳（2017）研究发现，内部治理良好的公司并不会倾向于多捐赠，而外部机构投资者持股比例越高越能提高企业慈善捐赠水平，且机构投资者持股比例越大，越能改善内部治理差的公司提高捐赠水平。余威（2019）研究表明，如果公司治理结构中包含企业的党组织，则企业慈善捐赠水平会更高。徐光伟等（2019）研究也发现，党组织的存在显著增加了私营企业治理污染投入、环保治污费以及公益事业捐助，企业出资人在党委中任职也显著增加了企业社会责任投入。出资人具有人大政协委员身份、企业家权威、工会和职工代表大会的存在均发挥显著的正向调节作用。

沃林和卢尔（Waring and Lewer, 2005）认为，企业社会责任投资的增长对企业人力资源管理来说是一种压力，迫于压力企业不得不改变人力资源管理方式以符合企业社会责任投资的需求。约翰斯顿和拉博纳（Johnstone and La-bonne, 2007）研究发现，生产规模越大、产业规模效应越明显、企业资金实力越雄厚的企业，更有可能加大企业环保投资力度。博尔盖西等（Borghesi et al., 2014）研究表明，规模且自由现金流较大的公司，以及较高的广告支出促进企业社会责任投资。陶宇（2019）研究表明，中国上市公司社会责任投资存在极强的理性，公司会在外部压力、公司特征与成本之间确定最优的社会责任投资。企业规模越大、盈利水平越强，企业履行社会责任的程度就越高。孙硕和张新杨（2011）研究表明，企业的绩效管理水平、员工的劳动生产率水平、行业属性和发展阶段等是决定企业社会责任投资的重要因素。叶艳和李孔岳（2017）研究表明，企业规模与慈善捐赠之间呈"U"型关系，即小规模企业对合法性的需求较高而积极进行捐赠，大规模企业随着组织可见性的提升而加大捐赠强度，而中等规模企业的慈善捐赠水平最低。

亚当和肖基（Adam and Shauki，2014）对马来西亚社会责任投资进行考察发现，态度、主观规范、感知行为控制和道德规范对马来西亚企业的社会责任投资产生影响。博尔盖西等（Borghesi et al.，2014）研究发现，CEO的个人特征影响公司社会责任投资，如女性、年轻的CEO更有可能投资，政治关系和媒体的关注有助于促使社会责任投资。查塔斯玛等（Chatjuthamard et al.，2016）发现，优秀的管理者认为企业社会责任投资是有利的，管理能力的增加导致更多的社会责任投资。而李虹等（2017）发现，管理层能力与企业环保投资规模间呈"U"型关系，与民营上市公司相比，国有控股上市公司管理层能力对企业环保投资作用更显著；而当行业处于低市场竞争时，管理层能力与企业环保投资规模间的"U"型关系更加陡峭。

科尔姆斯和阿格曼（Kollmuss and Agyeman，2002）研究表明，女性高管更关注环境污染问题，在环保意识和行为方面表现出更大的积极性，年龄越大的高管更关注环境污染问题。杜兴强和冯文滔（2012）研究发现，女性高管的比例越高，上市公司的慈善捐赠越多，而当上市公司处于政府对市场干预较少的地区时，女性高管对公司慈善捐赠的正面影响显著下降，这表明女性高管和外部制度环境之间具有替代关系。曾春影和茅宁（2018）研究也发现，女性CEO显著提高了企业捐赠水平。

李强等（2016）研究表明，高管政治网络对企业环保投资存在消极影响，即高管政治网络越丰富，企业环保投资水平越低。但是，在慈善捐赠方面，梁建等（2010）研究发现，企业家的政治参与对企业慈善捐赠有显著的正效应。贾明和张喆（2010）研究也发现，高管的政治关联促进公司慈善行为，即具有政治关联的公司更倾向于参与慈善捐款并且捐款水平更高。而当公司运行地区的外部法制环境更完善时，政治关联促进公司参与慈善捐款和提高捐款水平的作用均减弱。李四海（2012）研究表明，管理者的政治背景对企业捐赠行为具有显著影响，学历背景仅在低社会信任环境下对企业捐赠行为具有显著的影响，其他背景特征变量与企业捐赠行为都不存在显著的一致相关性。

许年行和李哲（2016）研究发现，当CEO出生于贫困地区，其所在企业进行更多的社会慈善捐赠并且那些早期经历过大饥荒的CEO所在企业的慈善捐赠水平也更高。有过贫困经历且受过良好教育的 CEO 会进行更多的慈善捐赠；而出生于富裕地区的 CEO 所在企业并未捐赠更多。姜付秀等（2019）研究表明，学者型 CEO 推动企业实施更多利他倾向的慈善捐赠行为，较之于无学术经历 CEO 所在企业，学者型 CEO 所在企业的慈善捐赠水平在汶川大地震之后有更大幅度的提高，这说明学者型 CEO 具有更强的社会责任感。

2.5.4　关于企业社会责任投资与财务绩效的研究

目前学者关于企业社会责任投资与财务绩效间关系的研究结论存在争议。例如，沃多克和格雷夫斯（Waddock and Graves，1997）研究认为，社会责任好的企业具有更稳健的经营和更好的管理，其市场价值更优。达姆和斯科顿（Dam and Scholtens，2015）认为，企业社会责任投资会降低企业的股票市场收益，却不一定会降低企业价值。实证结果表明企业社会责任投资使得企业的风险变小，股票收益随之降低，但是能提高企业的资产回报率。杨等（Youn et al.，2016）以美国餐饮业为样本，采用多米尼指数作为企业社会责任投资的衡量指标，研究企业社会责任投资对企业价值（托宾 Q）的影响，结果显示企业积极的社会责任投资对企业价值具有提升作用，且这种效应在快餐业中更加明显。余海曙和龙靓（2010）研究发现，我国资本市场对上市公司社会责任投资信息的披露存在正面的反应。韦飞和汤雨晴（2013）研究表明，企业社会责任投资促进了企业价值的创造。郑若娟和胡璐（2014）研究发现，我国企业社会责任投资的整体财务绩效高于传统投资并且有较好的抗风险能力。马虹和李杰（2014）研究结果表明，虽然企业进行社会责任投资需要付出成本，但如果企业通过公布企业社会责任报告等方式，向公众如实汇报企业社会责任投资项目的执行过程和结果，企业的收入可以得到显著提高。田甜和姚海鑫（2016）研究发现，并购企业并购后的社会责任投资对企业的长期绩效具有积极的影响。

唐鹏程和杨树旺（2016）研究表明，企业社会责任投资模式影响价值的核心在于收益能否被内部化以弥补成本消耗。企业社会责任投入具有典型的多维性、互补性，单一维度的企业社会责任投入无法构成企业价值提升的充分或必要条件，只有考虑到这种多重交互，采取组合且集中式的社会责任投资模式是价值提升的利器，即对于一般企业，应以投资者、供应商和客户关系为基础，辅以雇员关系管理或环境保护，而社区回馈并不重要。张宏等（2018）认为，企业社会责任投资是通过合理调配自身资源投入各利益相关者，以提升竞争力的路径，从而转化为稳定增长的财务收益。研究结果表明，企业社会责任投资的多种组合策略均有助于提升企业价值并且各投资策略组合中，投资者维度居于首要地位，而以慈善捐赠为主的社会责任是非必要条件。但是，钱丽华等（2018）研究发现，慈善捐赠对财务绩效具有正向影响，慈善捐赠水平越高，企业绩效越好。而高机构持股与高研发投入在一定程度上传递了企业长期价值导向的信号，有助于利益相关者形成认知一致性，从而使慈善捐赠提升企业绩效的效果更加明显。

但是，卡佩尔·布兰卡和蒙乔恩（Capelle-Blancard and Monjon，2012）认为，企业社会责任投资的绩效不如常规基金，这源于社会筛选标准增加了约束。赖特等（Wright et al.，1995）研究得出社会筛选标准将降低投资组合的多样性，使企业社会责任投资回报率下降。李正（2006）研究发现，中国资本市场并没有给那些社会责任形象更好的企业更高的估值。徐凤菊等（2015）研究表明，企业社会责任投资对当期的市场价值具有负面影响，但是随着时间的推移，前期企业社会责任投资显著提升了后期的市场价值，且这种效应随着时间的延长而增加。阎海燕等（2017）从股东、员工、消费者、政府、商业伙伴和环境等六个维度建立企业社会责任投资模型，发现社会责任投资初期占用财务资源降低企业的盈利能力，但是，从长远来看，与利益相关者长期良性互动能帮助企业建立竞争优势，进而促进企业绩效提升。

佩伊勒和肖特嘉（Peylo and Schaltegger，2014）研究表明，企业社会责任投资的可持续性与财务绩效之间存在明显的非线性关系。而亨弗雷等（Humphrey et al.，2011）则认为企业社会责任投资与传统基金的绩效不存在显著差异。雷韦利和维维安尼（Revelli and Viviani，2015）研究也表明，与传统投资相比，企业出于社会责任方面的投资在股票市场投资组合中并没有明显的强弱之分。但是，文章指出除了关注社会责任投资的财务绩效之外，关键还需要了解社会责任投资如何影响公司和投资者的行为，以及这种投资方式是否有助于实现更大的道德和社会责任的目标。

2.5.5 关于企业社会责任投资与社会效益的研究

阿贝尔森（Abelson，2002）指出，只有政府支持不履行社会责任的企业会受到金融处罚的条件下，企业社会责任投资才有可能真正影响企业行为，促使企业积极主动履行社会责任。韦伯斯特（Webster，2004）认为投资者决定在任何价位都不购买或卖掉他们认为是不道德公司的股票时将影响公司业绩，从而迫使公司履行社会责任。沃林和卢尔（Waring and Lewer，2004）认为企业社会责任投资的增长对企业形成压力，迫使经理选择更为人性的管理方式，从而对员工履行了社会责任。付强和刘益（2013）认为，基于技术创新的企业社会责任会积极影响企业的社会绩效，企业所积累的社会绩效会最终促进企业财务绩效的提升。而媒体曝光度则会正向调节基于技术创新的企业社会责任对社会绩效的影响机制。

2.5.6　文献评述

现有的相关研究很有价值，但有待于完善与深入探究之处：

第一，影响企业社会责任投资因素的研究结论不一。学者的研究表明制度环境、经济发展、市场竞争程度、公司治理、公司特征和管理者特征等内外部因素对企业社会责任投资产生影响，但主要针对一般企业并且研究结论尚未达到一致。例如，公司治理、公司规模、管理层能力和高管的政治背景等对企业社会责任投资的影响，学者的研究结论不一〔梁建等，2010；聂萍和王瑞芳，2017；约翰斯顿和拉博纳（Johnstone and Labonne，2007）；博尔盖西等（Borghe-si et al.，2014）；叶艳和李孔岳，2017；李强等，2016；贾明和张喆，2010〕。同时，专门研究高新技术企业这一特定企业类型的社会责任投资影响因素的文献较缺乏。

第二，现有文献较多研究企业社会责任投资的财务绩效。对于企业社会责任投资的价值效应研究，学者更多着眼于企业社会责任投资对财务绩效的影响，研究结论呈现正相关、负相关、非线性或不相关等多样化状况。较少考察企业社会责任投资的社会价值、生态环境价值效应，鲜有研究企业社会责任投资对可持续发展的影响。同时，高新技术企业社会责任投资对财务绩效、社会价值与可持续发展是否产生显著影响？目前尚未有文献对这一问题进行研究。

第三，高新技术企业社会责任投资与创新绩效的研究文献缺乏。现有文献主要考察了企业社会责任对创新绩效的影响，但研究结论存在分歧。大部分文献表明企业履行社会责任有助于提升创新能力和创新绩效，但也有文献认为企业社会责任不利于技术创新〔赫尔和罗森伯格（Hull and Rothenberg，2008）〕，或者企业社会责任只对探索式技术创新产生影响（季桓永等，2019）。也有文献指出企业社会责任与创新绩效间呈倒"U"型关系（李文茜等，2018），或者不同类型的社会责任对创新绩效的影响存在差异（陈莞和张璇，2016）。而高新技术企业社会责任投资与创新绩效之间关系的研究文献鲜见。

第四，基于利益相关者视角的社会责任投资的研究较少。从利益相关者重要性视角，弗里曼等（Freeman et al.，2006）将企业社会责任的对象分为主要利益相关者（股东、员工、顾客等）和次要利益相关者（社区和环境）。同样，企业社会责任投资的对象具有多维度，现有文献大多数将企业社会责任投资当作一个整体的概念，没有对其进行多维度的划分。而对于不同利益相关者（股东、员工、顾客、政府、社区和环境）的社会责任投资具有其各自特点。因此，在对企业社会责任投资总体情况进行研究的基础上，有必要对相关利益者的分维度进行深入探究，有助于进一步诠释企业社会责任投资各维度的创新绩效与价值效应。

综上，本书以高新技术企业为研究对象，从相关利益者视角，考察公司治理、公司特征如何影响高新技术企业社会责任投资。厘清高新技术企业对各利益相关者的社会责任投资如何影响企业创新绩效、财务绩效，在此基础上，检验高新技术企业社会责任投资对创新绩效的影响。考察高新技术企业社会责任投资在财务价值、社会价值和企业可持续发展水平等方面的价值效应，以实现技术创新生态化，促进高新技术企业绿色、协调、全面的可持续发展。

2.6 本章小结

首先，本章对企业社会责任、社会责任报告、社会责任投资进行界定，归纳了企业社会责任投资的特征。其次，介绍了高新技术企业的概念与认定标准，将福建省高新技术企业的认定标准与全国标准进行对比，发现两者的认定要求并无实质性的区别，并结合高新技术企业特征阐述了高新技术企业进行社会责任投资的必要性。再其次，简要阐述了本书涉及的有关理论基础，即三重底线理论、利益相关者理论、企业公民理论、可持续发展理论和技术创新理论。最后，对国内外现有的企业社会责任投资相关研究进行回顾和梳理，并进行简要述评，为后面的研究奠定理论基础。

③ 高新技术企业社会责任投资现状分析

本章将对我国与福建省高新技术企业发展现状进行分析与比较，探究高新技术企业发展所面临的问题。在此基础上，剖析高新技术企业社会责任报告披露内容与质量现状，并就我国与福建省高新技术上市公司社会责任投资综合强度及对各利益相关者分维度的社会责任投资情况进行探究。本书有关高新技术企业发展情况以及企业社会责任报告披露、社会责任投资数据来源于中国高新技术产业统计年鉴、上海证券交易所网站、巨潮资讯网、Wind 万德金融数据库和国泰安 CSMAR 数据库等。

3.1 高新技术企业的发展现状

高新技术企业的发展推动了不同领域的互动交流，带动了相关产业的发展。随着技术创新的推进，传统产业也加快了技术转型升级的进程，进一步推动我国高新技术企业的发展壮大，高新技术企业逐渐成为我国经济发展的主要推动力和新的经济增长点。

3.1.1 我国高新技术企业的发展现状

根据《中国高新技术产业统计年鉴》，截至 2015 年底，全国高新技术企业达到 29631 家，从业人数达 1364.7 万人，主营业务收入达 139968.6 亿元，实现利润总额 8986.3 亿元，利税总额达 13014.2 亿元，出口交货值 50923.1 亿元。本章将从高新技术企业发展总体情况、R&D 人员投入、研发费用投入及研发产出等方面考察 2010 ~ 2015 年我国高新技术企业的发展现状。

1. 我国高新技术企业发展总体情况

（1）高新技术企业数量与规模总体保持增长趋势

表 3 - 1、图 3 - 1 列示了 2010 ~ 2015 年全国高新技术企业情况。从中可知，2010 ~ 2015 年，我国高新技术企业数量在 2011 年略有减少，其余年度高新技术企业数量均呈平稳增长趋势。2011 年高新技术企业数量不增反减的原因可能是：我国 2008 年科技部等部门联合发布了《高新技术企业认定管理办法》，该办法自 2008 年开始实行，高新技术企业一经认定，3 年有效，过了 3 年时效期后应当重新申请认定，复核通过后才能继续认定为高新技术企业。因此，一些企业在 2008 年第一批申请认定为高新技术企业，而在 2011 年可能有部分企业没有通过复核，不再认定为高新技术企业。从高新技术企业整体主营业务收入来看，2010 ~ 2015 年，高新技术产业主营业务收入呈现增长趋势。如果以主营业务收入作为度量企业规模的替代变量，则我国高新技术企业规模不断发展壮大。

表 3 - 1　　　　　　　　　**2010 ~ 2015 年全国高新技术企业情况**

项目	2010 年	2011 年	2012 年	2013 年	2014 年	2015 年
企业数（个）	28189	21682	24636	26894	27939	29631
主营业务收入（亿元）	74483.00	87527.00	102284.00	116049.00	127368.00	139969.00
R&D 人员投入（万人）	39.91	42.67	52.56	55.93	57.25	59.00
R&D 经费支出（亿元）	967.80	1237.80	1491.50	1734.40	1922.20	2219.70
新产品销售收入（亿元）	18914.70	20384.50	23765.30	29028.80	32845.20	41413.50

资料来源：由《中国高新技术产业统计年鉴》（2010 - 2015 年）整理而得。

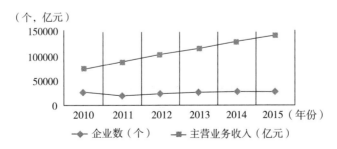

图 3 - 1　2010 ~ 2015 年全国高新技术企业数量与收入趋势

资料来源：由《中国高新技术产业统计年鉴》（2010 - 2015 年）整理而得。

（2）我国高新技术企业行业发展集中化

表3－2、图3－2列示了2015年高新技术企业分行业情况，从中可知，我国高新技术企业主要集中在电子及通信设备制造业、医药制造业和医疗仪器设备及仪器仪表制造业等行业。其中，电子及通信设备制造业占比49%，医药制造业占比25%，医疗仪器设备及仪器仪表制造业占比17%，计算机及办公设备制造业占比6%，信息化学品制造业占比2%，航空、航天器及设备制造业1%。

表3－2   2015年高新技术企业分行业分布与盈利情况

行业	企业数量（个）	主营业务收入（亿元）	利润总额（亿元）	营业利润率（%）
医药制造业	7392	25729.5	2717.3	10.56
航空、航天器及设备制造业	382	3412.6	196.1	5.75
电子及通信设备制造业	14634	78309.9	4348.9	5.55
计算机及办公设备制造业	1695	19407.9	622.1	3.21
医疗仪器设备及仪器仪表制造业	5062	10471.8	938.8	8.97
信息化学品制造业	466	2636.8	163.1	6.19

资料来源：由《中国高新技术产业统计年鉴》（2010－2015年）整理而得。

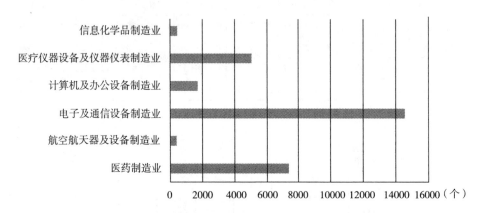

图3－2   2015年高新技术企业分行业分布情况

资料来源：由《中国高新技术产业统计年鉴》（2010－2015年）整理而得。

（3）各行业间盈利能力差异大

图3－3绘制了2015年高新技术企业分行业盈利情况，从表3－2、图3－3

可知，电子及通信设备制造业作为我国高新技术企业第一大行业，是我国高新技术企业发展的重要支柱，2015年主营业务收入达78309.9亿元，利润总额为4348.9亿元，但其营业利润率不高，仅为5.55%。医药制造业和医疗仪器设备及仪器仪表制造业分别为我国高新技术企业第二、第三大行业，其营业利润率却位居前列，分别为10.56%、8.97%。航空、航天器及设备制造业、信息化学品制造业的营业利润率居中，分别为6.19%、5.75%，这两大行业的创利能力与电子及通信设备制造业相当。而计算机及办公设备制造业的利润率则较低，2015年主营业务收入19407.9亿元，实现利润总额仅为622.1亿元，营业利润率只有3.21%。

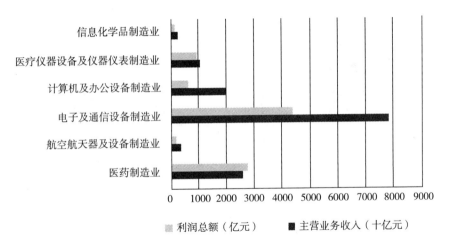

图3-3　2015年高新技术企业分行业盈利情况

资料来源：由《中国高新技术产业统计年鉴》（2010-2015年）整理而得。

（4）高新技术企业地区发展不平衡

表3-3、图3-4列示了2015年高新技术企业地区分布情况。从中可知，我国高新技术企业主要集中在东部地区，2015年东部地区高新技术企业达19912家，占全国总数的67%，相应地，东部地区高新技术企业创收99930亿元，占比71%。其次是中部地区和西部地区，高新技术企业数量占比分别为18%和11%，创收占比分别为15%和11%。东北地区高新技术企业最少，仅有1189家，占比4%。

表 3 – 3   2015 年我国各地区高新技术企业生产经营情况

地区	企业数（个）	主营业务收入（亿元）	利润总额（亿元）	出口交货值（亿元）
东部地区	19912	99930	6489	41196
中部地区	5426	20836	1291	5595
西部地区	3104	14919	795	3789
东北地区	1189	4284	412	342

资料来源：由《中国高新技术产业统计年鉴》（2010 – 2015 年）整理而得。

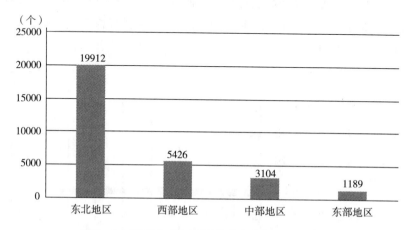

图 3 – 4　2015 年我国高新技术企业地区分布情况

资料来源：由《中国高新技术产业统计年鉴》（2010 – 2015 年）整理而得。

2. 我国高新技术企业 R&D 人员投入情况

（1）企业 R&D 人员投入逐年增长

图 3 – 5 绘制了 2010 ~ 2015 年我国高新技术企业 R&D 人员投入情况。从表 3 – 1、图 3 – 5 可知，2010 ~ 2015 年我国高新技术企业 R&D 人员投入强度呈逐年递增趋势，其中，2012 年增长幅度较大，其他年度增速较为平稳。2010 年 R&D 人员投入为 39.91 万人，2015 年增长至 59.00 万人，年均增速为 9.56%。

（2）企业 R&D 人员占比行业差异大

图 3 – 6 绘制了我国高新技术企业分行业 R&D 人员占比情况，从中可知，2015 年航空、航天及设备制造业 R&D 人员占从业人员比例最高，达到 11.84%。其次是医疗仪器设备及仪器仪表制造业占比为 7.28%。医药制造业和信息化学品制造业等两大行业 R&D 人员占比差异不大，分别为 5.77% 和

5.58%。而电子及通信设备制造业和计算机及办公设备制造业 R&D 人员占比较低，分别为 4.94% 和 3.89%。

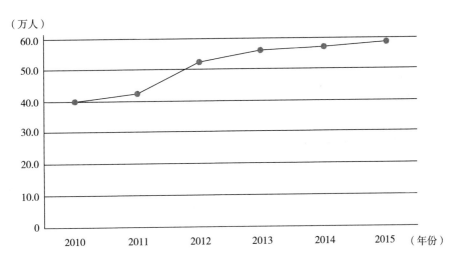

（万人）

图 3 – 5　2010 ~ 2015 年我国高新技术企业 R&D 人员投入情况

资料来源：由《中国高新技术产业统计年鉴》（2010 – 2015 年）整理而得。

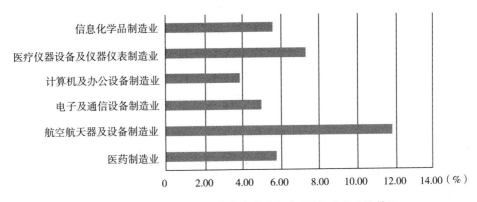

图 3 – 6　2015 年我国高新技术企业分行业 R&D 人员占比情况

资料来源：由《中国高新技术产业统计年鉴》（2010 – 2015 年）整理而得。

（3）各地区企业 R&D 人员占比总体差异不大

图 3 – 7 绘制了 2015 年我国高新技术企业分地区 R&D 人员占比情况，从中可知，东部地区 R&D 人员占比为 5.79%，中部地区 R&D 人员占比为 4.68%，西部地区 R&D 人员占比为 4.80%，东北地区 R&D 人员占比为

4.64%。相较而言，各地区高新技术企业 R&D 人员占比差异不大，其中东部地区该比例略高些，其余地区该比例基本持平。

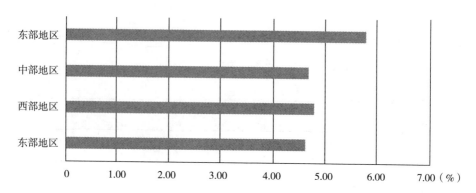

图 3 – 7　2015 年我国高新技术企业分地区 R&D 人员占从业人员比例

资料来源：由《中国高新技术产业统计年鉴》（2010 – 2015 年）整理而得。

3. 我国高新技术企业研发资金投入现状

创新是高新技术企业的核心竞争力，企业要持续提高其核心竞争力就必须不断创新，而企业研发资金的投入强度直接影响企业能否保持持续的创新和发展。目前我国高新技术企业不同行业对研发的重视程度和投入强度具有异质性。

（1）企业 R&D 经费内部支出逐年递增

图 3 – 8 绘制了 2010 ~ 2015 年我国高新技术企业 R&D 经费内部支出情况，从表 3 – 1、图 3 – 8 可知，我国高新技术企业 R&D 经费内部支出呈逐年递增趋势。从增速来看，2010 ~ 2015 年各年增速比较均匀，2010 年全国高新技术企业 R&D 经费支出额为 967.8 亿元，2015 年增长为 2219.7 亿元，年均增速为 25.87%，这表明我国高新技术企业不断加大研发投入的强度，重视技术创新和研究开发，为企业赢得竞争优势奠定基础。

（2）企业 R&D 经费内部支出强度行业差异较大

本章以企业 R&D 经费内部支出/主营业务收入之比来衡量企业 R&D 经费内部支出强度。图 3 – 9 绘制了 2015 年高新技术企业分行业 R&D 经费内部支出强度，从中可知，高新技术企业中航空、航天器及设备制造业的 R&D 经费内部支出强度最强（强度为 5.29%），其次是医疗仪器设备及仪器仪表制造业

（强度为2.29%），而电子及通信设备制造业、信息化学品制造业和医药制造业该强度基本持平（该强度数值分别为1.97%、1.72%、1.72%），计算机及办公设备制造业R&D经费内部支出强度最小（强度仅为0.90%）。

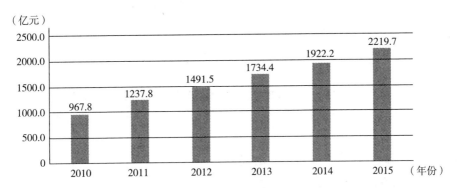

图3-8　2010~2015年我国高新技术企业R&D经费内部支出情况

资料来源：由《中国高新技术产业统计年鉴》（2010-2015年）整理而得。

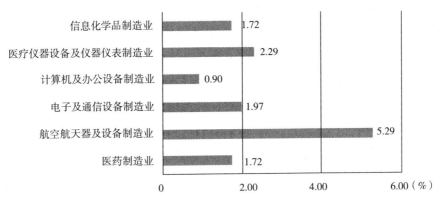

图3-9　2015年高新技术企业分行业R&D经费内部支出强度

资料来源：由《中国高新技术产业统计年鉴》（2010-2015年）整理而得。

（3）企业R&D经费内部支出强度地区间差异不大

图3-10绘制了2015年高新技术企业分地区R&D经费内部支出强度，由图可知，我国各地区高新技术企业R&D经费内部支出强度差异不大，除了东部地区企业R&D经费内部支出强度较高（为2.03%）外，其余地区企业R&D经费内部支出强度差异极小。

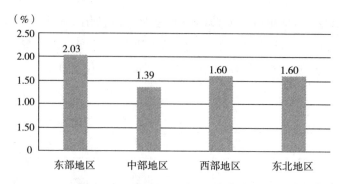

（%）

图3-10　2015年高新技术企业分地区R&D经费内部支出强度。

资料来源：由《中国高新技术产业统计年鉴》（2010-2015年）整理而得。

4. 我国高新技术企业研发产出现状

（1）新产品销售收入逐年增长

图3-11绘制了2010～2015年高新技术企业新产品销售收入情况，由表3-1、图3-11可知，2010～2015年高新技术企业新产品销售收入呈递增趋势。2010年我国高新技术企业新产品销售收入为18914.7亿元，2015年该值为41413.5亿元，增长了1.19倍。其中，2013年和2015年高新技术企业新产品销售收入增长速度较快，其余年度增长速度基本持平。

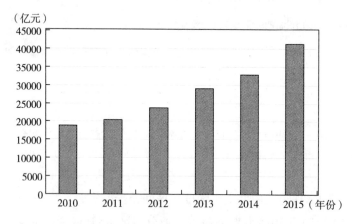

（亿元）

图3-11　2010～2015年我国高新技术企业新产品销售收入情况

资料来源：由《中国高新技术产业统计年鉴》（2010-2015年）整理而得。

（2）新产品销售收入呈现行业集中化

图 3-12 绘制了 2015 年高新技术企业分行业新产品销售收入情况。从中可知，我国高新技术企业新产品销售收入主要集中在电子及通信设备制造业，其新产品销售收入达 26700.3 亿元，占全部新产品销售比重的 65%。其次是计算机及办公设备制造业和医药制造业，其中，计算机及办公设备制造业的新产品销售收入 5494.1 亿元，占比 13%。医药制造业的新产品销售收入为 4736.3 亿元，占比 12%。其余行业新产品销售收入占比较小。

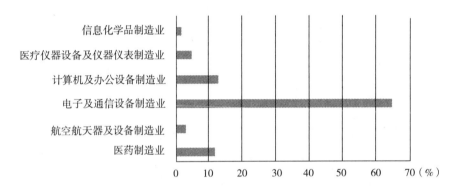

图 3-12　2015 年高新技术企业分行业新产品销售收入情况

资料来源：由《中国高新技术产业统计年鉴》（2010-2015 年）整理而得。

（3）东部地区的新产品销售收入优势凸显

图 3-13 绘制了 2015 年高新技术企业分地区新产品销售收入情况。从中可知，我国高新技术企业新产品销售收入的中坚力量为东部地区，2015 年东部地区实现新产品销售收入 31554.4 亿元，占比 76%。中部、西部和东北地区分别实现新产品销售收入 6223.8 亿元、3059.6 亿元和 575.7 亿元，占比分别为 15%、7% 和 2%。

3.1.2　福建省高新技术企业发展现状

截至 2015 年底，福建省高新技术企业 844 家，从业人数 377151 人，主营业务收入为 3962 亿元，实现利润总额 197 亿元，利税总额达 269.4 亿元，出口交货值 1983 亿元。本章选择了与福建省相邻的沿海 3 个省份（广东省、浙江省与江苏省）高新技术企业的相关数据进行比较分析，以反映福建省高新技术企业的发展状况。

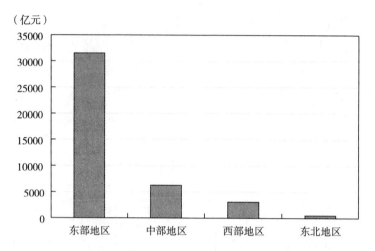

图 3 - 13　2015 年高新技术企业分地区新产品销售收入情况

资料来源：由《中国高新技术产业统计年鉴》（2010 - 2015 年）整理而得。

1. 高新技术企业数量明显低于东部地区平均水平

图 3 - 14 绘制了 2011 ~ 2015 年福建省、广东省、浙江省与江苏省 4 个省份高新技术企业的数量。从中可知，东部沿海地区这四个省份高新技术企业数量呈逐年平缓增长趋势。相较而言，高新技术企业数量最多的是广东省，2015年广东省高新技术企业多达 6194 家，江苏省则次之，而福建省最少，2015 年高新技术企业数量仅为 844 家，明显低于东部沿海地区平均水平。

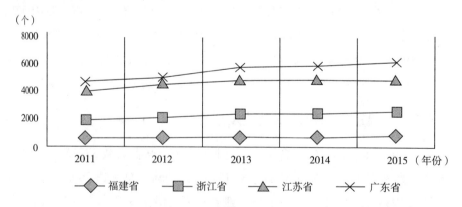

图 3 - 14　2011 ~ 2015 年福建省、广东省、浙江省与江苏省高新技术企业数量情况

资料来源：由《中国高新技术产业统计年鉴》（2010 - 2015 年）整理而得。

2. 企业发展规模增长平缓且明显落后于东部地区优势省份

图 3 – 15 绘制了 2011～2015 年福建省、广东省、浙江省与江苏省 4 个省份高新技术企业的主营业务收入情况。从中可知，这 4 个省份高新技术企业的主营业务收入均呈上升趋势。相比较而言，广东省和江苏省优势明显，其主营业务收入较高且增幅较大，而浙江省和福建省高新技术企业的主营业务收入较低且增幅平缓。就福建省而言，其高新技术企业的主营业务收入最低，与广东省和江苏省相比差距较大，说明福建省高新技术企业未充分发挥其东部沿海地理区位优势。

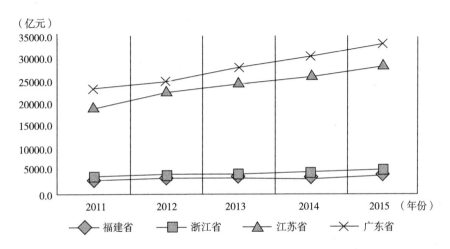

图 3 – 15 2011～2015 年福建省、广东省、浙江省与江苏省高新技术企业主营业务收入情况

资料来源：由《中国高新技术产业统计年鉴》（2010 – 2015 年）整理而得。

3. 企业创利能力表现不佳

图 3～16 绘制了 2011～2015 年福建省、广东省、浙江省与江苏省 4 个省份高新技术企业实现的利润总额情况。从中可看出，这 4 个省高新技术企业的创利能力呈逐年上升趋势。其中，广东省和江苏省高新技术企业的创利能力最强，浙江省居中，福建省最低。例如，2015 年福建省高新技术企业实现利润总额仅为 197 亿元，而广东省和江苏省该值分别为 2034 亿元和 1814 亿元。

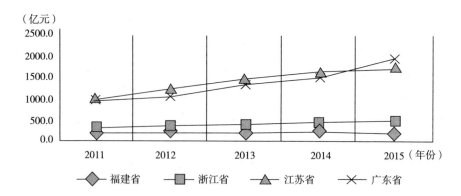

图 3 - 16　2011 ~ 2015 年福建省、广东省、浙江省与江苏省高新技术企业利润总额情况

资料来源：由《中国高新技术产业统计年鉴》（2010 - 2015 年）整理而得。

4. 企业 R&D 经费投入强度逐年上升，但强度明显偏低

图 3 - 17 绘制了 2008 ~ 2015 年福建省、广东省、浙江省与江苏省 4 个省份高新技术企业 R&D 经费投入强度。从中可知，这四个省份高新技术企业 R&D 经费投入强度持续增长，并且增长幅度明显。以 2015 年为例，江苏省高新技术企业 R&D 经费投入强度最高，为 2.57%。广东省和浙江省居中，分别为 2.47%、2.36%；而福建省最低，仅为 1.51%。

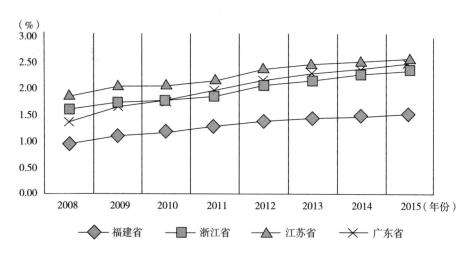

图 3 - 17　2008 ~ 2015 年福建省、广东省、浙江省与江苏省高新技术企业 R&D 经费投入情况

资料来源：由《中国高新技术产业统计年鉴》（2010 - 2015 年）整理而得。

5. 实现的新产品销售收入最低

图 3 – 18 绘制了 2015 年福建省、广东省、浙江省与江苏省 4 个省份高新技术企业新产品销售收入情况。从中可知，广东省高新技术企业实现的新产品销售收入最高，达到了 12328.9 亿元。江苏省、浙江省居中；而福建省最低，仅为 1245.4 亿元，约为广东省的 1/10。

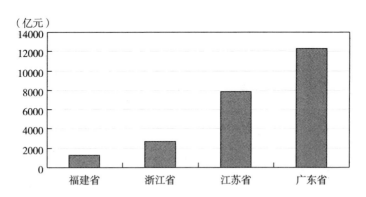

（亿元）

图 3 – 18　2015 年福建省、广东省、浙江省与江苏省高新技术企业新产品销售收入情况

资料来源：由《中国高新技术产业统计年鉴》（2010 – 2015 年）整理而得。

6. 省内各开发区高新技术企业发展不平衡

表 3 – 4 列示了 2015 年福建省各高新技术产业开发区总体情况。首先，从高新技术企业的数量来看，福建省各高新技术产业开发区内企业数量差异明显，其中，厦门火炬产业园区的企业数量最多，达到 551 家。而数量最少的是三明高新技术产业开发区，仅有 130 家企业。其次，从高新技术企业的从业人员来看，主要集中在厦门火炬产业园区，漳州开发区次之，三明开发区最少。最后，从高新技术企业的产值和盈利能力来看，厦门火炬产业园区最强，其次是漳州和福州开发区。而三明开发区虽然总产值与莆田开发区差异不大，但是其净利润最低，仅为 220 万元。总之，厦门火炬产业园区与漳州高新技术产业开发区发展优势明显，福州、泉州、莆田高新技术产业开发区表现居中，龙岩、三明开发区则发展劣势较明显。

表 3 - 4   **2015 年福建省各高新技术产业开发区总体情况**

地区	企业数（个）	期末从业 人员（人）	总收入 （万元）	总产值 （万元）	净利润 （万元）
福州	184	66917	7991113	8231107	423195
厦门	551	163572	20128330	21051654	696377
泉州	191	69964	5104054	5923208	404593
莆田	132	42941	4494017	4546815	361885
三明	130	22394	4119988	4277441	220
漳州	345	97568	7953857	7989616	528410
龙岩	173	34884	2829910	2985741	137534

资料来源：由《中国高新技术产业统计年鉴》（2010 - 2015 年）整理而得。

从以上分析可知，与广东、江苏、浙江等东部沿海 3 省相比，福建省高新技术企业在企业数量、发展规模、盈利能力、研发投入和新产品销售收入等方面均处于最低水平并且省内各开发区发展不平衡，创利能力差异较大。

3.1.3 我国高新技术企业发展存在问题分析

21 世纪以来，我国对高新技术产业投入了大量的人力、物力和财力，使得高新技术企业在数量、整体产业规模上均获得了快速增长，成为我国新时期经济发展的中坚力量。但是，我国高新技术企业的发展尚存弊端，较多依赖于人力成本和资源耗费，不够注重技术本身的研发和突破，自主创新能力不足，导致产品的科技含量不高。同时，由于企业的逐利性，一味追求产出和效益，忽视对外部环境的保护，往往造成了非经济外部性。目前我国高新技术企业发展主要存在如下问题。

1. 高新技术企业认定标准单一

根据科技部等部门颁布的《高新技术企业认定管理办法》可知，高新技术企业的认定必须同时满足 8 个条件，其中一条就是高新技术企业要能创造一定的收益。在目前经济环境下，我国高新技术企业的认定标准"一刀切"，可能不利于高新技术企业的发展。尤其是对于那些技术含量高的产品，其技术创新研发过程较长、创新技术产品化和市场化周期较长，因此获得研发投入回报的回收期相对较长。也正因为高新技术产品带来的财务收益的滞后性，这类企业较难满足《高新技术企业认定管理办法》中对经济效益与成长性方面的要求，难以通过认定，也就无法享受到高新技术企业的政策福利，从而削弱了高新技术企业的竞争优势。

2. 高新技术企业分行业发展差异较大

根据上面分析可知，我国高新技术企业各行业新产品销售收入差异悬殊，其中，电子及通信设备制造业新产品销售规模占比达65%，远高于其他行业。而医药制造业和信息化学品制造业利润空间大、发展前景好，但是由于创新投入和市场规模拓展不足，这两大行业的新产品销售明显偏弱。因此，为了促进高新技术产业的可持续发展，应当既要保证优势行业新产品开发、销售的稳定增长，又要加强其他行业的创新投入和发展，以提高其市场份额和盈利能力。

3. 创新资源投入行业分布趋向集中化

根据高新技术企业分行业的研发资源投入情况看，R&D人员投入和经费支出主要集中在航空、航天器及设备制造业。例如，2015年航天器及设备制造业的R&D人员占从业人员比例、R&D资金投入强度都是最高，但是该行业高新技术企业数量最少，每年创收占比低。而医药制造业和医疗仪器设备及仪器仪表制造业这两大行业的创利能力较强，但创新资源投入却相对较少。这说明高新技术企业分行业人力、资金和资源投入差异明显，主要集中在对劳动力和资金需求较大、但获利空间有限的行业。而医药制造业创利能力好、利润空间较可观，却没有得到足够重视，创新资源投入不足，发展潜力有待进一步挖掘。因此，如何在保持高新技术企业整体稳定发展的同时，平衡各行业的资源投入，挖掘技术含量高、盈利能力强的高新技术行业发展潜力，是当前经济发展转型升级的关键。

4. 区域间发展差异悬殊

从我国高新技术企业地区分布情况来看，高新技术企业主要集中在东部地区，东北地区高新技术企业发展明显不足；同时，R&D人员投入和资金投入也是集中在东部地区。从省份的地理区域来看，我国高新技术企业主要集中在广东省和江苏省，其高新技术企业的新产品销售收入处于全国领先水平，原因之一是创收能力强的电子及通信设备制造业主要集中在这两个省份，然而，它们的R&D人员投入比例和R&D经费内部支出强度仅处于全国中等水平。对于福建省来说，高新技术企业的发展规模、盈利能力、研发投入和新产品销售收入等方面均不如广东省和江苏省，且省内各地区高新技术企业发展不平衡，创利能力差异大。因此，协调平衡区域间高新技术企业的创新资源投入，促进区域间协调可持续发展至关重要。

5. 部分行业创新资源投入与产出比例失衡

从上面数据可知，2010～2015 年我国高新技术企业的创新投入与产出比例总体呈增长趋势。但从行业角度来看，部分行业存在着创新资源投入高而产出低的问题。技术创新产出效率直接决定了企业的核心竞争力与行业地位，而部分行业创新资源利用效率偏低影响了高新技术企业的发展，因此，提高企业创新资源投入—产出效率是当前我国高新技术企业发展亟待解决的主要问题之一。

3.2 高新技术企业社会责任报告披露内容与质量现状

社会责任报告是企业与利益相关者沟通交流的媒介，企业通过社会责任报告向外界披露其对投资者、员工、社区、环境、消费者及客户、供应商以及政府等履行社会责任的信息，社会公众能够从中了解企业社会责任投资的情况。在政府、行业协会以及资本市场等各方力量的推动下，我国企业社会责任报告的编制和发布取得了飞跃式发展。本章以高新技术上市公司为研究样本，样本选取如后 3 章，获得全国有效样本公司 2408 个，其中，2010 年 396 个、2011 年 398 个、2012 年 402 个、2013 年 404 个、2014 年 404 个、2015 年 404 个。福建省有效样本公司 210 个，2010～2015 年每年均为 35 个。下面将根据样本公司披露的社会责任报告对我国与福建省高新技术企业社会责任披露内容和质量现状进行分析。

3.2.1 我国高新技术上市公司社会责任报告披露内容情况

1. 全国样本企业①对社会责任各项内容的披露比例差异较大

根据企业社会责任报告披露的具体内容，将其分为股东、债权人、职工、供应商、客户及消费者权益保护及环境和可持续发展、公共关系和社会公益事业、社会责任制度建设及改善措施、安全生产内容和公司存在的不足等 10 项内容。

---

① 本书中的全国样本企业是指我国 32 个省级行政区（不含 2 个特别行政区）高新技术企业在上海证券交易所和深圳证券交易所的 A 股上市公司。下同。

表 3 - 5 列示了全国高新技术上市公司社会责任报告披露内容情况，从中可知，我国高新技术上市公司较好地披露了对各利益相关者的权益保护。例如，对股东、职工、客户及消费者权益保护、环境和可持续发展、公共关系和社会公益事业、和安全生产内容的披露比例均在 96% 以上，最高达到了99.5%。但是，对债权人的权益保护披露的公司数总体呈下降趋势，2010 年披露的样本公司有 396 家，到 2015 年只有 238 家，下降了 39.9%；对供应商的权益保护内容披露的样本公司略少，2010 ~ 2015 年期间每年平均只有 307家样本公司披露，披露比例为 76.6%。此外，样本公司对社会责任制度建设及改善措施、公司存在的不足等两项内容的披露最少，2010 ~ 2015 年每年平均只有 108 家、83 家样本公司披露，披露比例分别为 26.9% 和 20.7%，2015年披露的样本公司数分别只为 60 家和 46 家。可见，全国样本公司对社会责任各项内容的披露比例差异较大。

表 3 - 5　　　　高新技术上市公司社会责任报告披露内容情况（全国样本）

披露内容	2010 年（家）	2011 年（家）	2012 年（家）	2013 年（家）	2014 年（家）	2015 年（家）	平均（家）	披露比例（%）
股东权益保护	393	395	401	400	397	392	396	98.8
债权人权益保护	396	286	259	257	267	238	283	70.6
职工权益保护	396	398	402	404	400	398	399	99.5
供应商权益保护	300	327	325	293	307	290	307	76.6
客户及消费者权益保护	393	394	392	389	394	383	390	97.3
环境和可持续发展	395	398	402	392	394	390	395	98.5
公共关系和社会公益事业	384	389	379	388	399	388	387	96.5
社会责任制度建设及改善措施	129	143	140	84	93	60	108	26.9
安全生产内容	331	355	325	315	339	309	329	82.0
公司存在的不足	116	77	103	78	79	46	83	20.7

资料来源：由高新技术上市公司披露的社会责任报告整理而得。

2. 福建省样本公司对社会责任内容的披露比例均高于全国样本

表 3 - 6 列示了福建省高新技术上市公司社会责任报告披露内容概况，从中可知，与全国样本公司类似，福建省高新技术样本公司对债权人权益保护内

容的披露比例为74.3%，低于其他利益相关者权益保护内容的披露比例。而在社会责任制度建设及改善措施、公司存在的不足等两项内容的披露最少，披露比例分别为42.9%和40%。但是，与全国样本相比，福建省高新技术样本公司对各相关利益者履行社会责任内容的披露比例均高于全国样本，最高达到100%，最低为40%。

表3-6　　　　高新技术上市公司社会责任报告披露内容概况（福建省样本）

披露内容	2010年（家）	2011年（家）	2012年（家）	2013年（家）	2014年（家）	2015年（家）	平均（家）	披露比例（%）
股东权益保护	35	35	35	35	35	35	35	100.0
债权人权益保护	22	27	29	28	26	25	26	74.3
职工权益保护	35	35	35	35	35	35	35	100.0
供应商权益保护	28	34	29	32	32	30	30	85.7
客户及消费者权益保护	32	35	34	35	35	35	34	97.1
环境和可持续发展	35	35	34	34	34	34	34	97.1
公共关系和社会公益事业	35	34	35	35	35	35	34	97.1
社会责任制度建设及改善措施	29	21	16	10	11	8	15	42.9
安全生产内容	33	33	26	27	34	30	30	85.7
公司存在的不足	29	11	16	10	11	8	14	40.0

资料来源：由高新技术上市公司披露的社会责任报告整理而得。

3.2.2　高新技术上市公司社会责任报告披露质量不高

为增加社会责任报告的可信度，部分企业引入外部机构对报告内容、数据进行审验。同时，如果能按全球报告倡议组织（GRI）发布的《可持续发展报告指南》作为参照标准披露社会责任报告，则会提升企业社会责任报告的可信度与可靠性。表3-7列示了样本公司社会责任报告披露质量情况，从中可知，样本公司的社会责任报告披露质量均不佳。例如，在全国样本公司中，高新技术上市公司社会责任报告经第三方机构审验的公司数均为个位数，参照GRI《可持续发展报告指南》进行披露的公司只有1/6。而在福建省样本公司中，没有一家高新技术上市公司的社会责任报告经第三方机构审验，参照GRI《可持续发展报告指南》进行披露的公司在样本期间总共才14家。

表3-7　　　　　　高新技术上市公司社会责任报告披露质量情况

披露质量		2010 年	2011 年	2012 年	2013 年	2014 年	2015 年
全国样本（家）	经第三方机构审验	3	3	5	4	6	4
	参照 GRI《可持续发展报告指南》	50	59	70	66	75	82
福建样本（家）	经第三方机构审验	0	0	0	0	0	0
	参照 GRI《可持续发展报告指南》	1	3	2	2	1	5

资料来源：由高新技术上市公司披露的社会责任报告整理而得。

3.3　高新技术企业社会责任投资现状分析

　　根据利益相关者理论，为了满足利益相关者对企业社会责任的利益诉求，企业必须将对各利益相关者的社会责任投资纳入其经营目标之中。企业利益相关者通常包括投资者、员工、社区、政府、消费者和供应商等，企业对利益相关者进行社会责任投资，能够提升企业在利益相关者心中的形象和企业品牌价值。同时，当各利益相关者的利益诉求得到满足后，能够为企业带来正向反馈，各方将与企业更好地配合，为企业营造良好的经营环境，从而提升企业财务价值和社会效益，反过来，企业会进一步加大社会责任投资强度，使企业社会责任投资能够进入良性循环，促进企业与各利益相关者的和谐发展。

　　近年来，企业的技术创新逐渐转向绿色创新，倡导技术创新的生态化。在技术创新推动下，高新技术企业迅速发展的同时，也给社会带来由技术造成的资源短缺和环境污染问题。为了缓和并解决这一问题，高新技术企业必须带头实现技术创新的生态化转向，以符合现代社会绿色发展与生态良性循环、协调与共的内在要求。高新技术企业只有坚持以社会责任为导向，兼顾各利益相关者的诉求，积极并恰当、有效地进行社会责任投资，才能实现社会经济的绿色可持续发展。

　　本章根据后面3章实证研究所选取的A股高新技术上市公司样本，从相关利益者视角界定与衡量企业社会责任投资，对我国与福建省高新技术上市公司社会责任投资的现状进行比较分析。其中，企业社会责任投资的衡量方法为：①对投资者的社会责任投资用股利利息支付率衡量，即分配股利、利润或偿付利息所支付的现金/平均资产总额；②对员工的社会责任投资用员工获利率来度量，即用支付给职工以及为职工支付的现金/平均资产总额；③对社区的社会责任投资用社会成本率衡量，即（营业外支出 – 营业外收入）/平均资产总额；④对政府的社会责任投资用税收贡献率衡量，即（支付的各项税费 – 收到的税收返还）/平均资产总额；⑤对消费者的社会责任投资用应收账款率衡量，即（应收账款 + 应收票据 – 预收账款）/平均资产总额；⑥对供应商的社会责任投资用供应商获利率衡量，即购买商品或劳务支出的现金流量/平均资产总额。上述 6 个方面的加总获得企业社会责任投资综合强度。

3.3.1　我国高新技术企业社会责任投资持续增强

图 3 – 1 绘制了 2010 ~ 2015 年全国与福建省高新技术上市公司社会责任投资的年度趋势。从中可看出，整体而言，我国高新技术上市公司社会责任投资强度保持持续增强的趋势，这表明我国高新技术上市公司社会责任投资意识逐渐增强，越来越重视对各利益相关者的社会责任投资。同样，福建省高新技术上市公司的社会责任投资强度几乎与全国样本保持类似的增长走势，在 2010 ~ 2015年一直略高于全国水平。这说明，福建省高新技术上市公司在社会责任投资方面表现略优于全国平均水平。

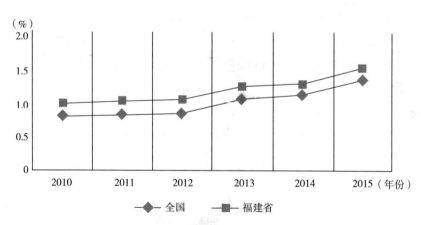

图 3 – 19　高新技术上市公司社会责任投资年度趋势
资料来源：由高新技术上市公司披露的财务数据计算而得。

3.3.2 基于相关利益者视角分析高新技术企业社会责任投资强度

高新技术企业社会责任投资是将投资理念建立在利益相关者的基础上，强调在投资过程中既要满足投资者的利益，又要关注员工的价值，及其对消费者、环境、社区和政府等的贡献，将社会价值和生态价值纳入技术创新目标之中，从中获得企业创新的源泉。

1. 对投资者的社会责任投资情况

图 3-20 绘制了高新技术上市公司对投资者的社会责任投资强度趋势图。从中可知，2010～2015 年，我国高新技术上市公司对投资者的社会责任投资在 2011 年增幅较大，2012 年及以后又回到平稳下降趋势。同样，福建省高新技术上市公司对投资者的社会责任投资的变动曲线与全国样本类似，但其波动幅度较小。

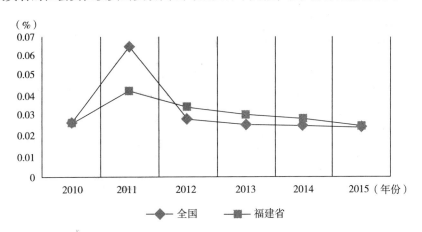

图 3-20　高新技术上市公司对投资者的社会责任投资趋势

资料来源：由高新技术上市公司披露的财务数据计算而得。

2. 对员工的社会责任投资情况

图 3-21 绘制了 2010～2015 年高新技术上市公司对员工的社会责任投资强度趋势图。从中可知，无论是全国样本，还是福建省样本，高新技术上市公司对员工的社会责任投资水平均保持平稳小幅增长趋势，表明近年来我国高新技术上市公司注重对员工的社会责任投资，提高员工的薪酬待遇，挖掘员工潜力，关心员工的成长和创造力的发挥等。同样，在此期间，福建省高新技术上市公司对员工的社会责任投资一直略高于全国平均水平。

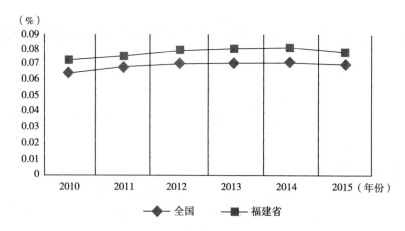

图 3 - 21　高新技术上市公司对员工的社会责任投资趋势

资料来源：由高新技术上市公司披露的财务数据计算而得。

3. 对社区的社会责任投资情况

图 3 - 22 绘制了 2010 ~ 2015 年高新技术上市公司对社区的社会责任投资年度趋势图。从中可知，我国高新技术上市公司对社区的社会责任投资呈波动式下降趋势，但波动幅度大，经历两次较大幅度的上升与下降。相较而言，福建省高新技术上市公司对社区的社会责任投资强度略低于全国水平，其年度变动趋势虽与全国水平大体一致，但其下降幅度更大些，特别是 2014 年、2015 年这两年的社会责任投资比全国水平低较多。

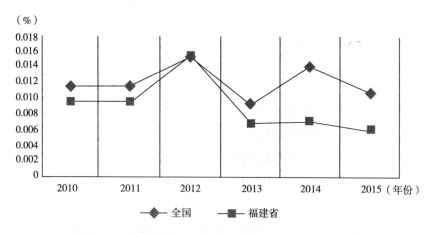

图 3 - 22　高新技术上市公司对社区的社会责任投资趋势

资料来源：由高新技术上市公司披露的财务数据计算而得。

4. 对政府的社会责任投资情况

图 3~23 绘制了高新技术上市公司对政府的社会责任投资年度趋势图。从中可知，2010~2015 年，我国高新技术上市公司对政府的社会责任投资在前两年小幅波动外，其余年份基本保持平稳。而福建省高新技术上市公司对政府的社会责任投资波动较平稳，且投资强度高于全国样本公司。

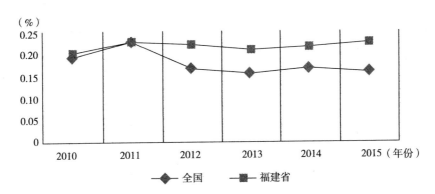

图 3－23　高新技术上市公司对政府的社会责任投资趋势

资料来源：由高新技术上市公司披露的财务数据计算而得。

5. 对消费者的社会责任投资情况

图 3－24 绘制了高新技术上市公司对消费者的社会责任投资强度年度趋势图。由图可知，2010~2015 年，我国高新技术上市公司对消费者的社会责任投资强度在 2011 年小幅下降后，其余年份基本保持平稳，大约在 0.17~0.18。相较而言，福建省高新技术上市公司对消费者的社会责任投资强度呈波动式下降趋势，波动幅度大于全国水平，2011 年从 0.2 小幅下降到 0.17，2011~2014 年基本保持该水平，2015 年降至 0.14。总体而言，福建省高新技术上市公司对消费者的社会责任投资强度略低于全国水平。

6. 对供应商的社会责任投资情况

图 3－25 绘制了高新技术上市公司对供应商的社会责任投资强度年度趋势图。由图可知，2010~2015 年，无论是全国样本，还是福建省样本，高新技术上市公司对供应商的社会责任投资强度总体呈下降趋势。其中，全国样本公司对供应商的社会责任投资强度仅在 2011 年略有上升，其余年份一直处于下降趋势，从 2010 年的 0.59 下降至 2015 年的 0.44。而福建省样本公司对供应

商的社会责任投资强度仅在 2013 年稍有上升外，其他年度均为下降趋势，从 2010 年的 0.88 下降至 2015 的 0.58。总之，福建省样本公司对供应商的社会责任投资强度高于全国样本公司。

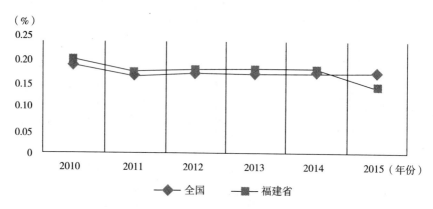

图 3 – 24　高新技术上市公司对消费者的社会责任投资趋势

资料来源：由高新技术上市公司披露的财务数据计算而得。

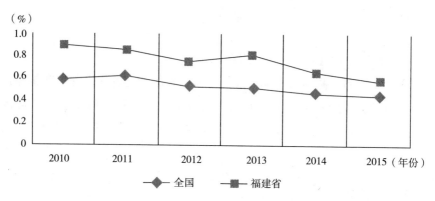

图 3 – 25　高新技术上市公司对供应商的社会责任投资趋势

资料来源：由高新技术上市公司披露的财务数据计算而得。

综上，2010 ~ 2015 年，高新技术上市公司的社会责任投资强度呈上升趋势，说明我国高新技术企业越来越重视相关利益者的诉求，倡导技术创新的生态化，不断加大社会责任投资力度。相较而言，福建省高新技术企业的社会责任投资强度略高于全国样本公司。从相关利益者角度来看，高新技术企业分维度的社会责任投资强度的变动趋势呈现差异化，大致表现为：高新技术上市公司对员工的社会责任投资呈上升趋势，对政府、消费者的社会责任投资强度的变化趋势比较平稳，而对投资者、社区的社会责任投资呈波动式下降趋势，对供应商的社会责任投资呈平稳下降趋势。对于不同样本公司而言，全国样本公司除了对社区的社会责任投资强度高于福建省样本公司外，其余分维度的社会责任投资强度均低于福建省样本。

3.4　本章小结

首先，本章分别从高新技术企业总体情况、R&D 人员、研发费用投入及研发产出等方面对我国高新技术企业的发展现状进行分析，发现我国高新技术企业数量与规模总体保持增长趋势，企业 R&D 人员投入、R&D 经费支出和新产品销售收入呈逐年递增。与广东省、浙江省、江苏省等相邻省份相比，福建省高新技术企业的数量、发展规模较低，R&D 经费投入虽然逐年上升，但强度明显偏低，企业的新产品销售收入和盈利能力也较低。其次，剖析了目前高新技术企业发展存在的问题，具体表现为：高新技术企业认定标准单一，高新技术企业不同行业发展集中化、地区发展不平衡，创新投入资源（R&D 人员和经费）行业分布趋向集中化，而地域差异悬殊，同时部分行业创新资源投入与产出比例失衡。再其次，从高新技术企业社会责任报告的披露内容、披露质量等方面比较分析我国和福建省高新技术上市公司社会责任报告披露现状，从中发现，较多企业披露了社会责任的相关内容，但对各利益相关者的权益保护内容披露比例差异较大，相较而言，福建省样本公司对社会责任内容的披露比例均高于全国样本。高新技术上市公司社会责任报告经第三方机构审验的公司或者参照 GRI《可持续发展报告指南》进行披露的公司数量较少，总体披露质量不高。最后，我国高新技术上市公司社会责任投资强度逐年呈现持续增强的趋势，表明我国高新技术上市公司越来越重视对各利益相关者进行社会责任投资。而且福建省高新技术上市公司的社会责任投资强度略高于全国水平。从相关利益者角度来看，高新技术企业对分维度的社会责任投资强度的变动趋势呈现差异性，表现为：高新技术上市公司对员工的社会责任投资呈上升趋势，对政府、消费者的社会责任投资强度的变化趋势比较平稳，而对投资者、社区的社会责任投资呈波动式下降趋势，对供应商的社会责任投资呈平稳下降趋势。

④

高新技术企业社会责任投资
影响因素的实证研究

从第 2 章的研究文献综述可知，学者对企业社会责任投资的研究取得了一定的成果，但还不够系统，研究结论不一并且鲜有高新技术企业社会责任投资的相关研究。因此，本书以高新技术企业为研究对象，从相关利益者和资源投入视角，对高新技术企业社会责任投资的影响因素、创新绩效、财务绩效、社会价值和可持续发展等问题进行理论与实证检验。本章主要考察高新技术企业社会责任投资的影响因素，即在理论分析的基础上，提出本章的研究假说，构建实证检验模型，就公司治理与公司特征等方面因素对高新技术企业社会责任投资的影响进行研究。

4.1　问题的提出

近年来，高新技术企业快速壮大成为我国科技创新和经济发展的重要生力军，为了实现可持续发展的潜力，应该协调企业自身与利益相关者之间的利益，主动并恰当进行社会责任投资，以促进技术创新生态化和绿色可持续发展。以往的研究更多关注高新技术企业如何通过技术创新来增强核心竞争力。或者研究一般企业社会责任投资的财务绩效和影响因素，较少考察高新技术企业社会责任投资的影响因素。至于一般企业社会责任投资影响因素的研究，学者认为制度环境、经济发展、市场竞争程度、公司治理、公司特征和管理者特征等内外部因素对企业社会责任投资产生影响。例如，桑德伯格等（2009）、斯科顿和希凡尼（2013）和贡德等（Gond et al. , 2011）认为，法规、制度、经济的开放性、养老金法案及产业的规模等是社会责任投资的驱动因素。亚当和肖基（2014）研究发现，态度、主观规范、感知行为控制和道德规范对社会责任投资行为产生影响。博尔盖西等（2014）研究发现，CEO 的个人特征影响公司社会责任投资，如女性、年轻的 CEO 更有可能投资，政治关系和媒体的关注有助于促使社会责任投资；孙硕和张新杨（2011）研究表明，企业的绩效管理水平、行业属性和发展阶段等是决定企业社会责任投资的重要因素。陶宇（2019）研究认为，中国上市公司社会责任投资存在极强的理性，企业规模越大、盈利水平越强，企业履行社会责任的程度就越高。可见，研究结论尚未达到一致。况且，专门研究高新技术企业这一特定企业类型的社会责任投资的影响因素的文献较缺乏。因此，本章拟从相关利益者视角，对高新技术上市公司社会责任投资的影响因素进行理论研究与实证检验。

4.2 研究假说的提出

4.2.1 公司治理因素与高新技术企业社会责任投资

公司治理可分为内部治理与外部治理，其中，内部治理是以产权为主线，由《公司法》赋予的股东大会、董事会、监事会及管理层构成，形成了所有者对管理者的一种监督与制衡机制。如果公司内部治理结构合理，治理水平高，就能有效监督管理者的利己行为、防止控股股东的机会主义倾向，履行对相关利益者的责任，进行有效的社会责任投资，以促进企业的和谐发展。本章主要从高新技术企业的股权结构、董事会运作、领导结构和管理层激励机制等内部治理视角考察高新技术企业社会责任投资的影响因素。

1. 股权结构对企业社会责任投资的影响

股权结构是指公司总股本中不同性质的股份所占的比例及其相互关系。其中，股权集中度是股权结构的重要表现形式之一。股权集中度对企业社会责任投资的影响，可从监管假设理论和侵占假设理论来阐释。监管假设理论认为大股东为保护其显著地位，会主动采取措施监督经营者行为。当经营者与股东之间存在利益冲突时，大股东的存在能够有效保护所有股东权益。而侵占假设理论认为，股权集中度过高，大股东会侵占小股东的利益。大多数高新技术企业早期是由为数不多的几个发起人共同创办的，股权集中度相对较高。在竞争激烈的市场环境中，高新技术企业既要有良好的研发潜能和市场眼光，又要考虑社会责任投资问题，才能获得长远、稳定的发展，这就需要企业审慎客观地决策。如果股权过于集中，虽然大股东能够采取有效措施监督管理者行为，但存在其他股东权益被大股东侵占的风险，不利于集思广益、从相关利益者角度对公司战略、社会责任投资等进行科学决策。洛佩兹·伊图里亚加和洛佩兹·德福隆达（Lopez-Iturriaga and Lopez-de-Foronda，2012）研究表明，大股东持股比例增加会减少对公司社会责任的履行。据此，本章提出以下假说。

假说4－1：股权集中度对企业社会责任投资产生负面影响。

2. 董事会运作对企业社会责任投资的影响

董事会是公司的经营决策机构，其有效运行有助于企业重大事项的科学决策。本章从董事会规模与独立董事比例两方面来考察董事会的运作情况。公司董事会成员往往具有一定的专业素质和长远眼光，与较小规模的董事会相比，规模大的董事会更具有企业经营发展需要的优势。规模大的董事会成员在公司话语权越多、越受重视，这样可以避免被大股东所操控，真正地发挥董事会的决策与监督作用。罗森斯坦和怀亚特（Rosenstein and Wyatt，1990）指出公司内部治理的关键是提高董事会成员素质与规模，这样可以在一定程度上防止管理层和内部财务人员相互勾结，贪污挪用公司财产，从而提升企业经营决策效率，促使管理者加大企业社会责任投资。由此提出以下假说。

假说4－2：董事会规模对企业社会责任投资产生正面影响。

独立董事一般具有特殊专长，维护公司的整体利益和股东利益。其参与能促进董事会决策的独立性和科学性，有利于形成对公司有效的监督，防止控股股东与内部控制人侵占公司利益，保护相关利益者的利益。陈智和徐广成（2011）指出，引入独立董事制度，有利于企业在碰到社会利益与公司利益冲突时做出客观公正的决策，更有利于企业社会责任投资决策的出台。由此，提出以下假说。

假说4－3：独立董事比例对企业社会责任投资产生正面影响。

3. 领导结构对企业社会责任投资的影响

董事长是由董事会选举产生，领导董事会并对股东大会负责。而总经理是由董事会选聘的，并对董事会负责。董事长和总经理两职分离，董事会才能真正行使对经理层的监督，使之经营更加有效。董事长和总经理两职合一意味着总经理自己监督自己，弱化了董事会的决策与监督职能。詹森（Jensen，1993）认为，两职合一影响公司董事会的职能发挥，会导致内部监督机制失效。因此，两职合一可能使管理者权力过大无法约束，当公司利益与社会责任履行发生冲突时，两职合一的领导结构使董事会无法充分发挥其监督与协调功能，造成企业社会责任的缺失，影响企业长久发展。鉴此，提出以下假说。

假说4-4：两职合一对企业社会责任投资产生负面影响。

4. 管理层激励对企业社会责任投资的影响

现代企业所有权与经营权分离产生了委托代理问题和冲突，极易引致道德风险和逆向选择。缓解代理冲突的主要方法之一在于完善对代理人的监督与激励机制。监督机制可以防范道德风险，而激励机制则可以有效地避免与代理人签订契约前的"逆向选择"。高管薪酬激励是最普通、直接的高管激励方式，合理并且富有激励性的薪资在一定程度上能缓解公司的委托代理问题，增强经理人的受托意识，提高管理层的敬业意识，更好地发挥管理才能，降低企业管理成本，提升企业利润，更好地服务于股东及其他利益相关者。张俊瑞等（2003）研究，发现公司绩效与高管薪酬存在显著正相关关系；马奥尼和索恩（Mahoney and Thorn，2006）认为，提高管理层的薪酬待遇和奖金绩效，有利于企业更好履行社会责任，树立较好的企业形象，为企业持续发展做出贡献。据此，本章提出以下假说。

假说4-5：高管薪酬激励对社会责任投资产生正面影响。

4.2.2　公司特征因素与高新技术企业社会责任投资

公司特征是公司这一组织的状况与特点。本章主要从产权性质、公司规模、成长性、研发能力、财务杠杆、经营年限、现金流量等方面考察高新技术企业社会责任投资的影响因素。

1. 产权性质对企业社会责任投资的影响

田志龙和贺远琼（2005）研究表明，不同产权性质的企业管理层在履行社会责任时有强弱之分。政府对国有企业的控制存在一种现象，即对企业行政权的极大程度控制，而对企业产权的极小程度控制，从而影响企业战略决策，势必影响到企业社会责任的履行。同时国有企业肩负经济责任、政治责任和社会责任等三大责任，以促进经济发展、社会进步与环境保护的协调发展。据此，提出以下假说。

假说4-6：与非国有控股企业相比，国有控股企业会进行更多的社会责任投资。

2. 公司规模与企业社会责任投资

公司履行社会责任是一个循序渐进的过程，随着公司规模的逐渐加大，越会意识到履行社会责任、塑造公司品牌与形象的重要性（董千里等，2017）。

姚洋和章奇（2001）认为，公司规模较大在一定程度上反映了公司的综合实力，意味着获取各项资源的能力更强，有能力支撑起大规模的、具有挑战性的研发工作。因此，随着高新技术企业规模的扩张，越具备完善的管理机制和充裕的资源，以便对相关利益者进行相应的社会责任投资。

假说4-7：公司规模与企业社会责任投资呈正相关。

3. 公司成长性与企业社会责任投资

公司成长性反映了公司发展的速度和趋势，是指企业在一个持续时间内，企业的相关财务指标稳定增长的态势，大体包括大幅度上升、下降和平缓等状态。成长性是高新技术企业的重要特点之一。在对高新技术企业进行认定时，必须审核其成长性指标，即净资产增长率和销售收入增长率等两个财务指标。因此，如果高新技术企业的成长性高，意味着其研发的新产品（服务）满足客户的需求，提高了新产品的销售收入和利润总额，取得投资者的持续支持，才能使其净资产和销售收入保持增长的状态。可见，企业的成长性越高，越能履行对投资者、客户等相关利益者的社会责任。据此，提出如下假说。

假说4-8：成长性与企业社会责任投资呈正相关。

4. 研发能力与企业社会责任投资

拥有较强的研发能力、创见性的科研人才是高新技术企业的必备属性。朱乃平等（2014）研究发现，企业的技术创新投入降低了生产和管理成本，增加了企业利润。而长期累积的技术进步增强企业的核心竞争力，扩大其市场份额，从而提升了市场价值。同时，技术创新投入和企业社会责任对企业长期财务绩效的影响存在协同效应。与一般企业相比，高新技术企业的研发人员、研发资金投入更多，研发能力更强，从而能促进高新技术企业在激烈的市场竞争中增强核心竞争力，提高企业的创利能力，就更有能力和资源进行社会责任投资。由此，提出以下假说。

假说4-9：研发能力与企业社会责任投资呈正相关。

5. 财务杠杆与企业社会责任投资

从利益相关者的角度看，企业进行社会责任投资是管理层为均衡各利益相关者的期望收益而进行的管理活动，企业的生存和发展与各利益相关者密切相关。对企业而言，有效地防范财务风险可以维护股价稳定，促进公司长远发展。合理使用债务融资可以为企业经营发展和开拓市场提供所需的资金，充分发挥财务杠杆的正面效应，提升企业经营效率，有利于企业进行社会责任投资。反过来，如果企业加强社会责任投资，可以为企业树立良好的形象，提升企业的信誉，亦便于企业融通资金。据此，提出如下假说。

假说4-10：财务杠杆与企业社会责任投资呈正相关。

6. 企业经营年限与社会责任投资

企业一旦成立就要与工商、税务、银行、政府等相关群体打交道。企业经营时间越久，接触到的相关社会群体越多，久而久之形成了自身的社会关系脉络。企业要维护好这个脉络，以便形成对企业发展有利的外部优势条件，需要企业持续履行相应的社会责任，适时地进行社会责任投资，以满足相关群体的利益需求。维系企业与这些相关群体之间的关系，可以减少企业在未来发展过程中的法律风险、税务风险和财务风险等。同时这些关系也是企业重要的无形资产，可以为企业经营发展提供较多的便利条件。因此，经营年限越长的企业，就越会重视和维护自己的社会责任形象，进行相应的社会责任投资。因此，提出以下假说。

假说4-11：企业经营年限与企业社会责任投资呈正相关。

7. 企业现金流量与企业社会责任投资

企业进行社会责任投资常常受自身经济条件和财务状况的制约。企业拥有现金流量，在一定程度上反映了企业暂时还有部分流动资金没有用于生产经营活动。如果存在闲置资金，大部分企业会加大对内、对外投资，以获得稳定的保值收益。瑞查森（Richardson，2006）认为，现金流量较多的企业往往会产生过度投资的行为，不利于企业流动资金的管理；那么用于进行社会责任投资的资金可能会减少。据此提出以下假设。

假说4-12：企业现金流量与企业社会责任投资呈负相关。

4.3 研究设计

4.3.1 模型构建

为了检验上述假说，构建如式（4-1）的模型。

$$SRI_{it} = \alpha_0 + \alpha_1 Own_{it-1} + \alpha_2 Board_{it} + \alpha_3 INDR_{it} + \alpha_4 Leader_{it} + \alpha_5 Salary_{it}$$
$$+ \alpha_6 LnS + \alpha_7 Grow + \alpha_8 RD + \alpha_9 Debt + \alpha_{10} Age + \alpha_{11} Flow + Var\lambda_{it}^{con} + \delta_{it}$$

$$(4-1)$$

其中，被解释变量为企业社会责任投资强度（SRI）。解释变量为公司治理变量和公司特征变量，公司治理变量包括股权集中度（Own）、董事会规模（Board）、独立董事比例（INDR）、领导结构（Lead）和高管薪酬激励（Salary）；公司特征变量包括产权性质（Nature）、公司规模（LnS）、研发能力（RD）、成长性（Grow）、财务杠杆（Debt）、经营年限（Age）、现金流量（CF）。Var_{it}^{con}为控制变量，设置了行业、年度哑变量。α、λ为各变量的系数，ε_{it}为随机误差项。

4.3.2　研究变量的界定

1. 被解释变量——企业社会责任投资（SRI）

现有文献更多研究企业社会责任的履行，对于企业社会责任的衡量方法，国外主要采用声誉指数法、内容分析法和 KLD 指数法等。国内，温素彬等（2008）依据资本形态的特征，将企业相关群体分为货币资本群体、人力资本群体、生态环境群体和社区资本群体等，以这四个资本群体对企业社会责任进行评价。陈玉清和马丽丽（2005）认为，企业实际发生的现金流项目比企业应该承担但尚未支付的项目更能真实地反映企业社会责任。高敬忠和周晓苏（2008）认为，采用企业实际支付的金额来衡量企业社会责任的真正贡献更为可靠。因此，本书根据高新技术企业的实际情况和数据的可获得性，从相关利益者视角构建一套基于财务指标的企业社会责任投资的衡量指标，即对投资者、员工、客户、政府和社区 5 个维度社会责任投资进行度量的基础上，汇总计算公司社会责任投资强度。具体包括为。

（1）对投资者的社会责任投资（SRII）

企业的投资者由股东和债权人构成，分配股利、利润或偿付利息支付的现金流出量反映了企业是否及时地满足了股东的利益、保障了债权人取得收益的权利。因此，用股利利息支付率来衡量对投资者的社会责任投资（SRII），即等于分配股利、利润或偿付利息支付的现金流量/营业收入。该比率越高，越能证明公司较好地维护了投资者的利益。

（2）对员工的社会责任投资（SRIE）

企业为员工提供的薪酬、各类福利以及为员工组织的各类活动等都体现了企业对员工的重视程度，员工的权益受到了充分的保障。因此，用员工获利率来衡量对员工的社会责任投资（SRIE），即等于支付给职工以及为职工支付的现金流量/营业收入。

（3）对客户的社会责任投资（SRIC）

主营业务成本越高在一定程度上说明了企业愿意为消费者付出多少，同时证明了企业愿意在产品上多下功夫，为消费者提供更为优质的产品，使消费者认可企业的产品。因此，用主营业务成本率来衡量对客户的社会责任投资（SRIC），即等于主营业务成本/营业收入。

（4）对社区的社会责任投资（SRIS）

捐赠支出反映了企业愿意主动为公益事业等支付的现金，从一定程度上体现了企业对社区的关爱，有利于保持企业获取外部资源的渠道。因此，用捐赠支出率来衡量对社区的社会责任投资（SRIS），即等于对外捐赠支出/营业收入。

（5）对政府的社会责任投资（SRIG）

企业遵守各项规定，按时缴纳税费，创建了良好的政企关系，有助于企业享受到更多的扶持政策，因此，企业对政府的社会责任投资应当以企业支付的各项税费扣减收到的税收返还来衡量。即用税费支出率来衡量对政府的社会责任投资（SRIG），即等于支付的各项税费/营业收入。

2. 解释变量

（1）公司治理变量

对于股权集中度（Own），用公司第一大股东持股比例来度量；董事会规模（Board）用董事会人数的自然对数来衡量；独立董事比例（INDR）采用独立董事人数与董事会人数的比值来衡量；领导结构（Lead）利用董事长兼任总经理情况，设置二元哑变量，若公司董事长兼任总经理取值1，否则取值为0；高管薪酬激励（Salary）以公司前三大高管薪酬之和的自然对数来衡量。

（2）公司特征变量

产权性质（Nature）设置哑变量，即如果是国有控股取1，非国有控股取0；公司规模（LnS）采用公司员工总人数的自然对数；成长性（Grow）以企业利润总额增长率来衡量；财务杠杆（Debt）采用资产负债率来衡量；公司经营年限（Age）采用公司成立年限的自然对数表示；现金流量（CF）采用公司经营活动现金流量净额与年末总资产的比值表示；至于研发能力（RD），我国《高新技术企业认定管理办法》中，将研发费用投入强度作为高新技术企业认定的重要标准，因此，采用研发费用与期末总资产的比值表示研发能力的高低。

3. 控制变量

本章设置了年度哑变量（D^Y）和行业哑变量（D^I），分别用来控制宏观经济等时间序列因素的影响和行业性质因素的影响。由于样本的研究时间跨度是2010～2015年，所以设置5个年度哑变量，以2010年为基准变量，如果样本属于2011年，则取值1，否则取值0，依此类推。另外，本章研究的样本企业包含12个行业，因此设置11个行业哑变量。

上述研究变量的含义和具体计算方法如表4-1所示。

表4-1 研究变量的含义与计算方法

	变量	含义	计算方法
企业社会责任投资	SRI	企业社会责任投资强度	= SRII + SRIE + SRIC + SRIS + SRIG
	SRII	对投资者的社会责任投资	股利利息支付率 = 分配股利、利润或偿付利息支付的现金流量/营业收入
	SRIE	对员工的社会责任投资	员工获利率 = 支付给职工以及为职工支付的现金流量/营业收入；
	SRIC	对客户的社会责任投资	主营业务成本率 = 主营业务成本/营业收入
	SRIS	对社区的社会责任投资	捐赠支出率 = 对外捐赠支出/营业收入
	SRIG	对政府的社会责任投资	税费支出率 = 支付的各项税费/营业收入
公司治理变量	Own	股权集中度	第一大股东持股比例
	Board	董事会规模	董事会总人数的自然对数
	INDR	独立董事比例	独立董事人数/董事会总人数
	Lead	领导结构	若董事长兼任总经理取1，否则取0
	Salary	高管薪酬	前三大高管薪酬之和的自然对数
公司特征变量	Nature	产权性质	国有控股取1，非国有控股取0
	LnS	公司规模	公司员工总人数的自然对数
	Grow	成长性	利润总额增长率
	RD	研发费用投入	研发费用/期末总资产
	Debt	财务杠杆	期末负债总额/资产总额
	CF	现金流量	经营活动现金流量净额/年末总资产
	Age	经营年限	公司成立年限的自然对数
控制变量	D^{Ind}	行业哑变量	共有12个行业，设置11个行业哑变量
	D^Y	年度哑变量	共有6年，设置5个年度哑变量

4.3.3 样本选取与数据来源

从 2009 年开始，上海证券交易所要求"上证公司治理板块"样本公司、发行境外上市外资股的公司及金融类公司等三类在上海证券交易所有重要影响的公司，共 260 多家必须随年报一起披露其社会责任报告，其他有条件的上市公司鼓励披露。因此，本章选取了 2010～2015 年我国 A 股高新技术上市公司为研究样本。样本选取的原则为：①选取被国家相关部门认定为高新技术企业的上市公司。高新技术企业的认定有效期为 3 年，在每年高新技术企业审核或复审工作结束后，有关部门会在高新技术企业认定工作网公布审核或复审通过的企业名单。同时，上市公司会在发布的年度报告和公告中对企业通过高新技术企业审核或复核进行披露。②剔除被标记为 ST 公司、相关财务数据不完整的公司，获得 2436 个有效样本。表 4 - 2 列示了全国与福建样本数的年度分布表，从中可看出，样本年度分布比较稳定。但是，从全国样本来看，高新技术企业在全部上市公司中所占的比例偏低，仅占 16.65%；而福建样本中高新技术企业所占比例高于全国，达到 39.53%，但是福建省上市公司的总数偏低，在全国上市公司总数中仅占 3.5%。

样本公司的财务数据主要来源于同花顺、Wind 数据库及 CSMAR 数据库。为了避免极端值的影响，本章对连续变量在 1% 和 99% 分位数水平上进行了缩尾处理。详如表 4 - 2 所示。

表 4 - 2　　　　　　　　　全国与福建省样本公司年度分布统计

年份	全国			福建省		
	公司总数（家）	样本总数（个）	比重（%）	公司总数（家）	样本总数（个）	比重（%）
2010	2021	401	19.84	72	34	47.22
2011	2302	405	17.59	81	34	41.98
2012	2457	404	16.44	87	34	39.08
2013	2459	408	16.59	87	34	39.08
2014	2584	408	15.79	91	34	37.36
2015	2807	410	14.61	98	34	34.69
合计	14630	2436	16.65	516	201	39.53

资料来源：笔者整理所得。

4.4　实证检验结果分析

4.4.1　研究变量的描述性统计

1. 全国样本公司研究变量描述性统计分析

表4-3报告了全国样本公司研究变量的描述性统计结果。从中可知，社会责任投资强度（SRI）均值为0.9555，与中位数接近，但从其极值来看，高新技术上市公司社会责任投资存在一定的差异。从社会责任投资的分项维度指标均值来看，对客户的社会责任投资（SRIC）最多，均值为0.7183；其次是对员工的社会责任投资（SRIE），均值为0.1237；最少的是对社区的社会责任投资（SRIS）最少，均值仅为0.0005，说明高新技术企业对相关利益者的社会责任投资存在较大差异。

从公司治理变量来看，第一大股东持股比例（Own）平均为33.98%，但其最大值、最小值分别为73.87%和6.69%，说明样本公司的股东集中度相差较大；领导结构（Lead）的均值为0.2336，表明高新技术样本公司中23.36%的董事长与总经理两职合一。从董事会规模（Board）、独立董事比例（IN-DR）、高管薪酬（Salary）的极值和标准差来看，各样本公司存在一定差异。

从公司特征变量来看，公司规模（LnS）最大值与最小值相差较大，表明各样本公司规模存在较大差异；现金流量（CF）的均值为0.0471，最小值为-0.2398，最大值0.4538，表明各样本公司的资产获现率差异较大，有的公司甚至缺乏现金流量。从财务杠杆（Debt）、研发费用投入（RD）和经营年限（Age）的极值与标准差来看，各样本公司都存在一定差异。公司性质（Nature）的均值为0.3892，说明高新技术样本企业中38.92%为国有控股企业（见表4-3）。

表4-3		研究变量的描述性统计（全国样本）				
变量	观测值	均值	中位数	标准差	最小值	最大值
SRI	2436	0.9555	0.9624	0.1419	0.2818	2.9170
SRII	2436	0.0469	0.0355	0.0480	0.0001	1.0117
SRIE	2436	0.1237	0.1046	0.0829	0.0073	0.6864

续表

变量	观测值	均值	中位数	标准差	最小值	最大值
SRIS	2436	0.0005	0.0001	0.0011	0.0000	0.0289
SRIG	2436	0.0621	0.0557	0.0493	0.0010	0.7764
SRIC	2436	0.7183	0.7565	0.1685	0.0632	1.1345
Own	2436	0.3398	0.3319	0.1428	0.0669	0.7387
Board	2436	8.9024	9.0000	1.7461	4.0000	18.0000
INDR	2436	0.3671	0.3333	0.0523	0.2000	0.6667
Lead	2436	0.2336	0.0000	0.4232	0.0000	1.0000
Salary	2436	15.1976	15.1471	0.6899	12.9239	18.1505
LnS	2436	7.8270	7.7655	1.0857	1.0986	12.5939
RD	2436	0.0209	0.0169	0.0173	0.0000	0.2060
Grow	2436	-0.1409	0.1125	3.8797	-73.2999	43.8192
Debt	2436	0.4188	0.4176	0.1904	0.0140	0.9787
CF	2436	0.0471	0.0447	0.0667	-0.2398	0.4538
Age	2436	2.7033	2.7081	0.2850	0.6931	3.6110
Nature	2436	0.3892	0.0000	0.4877	0.0000	1.0000

资料来源：由 Stata12.0 软件统计而成。

2. 福建样本公司研究变量描述性统计分析

表4-4报告了福建样本公司研究变量的描述性统计结果。福建省高新技术企业社会责任投资水平（CSRI）的平均值（0.9425）大于中位数（0.9387），表明样本公司在2010～2015年社会责任投资水平稳步提高，但各样本间社会责任投资的最大值与最小值之间相差较大，说明不同高新技术上市企业的社会责任投资力度存在较大差距。从其分指标来看，对客户的社会责任投资（SRIC）均值（0.6551）最大，其次是对员工的社会责任投资（SRIE），均值为0.1558。对社区的社会责任投资（SRIS）最低，仅为0.0004。

从公司治理变量来看，第一大股东持股比例（Own）平均为36.27%，但其最大值与最小值分别为73.87%和16.97%，说明样本公司的股权集中度相差较大；领导结构（Lead）的均值为0.3824，表明样本企业中38.24%的公司董事长与总经理两职合一；从董事会规模（Board）、独立董事比例（INDR）、高管薪酬（Salary）的极值和标准差来看，各样本公司存在一定差异。

从公司特征变量来看，公司规模（LnS）最大值与最小值相差较大，表明各样本间的规模存在较大差异；现金流量（CF）的均值为 0.0477，最小值为 -0.1286，最大值 0.3224，表明各样本公司的资产获现率不高并且各公司间差异较大。从财务杠杆（Debt）、研发能力和经营年限（Age）的极值与标准差来看，各样本公司都存在一定差异。公司性质（Nature）的均值为 0.2059，说明高新技术样本企业中 20.59% 为国有控股公司（见表4-4）。

表4-4　　　　　　　　　研究变量的描述性统计（福建省样本）

变量	观测值	均值	中位数	标准差	最小值	最大值
SRI	204	0.9425	0.9387	0.1093	0.6681	1.2350
SRII	204	0.0558	0.0431	0.0473	0.0004	0.2892
SRIE	204	0.1558	0.1316	0.0941	0.0274	0.5060
SRIS	204	0.0004	0.0001	0.0007	0.0000	0.0050
SRIG	204	0.0739	0.0741	0.0351	0.0116	0.2246
SRIC	204	0.6551	0.6731	0.1563	0.1991	1.0448
Own	204	0.3627	0.3527	0.1277	0.1697	0.7387
Board	204	8.0363	9.0000	1.5758	5.0000	12.0000
INDR	204	15.0605	15.0324	0.6056	13.5557	16.4979
Lead	204	0.3824	0.0000	0.4872	0.0000	1.0000
Salary	204	0.3819	0.3750	0.0600	0.3000	0.6000
LnS	204	7.3172	7.1929	0.8959	4.9558	9.3420
RD	204	-0.5369	0.0604	4.9441	-52.5015	6.9038
Grow	204	0.3230	0.3009	0.1849	0.0460	0.7685
Debt	204	0.0241	0.0183	0.0203	0.0034	0.1242
CF	204	2.5873	2.6391	0.3046	1.3863	3.2189
Age	204	0.0477	0.0483	0.0720	-0.1286	0.3224
Nature	204	0.2059	0.0000	0.4053	0.0000	1.0000

资料来源：由 Stata12.0 软件统计而成。

3. 全国样本与福建省样本对比分析

根据表4-3和表4-4的描述性统计结果，分别从高新技术企业社会责任投资的分维度指标、公司治理变量、公司特征变量分析两组样本的异同点。

（1）从企业社会责任投资水平来看，与全国样本相比，福建省高新技术样本企业社会责任投资的分布更加均匀、波动起伏较小。对投资者的社会责任投资来看，福建省样本与全国样本的均值都大于中位数，表明两组样本的社会责任投资总体较好，呈稳步增长的趋势。对员工的社会责任投资比较可以发现，福建省样本总体高于全国样本，这可能源于福建省位于东部沿海地区，地区经济发展水平相对较高，因此，员工的薪资福利水平较高于全国平均水平；对社区的社会责任投资总体都偏少，毕竟慈善捐赠不是企业的义务。对政府的社会责任投资来看，福建省样本的社会责任投资强度高于全国样本，并且波动起伏小。而对客户的社会责任投资，两组样本区别不大。

（2）从公司治理变量看，福建省样本企业股权集中度的均值高于全国样本。从董事会规模和高管薪酬的均值看，两组样本较为接近。从两职合一与独立董事比例的均值看，福建省样本比例高于全国样本。

（3）从公司特征变量看，两组样本的公司规模和成长性区别不大。但是全国样本的资产负债率水平高于福建样本。从研发能力看，福建省样本高于全国样本，可能是福建省地处东南沿海，地理位置优越，高科技人才较多。从企业经营年限看，福建省样本企业成立时间平均较晚于全国样本。从企业性质看，福建省高新技术上市公司中，国有控股公司低于全国水平。

4.4.2　研究变量的相关性分析

皮尔逊相关性系数是用来衡量变量之间的相关性，以检验回归模型的因变量和自变量的相关程度以及自变量之间是否存在多重共线性问题。一般来说，皮尔逊相关系数在 0.6 ~ 0.8 为强相关，变量之间的相关系数如果大于 0.8，则变量间存在多重共线性，会影响自变量对因变量的解释程度，降低实证结论的可信度。表 4 - 5 报告了研究变量之间的皮尔逊相关系数，从中可以看出，公司社会责任投资水平（SRI）与企业规模（LnS）、财务杠杆（Debt）、企业年龄（Age）、企业性质（Nutre）、董事会规模（Board）、独立董事比例（INDR）及股权集中度（Own）呈正相关，而与研发能力（RD）、现金流量（CF）、高管薪酬（Salary）及两职合一（Lead）呈负相关。另外，从皮尔逊相关系数值看，除了个别因变量之间的相关性较高外，其余变量之间的相关系数最高为 0.48，说明本章的研究变量之间不存在多重共线性问题。

表4-5　研究变量的相关系数

变量	SRI	SRII	SRIE	SRIS	SRIG	SRIC	Own	Board	Salary	Lead	INDR	LnS	Grow	Debt	RD	Age	Nature
SRI	1.00	—	—	—	—	—	—	—	—	—	—	—	—	—	—	—	—
SRII	0.18	1.00	—	—	—	—	—	—	—	—	—	—	—	—	—	—	—
SRIE	0.34	0.21	1.00	—	—	—	—	—	—	—	—	—	—	—	—	—	—
SRIS	-0.12	0.17	0.01	1.00	—	—	—	—	—	—	—	—	—	—	—	—	—
SRIG	-0.20	0.44	0.24	0.15	1.00	—	—	—	—	—	—	—	—	—	—	—	—
SRIC	0.70	-0.31	-0.30	-0.20	-0.68	1.00	—	—	—	—	—	—	—	—	—	—	—
Own	0.05	0.02	-0.04	-0.04	0.06	0.04	1.00	—	—	—	—	—	—	—	—	—	—
Board	0.07	0.06	-0.01	0.02	-0.05	0.06	-0.06	1.00	—	—	—	—	—	—	—	—	—
Salary	-0.09	-0.05	-0.03	-0.01	0.07	-0.07	0.03	0.25	1.00	—	—	—	—	—	—	—	—
Lead	-0.09	0.00	0.03	0.01	0.03	-0.10	-0.11	-0.20	-0.12	1.00	—	—	—	—	—	—	—
INDR	0.01	-0.02	0.01	-0.03	-0.02	0.01	0.08	-0.36	-0.05	0.12	1.00	—	—	—	—	—	—
LnS	0.13	-0.19	-0.02	-0.12	-0.11	0.20	0.16	0.27	0.48	-0.20	-0.03	1.00	—	—	—	—	—
Grow	-0.08	-0.01	0.02	0.01	0.05	-0.09	-0.01	0.02	0.08	-0.03	0.00	0.03	1.00	—	—	—	—
Debt	0.27	-0.12	-0.26	-0.10	-0.37	0.48	0.05	0.14	0.16	-0.17	0.02	0.43	-0.05	1.00	—	—	—
RD	-0.07	-0.11	0.21	-0.04	-0.03	-0.12	0.02	0.06	0.09	0.04	-0.03	-0.04	-0.02	-0.16	1.00	—	—
Age	0.08	-0.01	-0.03	-0.01	-0.01	0.08	-0.14	0.03	0.14	-0.06	-0.05	0.18	-0.03	0.10	-0.12	1.00	—
Nature	0.15	-0.12	-0.05	-0.11	-0.10	0.21	0.24	0.23	0.14	-0.19	-0.07	0.27	-0.02	0.23	0.01	0.11	1.00
CF	-0.30	0.05	-0.03	0.03	0.17	-0.30	0.09	-0.03	0.14	-0.03	-0.02	0.09	0.05	-0.19	0.12	0.08	-0.03

资料来源：由 Stata12.0 软件统计而成。

4.4.3 回归结果分析

1. 全国样本的回归结果分析

表 4 - 6 报告了全国高新技术企业社会责任投资影响因素的回归结果。模型（1）的被解释变量为企业社会责任投资强度（SRI）；模型（2）～模型（6）的被解释变量分别是企业对投资者（SRII）、员工（SRIE）、社区（SRIS）、政府（SRIG）和客户（SRIC）的社会责任投资水平。模型（1）的 Adj R^2 为 0.2463，说明模型拟合度较高，从 F 检验值来看，说明模型回归结果显著有效，而 DW 检验值均在 2 左右，说明模型不存在序列自相关问题。

表 4 - 6　　　　高新技术企业社会责任投资影响因素的回归结果（全国样本）

变量	模型（1）SRI	模型（2）SRII	模型（3）SRIE	模型（4）SRIS	模型（5）SRIG	模型（6）SRIC
常数项	1.3259 ***	0.0516	0.3703 ***	-0.0007	-0.0391	0.9746 ***
	(13.41)	(1.52)	(6.69)	(-0.51)	(-1.22)	(9.54)
Own	0.0471 **	0.0303 ***	-0.0013	0.0001	0.0273 ***	-0.0074
	(2.03)	(3.89)	(-0.10)	(0.04)	(3.63)	(-0.31)
Board	0.0079 ***	0.0035 ***	0.0017	0.0001	0.0001	0.0025
	(3.80)	(5.07)	(1.43)	(1.80)	(0.20)	(1.15)
INDR	0.0318	0.0211	-0.0493	-0.0003	0.0087	0.0496
	(0.48)	(0.95)	(-1.33)	(-0.37)	(0.41)	(0.73)
Lead	-0.0237 ***	-0.0015	0.0061	0.0001	-0.0014	-0.0272 ***
	(-3.11)	(-0.60)	(1.44)	(0.04)	(-0.59)	(-3.45)
Salary	-0.0348 ***	0.0041 **	-0.0094 ***	0.0001 *	0.1100 ***	-0.0410 ***
	(-6.38)	(2.26)	(-3.08)	(1.96)	(6.24)	(-7.26)
Nature	0.0150 ***	-0.0159 ***	-0.0083 **	-0.0002 ***	-0.0099 ***	0.0490 ***
	(2.12)	(-6.72)	(-2.09)	(-0.04)	(-4.34)	(6.73)
LnS	0.0102 ***	-0.0069 ***	0.0119 ***	-0.0001 ***	-0.0020	0.0070 *
	(2.61)	(-5.26)	(5.46)	(-3.11)	(-1.55)	(1.72)
Grow	-0.0004 **	-0.0001	0.0001	-0.0001	0.0000	-0.004 **
	(-2.03)	(-0.72)	(0.34)	(-0.07)	(0.71)	(-2.13)

续表

变量	模型（1） SRI	模型（2） SRII	模型（3） SRIE	模型（4） SRIS	模型（5） SRIG	模型（6） SRIC
Debt	0.0900 ***	−0.0229 ***	−0.1255 ***	−0.0004 **	−0.0918 ***	0.3284 ***
	(4.65)	(−3.53)	(−11.59)	(−1.96)	(−14.70)	(16.41)
RD	0.3647 *	−0.3651 ***	0.8290 ***	−0.0039 *	−0.2597 ***	0.1567
	(1.79)	(−5.36)	(7.28)	(−1.72)	(−0.95)	(0.74)
Age	0.0359 ***	−0.0033	−0.0034	0.0000	−0.0017	0.0440 ***
	(2.76)	(−0.76)	(−0.47)	(0.11)	(−0.40)	(3.28)
CF	−0.5983 ***	0.0134	−0.1622 ***	0.0004	0.0738 ***	−0.5243 ***
	(−11.69)	(0.78)	(−5.67)	(0.70)	(4.47)	(−9.91)
D^I	控制	控制	控制	控制	控制	控制
D^Y	控制	控制	控制	控制	控制	控制
Adj R^2	0.2463	0.1813	0.2791	0.0406	0.2463	0.3774
F test	21.16 ***	14.59 ***	24.89 ***	2.97 ***	21.16 ***	38.39 ***
DW test	1.975	1.992	1.945	1.846	1.940	2.15
N	2436	2436	2436	2436	2436	2436

注：***、** 和 * 分别表示1%、5%和10%的显著水平；括号内为 t 值。

资料来源：由 Stata12.0 软件统计而成。

从公司治理变量来看，由模型（1）可知：①股权集中度（Own）的系数为0.0471，且在5%的水平上显著，意味着假说4-1没有得到验证。这可能源于，高新技术企业的主要股东大多数是企业创办者，对企业具有深厚的感情，出于对经济利益和个人情感考虑，大股东在企业运营过程中会努力维护企业的形象和声誉，进行相应的社会责任投资，以满足相关利益者的需求，因此，股权集中度对企业社会责任投资产生正向影响。②董事会规模（Board）的系数为0.0079，且在1%的水平上显著，说明规模大的董事会有利于董事会的合理有效运行，从而促进高新技术企业的社会责任投资，假说4-2得以验证。③独立董事比率（INDR）的系数为正，但不显著，说明假说4-3没有得到验证。这可能是因为高新技术公司设立独立董事更多是为了满足相关政策的需求，独立董事的独立性和决策性还没有真正得以发挥。④领导结构（Lead）的系数为−0.0237，且高度显著，说明董事长与总经理两职合一会减弱董事会对经理层的监督，从而对社会责任投资产生不利的影响，为假说4-4提供了支持。⑤高管薪酬激励（Salary）的系数为 -0.0348 并且在1%的水平上显著，假说4-5未得到支持。可能源于高管薪酬往往与企业绩效挂钩。根据理性经理人的假设，委托人和代理人的目标不一，委托人希望实现股东财富最大化，而代理人则更多追求效用最大化，如实现自身工资津贴和闲暇时间的最大化。由于两者之间存在利益冲突，再加上信息不对称的影响，委托人必须设计最优契约激励代理人，即根据企业经营者的努力程度给予激励。因此，高管薪酬对社会责任投资产生负面影响。

从公司特征变量来看，由模型（1）可知：①产权性质（Nature）系数为0.0150，且在1%的水平上显著，说明国有控股的高新技术企业社会责任投资强度高于非国有控股企业。国有企业是推动我国经济社会发展的主力军，主动承担社会责任投资更是义不容辞的。该结果验证了假说4-6。②公司规模（LnS）的系数为0.0102，且在1%的水平上显著，说明企业规模对高新技术上市企业社会责任投资水平具有正向影响。规模较大的公司拥有更多的资源，能够吸收更多的资金和人才，充分投入企业生产经营，进一步开发核心技术和消费市场，为此大规模的公司进行更多的社会责任投资来平衡各方面的利益，该结果验证了假说4-7。③成长性（Grow）的系数为 -0.0004，且在5%的水平上显著，假说4-8没有得到支持。企业成长性高说明企业的运营状况良好，营业收入和营业利润得到大幅增加，体现了高新技术上市企业战略目标取得的成效，但是，也说明企业正处于成长期，企业资源大都用于研究与投资，一味地追求经济利润和发展速度，忽视了企业的社会责任投资。④研发能力（RD）的系数为0.3647，且在10%的水平上显著，表明研究资金投入越多，研发能力越强，越有利于高新技术企业进行社会责任投资，该结果验证了假说4-9。⑤财务杠杆（Debt）的系数为0.0900，且在1%的水平上显著，该指标是评价公司负债水平的综合指标，衡量财务结构的合理性。高新技术企业资金需求量大，合理的财务结构有利于企业在可承受的财务风险下，获得充足的资金实现企业经营的需求，发挥财务杠杆的正面效应，提高企业的盈利水平。因此，财务杠杆对高新技术上市企业的社会责任投资具有正向影响，该结果验证了假说4-10。⑥企业经营年限（Age）的系数为0.0359，且在1%的水平上高度显著，因为企业的经营年限越长，与利益相关群体交往的时间越长，越有利于企业建立广泛的社会网络，形成良好的利益相关者关系，树立起稳定的社会责任形象，所以，经营年限越长的企业，就越会重视和保持自己的社会责任形象，该结果验证了假说4－11。⑦企业现金流量（CF）的系数为－0.5983，且在1%的水平上高度显著，说明现金流量对企业社会责任投资产生了不利影响，支持了假说4－12。

从社会责任投资的分项维度来看，一是模型（2）的被解释变量是对投资者的社会责任投资（SRII），从中可知，在公司治理因素中，股权集中度（Own）和董事会规模（Board）的系数皆为正且高度显著，与模型（1）的结果一致，表明股权集中度与董事会规模对投资者的社会责任投资产生正向影响；而高管薪酬激励（Salary）的系数为正且显著，说明有效的薪酬激励，有利于更好地发挥管理者的经营才能，履行对股东和债权人的社会责任，以促进企业的持续发展。在公司特征因素中，国有控股、公司规模、财务杠杆、研发能力的系数均为负且显著，与模型（1）的结果不一致。二是模型（3）的被解释变量是对员工的社会责任投资（SRIE），从中可看出，只有高管薪酬激励（Salary）的系数为负且显著，与模型（1）的结果一致，其他公司治理指标均不显著；公司特征变量中，国有控股、财务杠杆和现金流量的系数均为负且显著，而公司规模和研发能力的系数显著为正。三是模型（4）的被解释变量是对社区的社会责任投资（SRIS），从中可知，高管薪酬激励的系数显著为正，国有控股、公司规模、财务杠杆、研发能力的系数均显著为负，但模型中各解释变量的回归系数很小，模型拟合度不高，这可能是因为高新技术企业对社区的社会责任投资相对较少而导致（见表4－2）。四是模型（5）的被解释变量是对政府的社会责任投资（SRIG），从中可知，股权集中度和高管薪酬激励的系数为正且高度显著，与原假说是一致的；国有控股、财务杠杆和研发能力的系数均显著为负，而现金流量的系数显著为正。五是模型（6）的被解释变量是对客户的社会责任投资（SRIC），从中可看出，领导结构与高管薪酬激励的系数均为负且高度显著，与模型（1）的结果一致。公司特征变量中，国有控股、公司规模、财务杠杆和经营年限的系数均为正且显著，而成长性和现金流量的系数显著为负，这与模型（1）的结果一致。可见，高新技术企业对投资者、员工、客户、政府和社区等社会责任投资的对象不同，导致公司治理、公司特征因素对各利益相关者分维度的社会责任投资的影响效应存在差异性。

2. 福建省样本的回归结果分析

表4－7报告了福建省高新技术企业社会责任投资影响因素的回归结果。同样，模型（1）的被解释变量为企业社会责任投资强度（SRI）；模型（2）～模型（6）

的被解释变量分别是企业对投资者（SRII）、员工（SRIE）、社区（SRIS）、政府（SRIG）和客户（SRIC）的社会责任投资水平。从模型的各检验值来看，模型拟合度较好，模型回归结果显著有效，且不存在序列自相关问题。

表4-7   福建省高新技术企业社会责任投资影响因素回归结果（福建省样本）

变量	模型（1）	模型（2）	模型（3）	模型（4）	模型（5）	模型（6）
	SRI	SRII	SRIE	SRIS	SRIG	SRIC
常数项	1.5913***	0.2894*	0.0757	-0.0034	-0.1861**	1.4157***
	(5.74)	(2.08)	(0.30)	(-1.47)	(-1.99)	(4.28)
Own	0.1675**	-0.1052***	-0.1309**	0.0007	-0.0266	0.0944
	(2.44)	(-3.06)	(-2.06)	(1.30)	(-1.15)	(1.15)
Board	-0.0087	-0.0015	0.0021	0.0001	0.0026	-0.0118
	(-1.08)	(-0.39)	(0.29)	(0.71)	(0.95)	(-1.24)
Salary	-0.0699***	-0.0073	-0.0078	0.0001	0.0181***	-0.0731***
	(-4.81)	(-1.00)	(-0.58)	(1.36)	(3.70)	(-4.22)
Lead	-0.0230	0.0033	0.0034	0.0000	-0.0072	-0.0226
	(-1.47)	(0.42)	(0.24)	(0.53)	(-1.36)	(-1.21)
INDR	-0.1186	-0.0774	0.2766	0.0025	0.1045	-0.4247*
	(-0.63)	(-0.82)	(1.59)	(1.60)	(1.65)	(-1.89)
LnS	0.0724***	0.0013	0.0386***	-0.0001	0.0057	0.0269*
	(5.59)	(0.20)	(3.23)	(-1.28)	(1.30)	(1.74)
Grow	0.0032**	-0.0013*	-0.0001	-0.0001	0.0000	-0.0019
	(2.36)	(-1.85)	(-0.12)	(-0.17)	(0.13)	(-1.15)
Debt	-0.1547***	-0.0833***	-0.3186***	-0.0006	-0.0589***	0.3067***
	(-3.00)	(-3.22)	(-6.67)	(-1.27)	(-3.39)	(4.98)
RD	-0.1597	-0.4935*	0.3079	-0.0113***	-0.0594***	0.6315
	(-0.36)	(-2.20)	(0.74)	(-3.01)	(-3.93)	(1.18)
Age	0.0391***	-0.0189	0.0248	0.0002	-0.0361***	0.0692*
	(1.25)	(-1.21)	(0.86)	(0.67)	(-3.43)	(1.85)
CF	-0.2722**	0.1112*	-0.0950	0.0007	0.0780*	-0.3671**
	(-2.31)	(1.89)	(-0.87)	(0.72)	(1.97)	(-2.61)

续表

变量	模型（1）	模型（2）	模型（3）	模型（4）	模型（5）	模型（6）
	SRI	SRII	SRIE	SRIS	SRIG	SRIC
Nature	0.0103	0.0516***	0.0282	0.0005**	0.0271***	−0.0971***
	(0.44)	(4.35)	(1.29)	(2.38)	(3.39)	(−3.44)
D^I	控制	控制	控制	控制	控制	控制
D^Y	控制	控制	控制	控制	控制	控制
$AdjR^2$	0.4135	0.2148	0.3975	0.0894	0.3578	0.6053
F test	7.19***	3.4***	6.79***	1.86**	5.89***	14.46***
DW test	2.131	1.956	1.922	1.843	1.900	1.988
N	204	204	204	204	204	204

注：***、**和*分别表示1%、5%和10%的显著水平；括号内为t值。

资料来源：由Stata12.0软件统计而成。

从模型（1）可以发现：一是股权集中度（Own）对高新技术上市企业社会责任投资具有显著的正向影响，这与全国样本情况一致；二是高管薪酬激励（Salary）回归结果与全国样本一致，对高新技术上市企业社会责任投资具有显著的负向影响；三是领导结构（Lead）、董事会规模（Board）和独立董事比例（INDR）的回归结果均不显著，可能是因为独立董事的设立更多的是为了满足国家相关法规和规章制度的要求，没有发挥到应有的作用；四是企业经营年限（Age）和企业规模（LnS）回归结果与全国样本一致，有利于提高高新技术上市企业的社会责任投资水平；五是成长性（Grow）的系数为正且显著，这与全国样本不一致，可能是因为福建省样本企业经营效益较好，企业有更多的资金用于社会责任投资；六是财务杠杆（Debt）的系数为负且高度显著，即高新技术企业的资产负债率越高，越不利于进行社会责任投资。七是现金流量（CF）的系数为负且在1%的水平上显著，因为企业现金流量越多，企业用于短期投资越多，反之用于长期的社会责任投资的现金流较少，所以现金流对高新技术上市企业社会责任投资产生了负面影响，这与全国样本一致。八是产权性质（Nature）、研发能力（RD）的回归结果不显著。

4.4.4 稳健性检验

为了验证上述实证结果的稳健性，本章进行以下两个方面的检验：

1. 替换企业社会责任投资的表征指标

从利益相关者视角，企业社会责任投资是由企业对投资者、员工、政府、社区、消费者的社会责任投资等分维度构成，上面各相关利益者的社会责任投资都是以营业收入为基准，现将营业收入替换成期末总资产。将重新计量后的社会责任投资的替代指标代入上述模型，对上文的研究假说再进行检验，回归结果如表4-8和表4-9所示。从表4-8可知，全国样本中股权集中度（Own）、高管薪酬（Salary）、两职合一（Lead）、企业规模（LnS）、财务杠杆（Debt）、产权性质（Nature）对高新技术企业社会责任投资的影响与前文全国样本的回归结果基本一致，进一步验证了这些假说。从表4-9可看出，福建省样本中股权集中度、高管薪酬、企业规模、成长性对高新技术企业社会责任投资的影响与前文的回归结果一致，说明前述结论的稳健可靠。

表4-8　　　　替换企业社会责任投资表征指标的稳健性检验结果（全国样本）

变量	模型（1） SRI	模型（2） SRII	模型（3） SRIE	模型（4） SRIS	模型（5） SRIG	模型（6） SRIC
常数项	0.7297*	-0.0116	0.0689**	-0.0012*	-0.0980***	0.7866**
	(1.93)	(-0.97)	(2.36)	(-2.18)	(-4.98)	(2.12)
Own	0.1496*	0.117***	-0.0012	0.0000	0.0169***	0.1229
	(1.69)	(4.27)	(-0.18)	(0.15)	(3.65)	(1.41)
Board	-0.0052	0.0006**	-0.0014**	0.0000	-0.0008*	-0.0036
	(-0.65)	(2.31)	(-2.25)	(0.90)	(-1.91)	(-0.46)
Salary	-0.0706***	0.0028***	-0.0056***	0.0001***	0.0075***	-0.0754***
	(-3.38)	(4.34)	(-3.49)	(3.48)	(6.87)	(-3.67)
Lead	-0.0557*	-0.0007	-0.0001	-0.0000	0.0001	-0.0552*
	(-1.91)	(-0.74)	(-0.06)	(-0.46)	(0.07)	(-1.93)
INDR	-0.2489	-0.0135*	-0.0620***	-0.0002	-0.0116	-0.1625
	(-0.99)	(-1.73)	(-3.18)	(-0.67)	(-0.88)	(-0.65)
LnS	0.0744***	-0.0003	0.0158***	-0.0000**	0.0039***	0.0549***
	(4.99)	(-0.70)	(13.176)	(-2.36)	(5.06)	(3.74)
Grow	0.0004	0.0000	0.0000	-0.0000	0.0000	0.0003
	(0.53)	(0.99)	(0.82)	(-0.17)	(0.82)	(0.46)
Debt	0.2511***	-0.0020	-0.0536***	-0.0002	-0.0431***	0.3492***
	(3.40)	(-0.88)	(-9.39)	(-1.59)	(-11.18)	(4.80)

续表

变量	模型（1）	模型（2）	模型（3）	模型（4）	模型（5）	模型（6）
	SRI	SRII	SRIE	SRIS	SRIG	SRIC
RD	7. 0247 ***	− 0. 0360	0. 8400 ***	− 0. 0011	0. 1021 **	6. 1171 ***
	(9. 04)	(− 1. 50)	(14. 00)	(− 0. 94)	(2. 52)	(8. 00)
Age	0. 0559	0. 0018	0. 0103 ***	0. 0001	0. 0031	0. 0406
	(1. 13)	(1. 17)	(2. 70)	(1. 13)	(1. 19)	(0. 83)
CF	0. 7054 ***	0. 0719 ***	0. 0513 ***	0. 0008 ***	0. 1237 ***	0. 4576 **
	(3. 61)	(11. 91)	(3. 40)	(2. 99)	(12. 12)	(2. 38)
Nature	0. 0655 **	− 0. 0042 ***	0. 0016	− 0. 0001 ***	− 0. 0001	0. 0682 ***
	(2. 43)	(− 5. 03)	(0. 76)	(− 3. 83)	(− 0. 04)	(2. 57)
D^I	控制	控制	控制	控制	控制	控制
D^Y	控制	控制	控制	控制	控制	控制
AdjR^2	0. 1201	0. 1474	0. 3011	0. 0370	0. 2701	0. 1055
F test	9. 42 ***	11. 6 ***	27. 58 ***	2. 79 ***	23. 83 ***	8. 27 ***
DW test	1. 95	1. 97	2. 10	1. 99	1. 93	1. 88
N	2436	2436	2436	2436	2436	2436

注：***、** 和 * 分别表示 1%、5% 和 10% 的显著水平；括号内为 t 值。

资料来源：由 Stata12.0 软件统计而成。

表 4 - 9　替换企业社会责任投资表征指标的稳健性检验结果（福建省样本）

变量	模型（1）	模型（2）	模型（3）	模型（4）	模型（5）	模型（6）
	SRI	SRII	SRIE	SRIS	SRIG	SRIC
常数项	0. 9997	− 0. 0513	− 0. 2550 **	− 0. 0022	− 0. 2298 ***	1. 5382 **
	(1. 51)	(− 1. 00)	(− 2. 04)	(− 1. 45)	(− 3. 87)	(2. 34)
Own	1. 1033 ***	0. 0119	0. 0417	0. 0007 *	0. 0305 **	1. 0187 ***
	(6. 72)	(0. 94)	(1. 35)	(1. 80)	(2. 07)	(6. 27)
Board	0. 0138	0. 0019	0. 0054	− 0. 0000	0. 0024	0. 0041
	(0. 72)	(1. 27)	(1. 50)	(− 0. 20)	(1. 37)	(0. 22)
Salary	− 0. 1313 ***	0. 0008	− 0. 0031	0. 0002 *	0. 0104 ***	− 0. 1396 ***
	(− 3. 78)	(0. 31)	(− 0. 47)	(1. 97)	(3. 35)	(− 4. 06)
Lead	− 0. 0320	0. 0008	− 0. 0014	0. 0000	− 0. 0012	− 0. 0303
	(− 0. 85)	(0. 28)	(− 0. 20)	(0. 21)	(− 0. 34)	(− 0. 82)

续表

变量	模型（1）	模型（2）	模型（3）	模型（4）	模型（5）	模型（6）
	SRI	SRII	SRIE	SRIS	SRIG	SRIC
INDR	− 0.2581	0.0184	0.1347	0.0010	0.0632	− 0.4759
	(− 0.57)	(0.53)	(1.59)	(0.98)	(1.57)	(− 1.07)
LnS	0.1384 ***	0.0023	0.0285 ***	− 0.0001	0.0059 **	0.1018 ***
	(4.47)	(0.94)	(4.89)	(− 1.28)	(2.13)	(3.33)
Grow	0.0071 **	− 0.0002	0.0007	0.0000	0.0006 **	0.0060 *
	(2.19)	(− 0.77)	(1.14)	(0.05)	(2.14)	(1.87)
Debt	0.4747 ***	− 0.0178 *	− 0.1097 ***	− 0.0002	− 0.0011	0.6034 ***
	(3.84)	(− 1.87)	(− 4.72)	(− 0.56)	(− 0.1)	(4.94)
RD	7.2685 ***	− 0.0490	− 0.9211 ***	− 0.0041 *	0.1051	6.2962 ***
	(6.77)	(− 0.59)	(− 4.56)	(− 1.74)	(1.59) _	(5.93)
Age	− 0.1197	0.0022	0.0351 **	0.0000	− 0.0055	− 0.1517 **
	(− 1.60)	(0.38)	(2.49)	(0.00)	(− 0.82)	(− 2.05)
CF	0.6587 **	0.1006 ***	0.1209 **	0.0014 **	0.1005 ***	0.3358
	(2.34)	(4.63)	(2.28)	(2.12)	(3.99)	(1.21)
Nature	− 0.1878 ***	0.0064	− 0.0391 ***	0.0001	0.0007	− 0.1560 ***
	(− 3.32)	(1.46)	(− 3.68)	(1.23)	(0.15)	(− 2.79)
D^I	控制	控制	控制	控制	控制	控制
D^Y	控制	控制	控制	控制	控制	控制
$AdjR^2$	0.6617	0.2804	0.4275	0.0817	0.4010	06304
F test	18.17 ***	4.42 ***	7.55 **	1.60 *	6.88 ***	15.97
DW test	1.98	1.87	1.94	1.81	1.95	1.91
N	204	204	204	204	204	204

注：***、** 和 * 分别表示1%、5% 和10% 的显著水平；括号内为 t 值。

资料来源：由 Stata12.0 软件统计而成。

2. 替换解释变量的表征指标

对于上述解释变量中的公司治理、公司特征变量的表征指标采用以下度量指标进行替换：股权集中度（Own）采用前十大股东持股比例之和来度量；高管薪酬激励（Salary）由前十大高管薪酬的自然对数表示；公司规模（LnS）由公司总资产的自然对数表示；成长性（Grow）由净利润增长率来替换；研发投入（RD）由研发费用与主营业务收入之比表示；现金流量（CF）由经营活动产生的现金流量净额与营业收入之比来表示。上述解释变量的表征指标替换后，重复上面的检验过程，回归结果如表4-10和表4-11所示。从表4-10可知，董事会规模、高管薪酬、两职合一、成长性、现金流量、产权性质和财务杠杆的检验结果与上面全国样本基本一致。从表4-11可看出，公司成长性、财务杠杆、企业经营年限、现金流量的回归结果与前面福建省样本基本一致，说明本章研究结论的稳健可靠。

表4-10　　　　　替换解释变量表征指标的稳健性检验结果（全国样本）

变量	模型1	模型2	模型3	模型4	模型5	模型6
	SRI	SRII	SRIE	SRIS	SRIG	SRIC
常数项	1.0252***	-0.0185	0.3856***	0.0007	0.0118	0.6506***
	(10.36)	(-0.55)	(7.57)	(0.67)	(0.37)	(6.54)
Own	-0.0294	0.0222***	0.0408***	0.0002	0.0336***	-0.1265***
	(-1.34)	(2.88)	(3.61)	(0.77)	(4.71)	(-5.73)
Board	0.0073***	0.0019***	0.0034***	0.0000	-0.0004	0.0024
	3.68	(2.69)	(3.28)	(1.52)	(-0.62)	(1.19)
Salary	-0.0182*	-0.0040**	0.0059**	0.0000	0.0061***	-0.0264***
	(-3.44)	(-2.17)	(2.17)	(0.61)	(3.56)	(-4.96)
Lead	-0.0168**	0.0005	0.0024	0.0000	-0.0023	-0.0176**
	(-2.31)	(0.18)	(0.64)	(0.59)	(-0.96)	(-2.41)
INDR	0.0238	-0.0090	-0.0407	-0.0006	-0.0047	0.0772
	(0.39)	(-0.42)	(-1.28)	(-0.93)	(-0.23)	(1.24)
LnS	-0.0051	0.0052***	-0.0151***	-0.0000	0.0039***	0.0006
	(-1.34)	(3.88)	(-7.72)	(-0.90)	(3.14)	(0.17)
Grow	-0.0017***	-0.0003**	-0.0004	-0.0000	0.0001	-0.0010**
	(-3.95)	(-2.23)	(-1.63)	(-0.56)	(0.43)	(-2.45)
Debt	0.1030***	-0.0350***	-0.0280***	-0.0003	-0.0893***	0.2542***
	(5.13)	(-4.96)	(-2.71)	(-1.55)	(-13.69)	(12.59)
RD	-0.0258	0.1246***	0.8102***	0.0020**	0.1065***	-1.0667***
	(-0.33)	(4.56)	(20.31)	(2.26)	(4.23)	(-13.69)
Age	0.0216*	-0.0021	0.0065	0.0000	-0.0014	0.0182
	(1.71)	(-0.47)	(1.00)	(0.20)	(-0.33)	(1.44)

续表

变量	模型（1）	模型（2）	模型（3）	模型（4）	模型（5）	模型（6）
	SRI	SRII	SRIE	SRIS	SRIG	SRIC
CF	-0.2515***	-0.0021	-0.0235**	0.0001	0.0225***	-0.2479***
	(-11.33)	(-0.28)	(-2.06)	(0.55)	(3.13)	(-11.11)
Nature	0.0248***	-0.0169***	0.0025	-0.0003***	-0.0097***	0.0492***
	(3.78)	(-7.34)	(0.73)	(-3.53)	(-4.56)	(7.45)
D^I	控制	控制	控制	控制	控制	控制
D^Y	控制	控制	控制	控制	控制	控制
Adj R^2	0.2362	0.1708	0.4169	0.0381	0.2558	0.4438
F test	21.14***	14.32***	47.58***	3.00***	23.39***	52.97***
DW test	1.95	2.01	1.98	1.85	1.90	1.94
N	2436	2436	2436	2436	2436	2436

注：***、** 和 * 分别表示1%、5%和10%的显著水平；括号内为 t 值。

资料来源：由 Stata12.0 软件统计而成。

表4-11　　替换解释变量表征指标的稳健性检验结果（福建省样本）

变量	模型1	模型2	模型3	模型4	模型5	模型6
	SRI	SRII	SRIE	SRIS	SRIG	SRIC
常数项	1.4629***	0.0768	1.0611***	0.0002	-0.0545	0.3792
	(4.44)	(0.50)	(4.36)	(0.09)	(-0.52)	(1.09)
Own2	-0.1410**	-0.0846***	-0.0510	0.0002	-0.0192	0.0137
	(-2.11)	(-2.69)	(-1.03)	(0.33)	(-0.90)	(0.19)
Board	0.0010	0.0009	0.0137**	0.0000	0.0049**	-0.0185**
	(0.13)	(0.24)	(2.45)	(0.03)	(2.04)	(-2.32)
Salary	-0.0089	0.0010	0.0474***	0.0000	0.0237***	-0.0811***
	(-0.60)	(0.14)	(4.31)	(0.24)	(4.97)	(-5.15)
Lead	-0.0267	0.0077	-0.0051	0.0000	-0.0097*	-0.0197
	(-1.58)	(0.97)	(-0.41)	(0.34)	(-1.79)	(-1.10)
INDR	0.0397	-0.0271	0.4021***	0.0019	0.1629**	-0.5000**
	(0.20)	(-0.29)	(2.77)	(1.19)	(2.59)	(-2.40)
LnS	-0.0282*	0.0041	-0.0657***	-0.0001	0.0008	0.0327**
	(-1.97)	(0.61)	(-6.23)	(-0.55)	(0.18)	(2.16)

续表

变量	模型（1）	模型（2）	模型（3）	模型（4）	模型（5）	模型（6）
	SRI	SRII	SRIE	SRIS	SRIG	SRIC
Grow	0.0028 **	0.0010	−0.0010	0.0000	0.0005	−0.0013
	(2.12)	(1.62)	(−1.05)	(0.68)	(1.15)	(−0.90)
Debt	−0.0403 ***	−0.1070 ***	−0.0267	−0.0010 *	−0.0677 ***	0.2427 ***
	(−3.60)	(−3.38)	(−0.54)	(−1.95)	(−3.15)	(3.42)
RD	−0.1815	−0.0659	0.3938 **	−0.0024	−0.1590 **	−0.3479
	(−0.76)	(−0.59)	(2.25)	(−1.29)	(−2.09)	(−1.39)
Age	0.0665 *	−0.0262	0.0487 *	0.0002	−0.0262 **	0.0699 *
	(1.94)	(−1.63)	(1.93)	(0.90)	(−2.39)	(1.93)
CF	−0.1763 ***	0.0458 *	−0.0858 **	−0.0003	0.0116	−0.1475 **
	(−3.02)	(1.67)	(−2.00)	(−0.61)	(0.62)	(−2.40)
Nature	0.0343	0.0288 **	0.0493 ***	0.0004 **	0.0145 *	−0.0587 **
	(1.37)	(2.44)	(2.66)	(2.00)	(1.81)	(−2.21)
D^I	控制	控制	控制	控制	控制	控制
D^Y	控制	控制	控制	控制	控制	控制
Adj R^2	0.2989	0.1713	0.5428	0.0228	0.3085	0.6299
F test	8.74 ***	2.81 ***	11.42 ***	1.2	4.92 ***	15.94 ***
DW test	1.85	1.88	1.90	1.84	1.87	1.90
N	204	204	204	204	204	204

注：*** 、** 和 * 分别表示1%、5%和10%的显著水平；括号内为 t 值。

资料来源：由 Stata12.0 软件统计而成。

4.5　本章小结

本章从相关利益者视角，研究了公司治理、公司特征因素对高新技术企业社会责任投资的影响。基于理论分析，本章从公司治理方面提出了五个研究假说：股权集中度、两职合一的领导结构对企业社会责任投资产生负面影响；董事会规模、独立董事比例和高管薪酬激励对企业社会责任投资产生正面影响。从公司特征方面提出了七个研究假说：国有控股、公司规模、成长性、研发能力、财务杠杆和经营年限对企业社会责任投资产生正面影响；现金流对企业社会责任投资产生负面影响。在此基础上，以 2010～2015 年全国、福建省高新技术上市公司为研究样本，对上述研究假说进行检验。

从全国样本的实证结果发现：①从公司治理因素来看，股权集中度、董事会规模与企业社会责任投资呈显著正相关，即股权集中度、董事会规模能促进高新技术企业加大社会责任投资的强度；董事长与总经理两职合一和高管薪酬激励则与企业社会责任投资呈负显著相关，即董事长与总经理两职合一、高管薪酬激励对高新技术企业社会责任投资产生不利的影响；而独立董事比例对企业社会责任投资的影响不显著；②从公司特征来看，国有控股、公司规模、经营年限、财务杠杆和研发投入均有利于提高高新技术企业的社会责任投资水平；成长性、现金流量与企业社会责任投资呈显著负相关。可能是由于高新技术企业的成长性特性需要更多的财力、人才等资源的投入，相应地减少了企业的社会责任投资水平。

从福建省样本的实证结果发现：①从公司治理因素来看，股权集中度与企业社会责任投资呈显著正相关，高管薪酬激励与企业社会责任投资呈负显著相关，而董事会规模、独立董事比例和董事长与总经理两职合一对企业社会责任投资的影响不显著。②从公司特征来看，公司规模、成长性和经营年限均能提高高新技术企业的社会责任投资水平；而财务杠杆、现金流量与企业社会责任投资呈显著负相关；产权性质和研发投入对企业社会责任投资的影响不显著。

从高新技术社会责任投资的分项维度来看，由于高新技术企业对投资者、员工、客户、政府和社区等社会责任投资的对象不同，导致公司治理因素、公司特征因素对各利益相关者分维度的社会责任投资的影响效应存在差异性。

⑤

高新技术企业社会责任投资与
创新绩效的实证研究

现代管理学之父德鲁克指出：企业与社会之间的契约关系是企业发展的前提。高新技术企业在追求技术创新绩效之际，还要将满足各相关利益者（投资者、员工、社区、政府和客户等）的需求纳入技术创新目标和投资决策中，进行有效的社会责任投资，以获得可持续发展的潜力。目前，学者尚未对高新技术企业社会责任投资与创新绩效之间的关系进行研究。因此，本章在阐述高新技术企业进行社会责任投资的驱动机理的基础上，对高新技术企业社会责任投资对创新绩效的影响效应进行理论研究与实证检验。

5.1 问题的提出

现有文献较多对一般企业社会责任投资的经济后果进行研究，鲜有研究企业社会责任投资的创新绩效；较多研究企业履行社会责任对创新绩效的影响。例如，邦尼（Barney，1991）认为，企业社会责任影响企业的科技发展战略、创新文化、研发人员的结构等而对创新绩效产生影响，因此，企业履行社会责任影响企业创新的组织方式和管理模式，有利于提升员工的研发能力和技术创新能力，改善企业的产品品质，从而促进企业创新绩效的提升〔麦克威廉姆斯和西格尔（Mcwilliams and Siegel），2000；马宗达和马库斯（Majumdar and Marcus），2001；罗和杜（Luo and Du），2015；黄珺和郭志娇，2015；龚晨和毕克新，2018〕；但是，季桓永等（2019）将企业技术创新分为探索式和利用式技术创新两种类型后发现，企业社会责任只对探索式技术创新产生显著的正向影响，而对利用式技术创新没有影响；李文茜等（2018）研究发现，企业社会责任与技术创新绩效之间呈倒"U"型关系，即企业社会责任在某一临界点内能有效地提高企业创新绩效，但超过该临界点后会导致创新绩效下降；陈莞和张璇（2016）研究发现，企业对内、外部的利益相关者履行社会责任对创新绩效的影响效应存在异质性。而赫尔和罗森伯格（Hull and Rothenberg，2008）认为，企业社会绩效的提升可能会占用本来用于核心技术研发的资源和管理活动，从而不利于企业的技术创新。可见，企业履行社会责任对创新能力、创新绩效具有显著影响，但研究结论存在分歧；同时，现有文献在度量企业社会责任的履行情况，衡量指标一般采用赋值、或整体评分法，较少考虑到利益相关者的多维度和资源投入及其投资强度等，得出的结论可能不够客观；况且缺乏对高新技术企业社会责任投资的创新绩效进行考察。因此，有必要从利益相关者多维度和资源投入视角对我国高新技术企业社会责任投资的创新绩效进行研究。

5.2 高新技术企业进行社会责任投资的驱动机制

比利茨和梅克·戴维斯（Beelitz and Merkl-Davies，2012）认为，合法性是利益相关者对组织行为的感知和评价，以及感知和评价后的行为结果。如果组织行为符合各利益相关者的期望，就可获得各利益相关者的持续支持和认可，有助于吸引资源。合法性是企业实施社会责任投资的助推器。高新技术企业为了获得合法性地位，赢得外界对企业的认可，会努力满足利益相关方的诉求，通过社会责任投资向内外部利益相关者传递正面信息，有助于改善相关利益者对企业的整体评价。同时，高新技术企业积极对各利益相关者进行相应的社会责任投资，可形成良好的市场口碑，赢得产品差异化竞争优势，获得更多投资者和消费者的青睐。也可形成积极向上的文化氛围以充分发挥现有员工的潜能和创造力，吸引优秀员工的加入，或获得政府的政策支持，推进企业持续创新，取得核心竞争力。因此，基于三重底线理论、利益相关者理论和可持续发展理论，从不同的利益相关者视角，对高新技术企业进行社会责任投资的驱动机制进行阐述。

高新技术企业最初的资金来源于股东，股东将资金投入，形成企业的资本金。因此，股东是企业最基本的利益相关者。高新技术企业承担对股东的社会责任，保障股东的权益，有利于增强股东的信心，从而促使股东继续投资甚至追加投资，保证高新技术企业资本的充足性，提高企业的市场价值。因此，高新技术上市公司应该积极对股东进行社会责任投资，给予股东回报的持续性和丰厚性，保障股东资金的保值增值。

高新技术企业向债权人借入资金是其重要的融资渠道，因此，也要承担对债权人的社会责任，即及时履行合约还本付息，保护债权人的利益。与一般企业相比，高新技术企业需要投入更多的资金进行研发生产，更需要投资者的资金支持。因此，企业积极履行债务契约，有利于提高企业信用，降低交易成本和融资成本，便于企业未来的持续融通资金，为扩大生产经营规模奠定基础；同时，还能降低企业的财务风险，发挥财务杠杆的正面效应，获得规模经济效益。

高新技术企业注重对员工的社会责任投资，表明企业重视人才培养。一方面，从企业内部来看，不仅能够提高员工满意度，还能提高其对企业的忠诚度与归属感，进而留住人才，提升高新技术企业的创新潜能；另一方面，从企业外部来看，企业对人才的重视程度能够吸引更多的优秀人才，充实企业的人才库，提升竞争力。因此，对于高新技术企业而言，高技术人才是其核心竞争力的源泉，是技术创新的关键，与传统企业相比，其更应当注重对员工的社会责任投资，为企业提升核心竞争力与技术创新能力储备更多、更优质的人才，以赢得竞争优势。

高新技术企业是社区当中的一员，享受着社区给企业带来的诸多福利，包括社区内各类设施的使用和社区提供的各种服务。高新技术企业应该树立绿水青山就是金山银山的绿色治理观，遵守环境法规，在生产经营过程中注重环保投资，充分利用企业的技术优势处理好废水、温室气体、废弃物等污染物的排放，切实保护环境。同时，企业应将创造的利润部分回报社会，设身处地为社区着想，利用自身的创新优势为社区的发展添砖加瓦；作为回馈，社区亦会为企业发展营造更好的外部环境。

高新技术企业积极承担对政府的社会责任，按照国家财政法规和税法规定按时申报纳税，以获得一个良好的政策环境；反之，如果企业偷税漏税，将会面临法律的制裁，不利于企业的经营发展。与传统企业相比，高新技术企业的研发投入更多、回收期更长、生产技术要求更高、更复杂，更需要政府相关政策的支持及相关部门的协调。因此，高新技术企业应当积极对政府进行社会责任投资，企业才能够在享受政府相关优惠政策的同时降低生产成本和融资成本，提高财务价值。

　　消费者是企业产品的最终接受者，企业能否取得市场份额、赢得利润主要取决于消费者的选择。高新技术企业应该积极开展市场调研，了解消费者的需求和消费趋势，充分利用自身的技术优势进行绿色产品的研发设计，进行绿色采购、绿色生产和绿色营销等。只有为消费者提供高品质的绿色产品，提升服务质量，满足消费者的需求，才能在激烈竞争的市场中持续吸引广大消费者忠于企业产品。高新技术企业愿意为消费者花费多大的代价很大程度上决定了企业能从消费者手中获取多少利润。

　　拥有一批可靠的供应商为企业提供原材料、燃料等资源和设备工具等，是企业正常生产经营的前提条件。企业应积极配合供应商的工作，保证双方交易的公平公正，才能使双方的经营活动顺利开展。高新技术企业的竞争优势主要源于产品的差异化和技术含量高，满足客户对产品的品质、性能等独特性的需求，才能有效吸引客户，这就要求企业具备可靠的合作伙伴。同时，高新技术企业的生产经营有赖于自身技术和产品的升级创新，这就需要供应商提供创新的原材料、设备的升级换代，因此，高新技术企业应当注重对供应商的社会责任投资，加强相互之间的合作伙伴关系的建设，促进双方共同的可持续发展。

5.3　理论分析与研究假说的提出

　　从利益相关者重要性视角，弗里曼等（Freeman et al.，2008）将企业社会责任的对象分为主要利益相关者（股东、员工、顾客等）和次要利益相关者（社区和环境）；而唐鹏程和杨树旺（2016）根据利益相关者与企业影响力的差值对企业社会责任进行层次性划分为首要利益相关者（投资者）、主要利益相关者（雇员及供应商和客户）和次要利益相关者（环境及社区）。因此，可从利益相关者多维度视角探究高新技术企业进行社会责任投资的动因及其创新绩效。

　　企业的创新发展离不开资金的支持，尤其是对于高新技术企业而言，所需要的资金量往往是巨额的。而来自股东的权益资本和债权人的债务资本是企业融资的重要渠道，因此，企业应该负起为股东提供的资金创造增值的责任，与股东共享企业的财富，注重发放股利回报股东的资本投入；同时对于债权人的利息和本金负起按时支付与归还的责任，从而保障投资者的权益，也可获得投资者的信任与支持。通过股利和利息发放的信号传递功能，可以使企业在资本市场树立起良好的形象，取得信誉资本，吸引更多的投资者购买股票，获得更多的资金支持；利好的信息有利于股价的提升，从而降低企业的融资成本；而资金的流入使得企业拥有更多的资源从事持续的产品研发与技术创新。而霍尔等（Hall et al.，2013）、孙维峰和黄祖辉（2013）研究表明，增加研发资金投入有利于促进企业绩效的提升。鉴此，本章提出如下假说：

假说5-1a：企业对投资者的社会责任投资对创新绩效具有正向影响。

高新技术企业创新不仅需要资金的支持，还需要员工提供更多的创新思维，这就要充分发挥员工的积极性、主动性和创造性。因此，企业应该对员工进行社会责任投资，不仅要为员工提供舒适温馨的工作环境，在福利方面尽力满足员工的需求，在薪酬方面有保障，保证员工无后顾之忧而投入创新活动中；同时定期对员工组织培训增强其职业技能，并制定科学合理的奖惩机制，以取得员工的支持，提高员工的忠诚度而留住人才，还会吸引更多的高技术人才加入创新队伍中，为企业的技术创新提供更多的人力资本，从而可以大幅度地提高企业的研发能力。余泳等（2015）指出，研发人员投入是中国高技术产业创新绩效的主要动力之一；张等（Zhang et al.，2003）、徐和方（Hsu and Fang，2009）等研究发现，研发人员的投入能提升新产品销售收入或新产品的开发绩效。因此，本章提出如下假说：

假说5-1b：企业对员工的社会责任投资对创新绩效具有正向影响。

厄特贝克和阿伯曼西（Utterback and Abernmathy，1975）认为，技术和市场需求共同决定了企业的技术创新活动，技术决定了创新的成本，而市场需求决定了创新的报酬；陈劲等（2001）指出，创新是技术和市场的有机结合，就其推动力而言，市场需求大大超过了科技本身发展，需求是技术创新之母；用户是技术创新重要的外部信息源。因此，高新技术企业作为技术创新的主力军，应该及时获取用户需求的信息，以用户需求激发创新思维的产生，快速对产品进行设计和研发，适时满足用户的诉求；波特和林德（Porter and Linde，1995）研究发现，企业率先进行绿色创新，会极大增强企业市场的议价能力；付强和刘益（2013）认为，消费者更愿意花费更高的价格购买企业研发的带有绿色属性、节能环保的产品；无疑提高了企业的竞争优势，增加了市场份额。同时，如果创新的产品获得用户的认可和青睐，反过来又会激发科技人员的研发热情，进一步促进企业创新绩效的提高。因此，本章提出如下假说：

假说5-1c：企业对客户的社会责任投资与创新绩效呈正相关。

外部环境是任何组织生存和发展的物质基础，企业的发展离不开周边社区的支持。企业应该创新工艺流程，采取措施减少废气、污水等对周边环境社区居民的影响，保护生态环境；对社会进行慈善捐赠，不仅为企业获得道德信誉资本（龙文滨和宋献中，2013），提升企业的社会形象，使公司获得更多的正面评价和社会资源的同时，企业还应该遵守规章制度，及时缴纳税款，积极参与到地方经济建设当中。这样，企业和社区、政府就建立起了良好的关系，企业能获得来自社区和政府的支持与帮助。学者的研究表明，获得政府支持有利于企业创新绩效的提高。如科加（Koga，2003）发现，在规模较大的企业，政府采用补贴等优惠政策对企业创新绩效产生正向影响；黄贤凤等（2014）研究结果表明，政府研发资助对中国大中型工业企业创新绩效有显著的直接促进作用。周海涛和张振刚（2015）实证表明，直接资助和间接资助方式对企业创新绩效均具有激励作用。鉴此，本章提出如下假说：

假说 5 - 1d：企业对社区和政府的社会责任投资与创新绩效呈正相关。

综上所述，高新技术企业应该科学设计社会责任投资战略决策，将内部资源投入到社会责任活动中，保障股东和债权人的权益，视员工为合伙人，充分发挥其工作的热情和创造性；研发生产高品质、低成本、安全绿色、环保的产品；同时热心公益事业，注重节能减排和环境保护，满足利益相关者的不同诉求，实现技术创新的生态化转向，以绿色循环低碳发展为途径，构建节约资源和保护环境的产业结构和生产方式等，形成经济、社会和生态的良性循环、协调与共的发展模式，可以赢得不同相关利益者的信赖，有利于提高企业信誉和市场竞争力，促进企业创新绩效的提升。鉴此，本章提出如下总假说：

假说 5 - 1：高新技术企业实施社会责任投资将促进企业创新绩效的提高。

5.4　研究设计

5.4.1　模型构建

为了检验企业社会责任投资对创新绩效的影响，本章构建如式（5-1）的 OLS 模型：

$$IPer_{i,t} = \alpha_0 + \alpha_1 SRI_{i,t} + \sum \lambda Var_{i,t}^{con} + \varepsilon_{i,t} \qquad (5-1)$$

其中，被解释变量 $IPer_{i,t}$ 表示 i 公司 t 期的创新绩效，解释变量 $SRI_{i,t}$ 表示 i 公司 t 期的社会责任投资强度，$Var_{i,t}^{con}$ 表示控制变量。影响公司创新绩效的因素较多，根据相关研究文献和本章的研究特点，选取了两类控制变量：公司特征变量与公司治理变量。其中，公司特征变量包括：研发支出（RDC）、政府补助（GS）、技术人员人数比例（RDP）、公司规模（Size）、现金流量（CF）、公司性质（Nature）、公司年限（Age）、成长性（Grow）、财务杠杆（Lev）和盈利能力（ROA）；公司治理变量包括：第一大股东持股比例（Own）、董事会规模（Board）、独立董事比例（INDR）、高管薪酬（Salary）及领导结构（Lead），并且设置了年度和行业的哑变量（D^Y 和 D^I），以控制宏观经济等时间序列因素的影响。

5.4.2 变量界定

1. 企业创新绩效（IPer）

衡量企业创新绩效的指标很多，包括新产品数、新产品销售额和专利数等。但是，高新技术企业作为科技型产业发展的开拓者，其产品开发过程一般是先有研究成果，再实现技术的商品化。因此，使用新产品数或者新产品销售额为创新绩效的衡量指标对高新技术企业而言会有一定的偏差。另外，根据现有的高新技术上市公司公布的各类数据来看，其新产品数量和销售额等指标的获取难度较大，很难收集到足够的数据进行实证研究。以往采用该类数据进行研究的学者，大多数采用问卷调查的形式对企业创新绩效进行访谈评分，以此作为研究数据的来源，但这种研究方法存在一定的主观性。而布赖得等（Blind et al.，2006）认为，专利说明了公司对某项技术具有独占性，可以限制其他公司争夺相同的市场从而确保未来的发展。鉴此，本章将高新技术上市公司当年向有关部门申请并最终获得专利权的专利数量作为衡量企业创新绩效的指标。由于各公司专利数差距较大，本章将专利数取对数作为企业创新绩效的度量指标。

2. 企业社会责任投资（SRI）

如第 4 章所述，从相关利益者视角对其各维度社会责任投资进行度量的基础上，汇总计算公司企业社会责任投资强度。具体包括为：一是对投资者的社会责任投资（SRII），用股利利息支付率来衡量，即等于分配股利、利润或偿付利息支付的现金流量/营业收入；二是对员工的社会责任投资（SRIE），用员工获利率来衡量，即等于支付给职工以及为职工支付的现金流量/营业收入；

三是对客户的社会责任投资（SRIC），用主营业务成本率来衡量，即等于主营业务成本/营业收入；四是对社区的社会责任投资（SRIS），用捐赠支出率来衡量，即等于对外捐赠支出/营业收入；五是对政府的社会责任投资（SRIG），用税费支出率来衡量，即等于支付的各项税费/营业收入。

3. 控制变量

结合本章研究内容和国内外相关研究，本章选取了两类控制变量：公司特征变量和公司治理变量。

（1）公司特征变量

包括：研发支出、政府补助、研发人员、公司规模、现金流量、产权性质、公司年龄、公司成长性、财务杠杆和盈利能力等。

①研发支出（RDC）。研发支出是企业进行技术创新活动的必要条件。研究表明，研发支出对企业创新绩效产生显著的影响。例如，加尔纳等（Garner et al., 2002）研究表明，企业研发投入影响企业创新速度进而影响企业创新绩效。本章用研发费用/期末总资产来度量。

②政府补助（GS）。王一卉（2013）发现，政府补助对于企业的创新绩效在不同条件下会产生差异，例如，对于缺乏创新经验的企业而言，政府的补助将显著提高其创新绩效。本章用政府补助/期末总资产来衡量。

③研发人员投入（RDP）。学者对于研究人员投入和创新绩效间关系的研究结论不尽相同。例如，冯文娜（2010）研究发现，研发人员投入与创新绩效具有弱负相关关系。本章选取企业技术人员人数占员工总人数的比率来表示。

④公司规模（Size）。姚洋和章奇（2010）认为公司的规模越大，反映了公司的综合实力，其各项资源的获取能力更强，有能力支撑起大规模的、具有挑战性的研发工作。本章选取企业期末总资产的自然对数来表示。

⑤现金流量（CF）。企业现金流量越充足说明企业能有更多的内部资金分配到研发活动中。充沛的现金流为企业研发提供了坚实的保障（唐清泉等，2011）。本章选取企业经营活动现金流量净额与年末总资产的比率，即资产获现率来度量。

⑥产权性质（Nature）。企业产权性质不同对企业社会责任投资与创新绩效间的关系产生影响。温军和冯根福（2012）发现，对于不同类型的企业创新影响效果不同，对非国有控股企业具有促进作用，而对于国有控股企业的影

响则非常小。本章所选取的样本公司若是国有控股的，则取值为1，否则取值为0.

⑦公司年限（Age）。研发活动的积累，无论是成功的经验还是失败的教训都会成为公司未来研发创新的宝贵财富。因此，公司的研发效果可能受到公司年限的影响（高建刚，2012）。本章用公司成立的年数来衡量。

⑧公司成长性（Grow）。成长性体现了公司的发展潜力。对于高新技术企业而言，成长较快的企业通常盈利状况良好，资源充足，有助于企业创新活动的开展。顾国爱（2013）研究发现，虽然公司内外部资金对于企业创新绩效的影响程度不同，但两者对于企业的创新绩效都会产生积极的影响。本章选取企业营业利润增长率来表示公司成长性。

⑨财务杠杆（Lev）。高新技术企业资金需求量大，往往会从企业外部进行融资。合理的财务杠杆可以发挥其正面作用，提高企业的创新活动的效益。本章选取资产负债率来度量企业的财务杠杆。

⑩盈利能力（ROA）。企业拥有足够的盈利能力可以为研发活动提供内部资金来源，进而影响企业的创新绩效。本章选取总资产收益率来度量盈利能力。

（2）公司治理变量

包括：股权集中度、董事会规模、独立董事比例、高管薪酬、领导结构等。

①股权集中度（Own）。李婧和贺小刚（2012）发现，在不同类型企业中，股权集中度对企业创新的影响效应不同；对于国有控股企业而言，股权越集中越能提高企业的创新支出，进而影响企业的创新绩效；对于家族企业来说，则是相反的。本章选取企业第一大股东持股比例来衡量。

②董事会规模（Board）。公司的治理结构如董事会规模、独立董事比例、领导兼任情况等会在一定程度上影响公司的研发投资水平，进而对企业创新绩效产生影响（唐清泉等，2011）。本章选取董事会人数来衡量董事会规模。

③独立董事比例（INDR）。独立董事具有独立性和专业性，有助于公司科学决策。本章采用独立董事人数占董事会总人数比率来衡量。

④高管薪酬（Salary）。对高新技术企业而言，拥有良好的创新能力是企业发展的关键。适当的高管薪酬激励政策会对企业研发投入产生积极影响。王燕妮（2011）研究表明，对高管实施短期的激励政策，会通过企业研发支出

来影响企业创新绩效。本章选取企业高管薪酬总额占营业收入的比率来衡量。

⑤领导结构（Lead）。高新技术企业大多数来自中小民营企业，企业的创业者往往持有公司多数股权并参与公司经营管理。董事长与总经理两职合一使得企业可能存在舞弊风险，不利于企业研发政策的有效实施。若企业的董事长和总经理为同一人时，取值为1，否则取值为0.

另外，本章还设置了年度哑变量（D^Y）和行业哑变量（D^I）来控制行业和年度差异。

模型中控制变量的含义和具体计算方法如表5-1所示。

表5-1   控制变量定义与计算方法

变量名称	变量定义	计算方法
RDC	研发支出	研发费用/期末总资产
GS	政府补助	政府补助/期末总资产
RDP	技术人员比例	技术人员人数/员工总人数
SIZE	企业规模	期末企业总资产的自然对数
CF	现金流量	经营活动现金流量净额/期末总资产
Nature	产权性质	国有性质取1，否则取0
Age	企业年龄	企业成立年数
Grow	企业成长性	营业利润增长率
Lev	财务杠杆	期末负债总额/期末总资产
ROA	盈利能力	总资产收益率
Own	股权集中度	第一大股东持股比例
Board	董事会规模	董事会人数
INDR	独立董事比例	独立董事人数/董事会总人数
Salary	高管薪酬	高管薪酬总额/营业收入
Lead	领导结构	如果董事长和总经理同一人取1，否则取0
D^I	行业哑变量	13个行业，设置12个行业哑变量
D^Y	年度哑变量	共6年，设置5个年度哑变量

5.4.3 样本选择与数据来源

本章选取2010~2015年我国A股高新技术上市公司为研究样本。样本选取的原则为：一是选取被国家相关部门认定为高新技术企业的上市公司；二是剔除了企业财务状况出现连续亏损或其他异常情况的公司；三是剔除了相关财务数据资料不完整的公司。最终获得 1933 个有效样本，其中福建省有效样本 187 个，各年样本情况如表 5-2 所示。从表 5-2 中可知，高新技术上市公司占全部主板上市公司总数的比例总体呈现下滑趋势，这可能与高新技术企业高风险的性质有关，高新技术企业试图通过上市融资的方式比较难。福建省高新技术上市公司占该省全部主板上市公司总数的比例远高于全国水平，但是福建省企业在主板上市的公司相对较少。

表 5-2　　　　　　　　　　2010～2015 年研究样本情况

年份	全国样本			福建省样本		
	全国上市公司总数（个）	全国样本数（个）	样本比例（%）	福建省上市公司总数（个）	福建省样本数（个）	样本比例（%）
2010	2021	292	14.45	72	26	36.11
2011	2302	317	13.77	81	30	37.04
2012	2457	322	13.11	87	32	36.78
2013	2459	328	13.34	87	32	36.78
2014	2584	336	13.00	91	33	36.26
2015	2807	338	12.04	98	34	34.69
合计	14630	1933	13.21	516	187	36.24

资料来源：笔者整理所得。

样本公司的财务数据主要来源于同花顺、Wind 数据库及 CSMAR 数据库。其中，同花顺数据库和万德数据库主要提供了高新技术上市公司的基本信息、财务报表和报表附注的数据。国泰安 CSMAR 数据库则主要提供了高新技术上市公司专利数的数据，包括专利总数和发明专利数、实用新型专利数等明细数据。为了避免极端值的影响，本章对连续变量在 1% 和 99% 分位数水平上进行了缩尾处理。

5.5　实证研究结果分析

5.5.1　描述性统计分析

1. 全国样本的描述性统计分析

表 5-3 列示了全国样本各研究变量的描述性统计结果。从表中可知，以

专利数衡量的创新绩效（IPer）的最小值为 0，最大值为 8.2090，而均值为 2.6050，说明各企业之间的专利数量差异较大。社会责任投资强度（SRI）均值为 0.9546，与中位数接近，标准差为 0.1476，表明高新技术企业均进行了不同程度的社会责任投资，且各企业之间的社会责任投资存在一定差异。从社会责任投资分维度的均值来看，高新技术企业对客户的社会责任投资（SRIC）最大，均值达到 0.7167；其次是对员工的社会责任投资（SRIE），其均值为 0.1243，而最大值为 0.6864，说明不同高新技术企业对员工的重视程度不同；最少的是对社区的社会责任投资（SRIS），均值仅为 0.0005，说明高新技术企业对各相关利益者的社会责任投资存在较大差异。

表 5-3　　　　　　　　　研究变量的描述性统计结果（全国样本）

变量	均值	中位数	标准差	最小值	最大值	观测值
IPer	2.6050	2.1972	1.8146	0.0000	8.2090	1933
SRI	0.9546	0.9624	0.1476	0.2818	2.9170	1933
SRII	0.0474	0.0357	0.0482	0.0000	1.0117	1933
SRIE	0.1243	0.1054	0.0826	0.0073	0.6864	1933
SRIS	0.0005	0.0001	0.0012	0.0000	0.0289	1933
SRIG	0.0675	0.0566	0.0496	0.0010	0.7764	1933
SRIC	0.7167	0.7539	0.1707	0.0632	1.1345	1933
RDC	0.0262	0.0214	0.0216	0.0002	0.2624	1933
GS	0.0081	0.0050	0.0111	0.0000	0.2248	1933
RDP	0.2402	0.1654	0.1956	0.1139	0.9177	1933
Size	21.8791	21.7717	1.1556	18.5095	27.2937	1933
CF	0.0474	0.0444	0.0681	-0.2398	0.4863	1933
Nature	0.4133	0.0000	0.4925	0.0000	1.0000	1933
Age	15.1722	15.0000	4.2403	3.0000	37.0000	1933
Grow	-0.3302	0.1094	10.8797	-348.1021	219.9924	1933
Lev	1.0963	0.7434	1.4189	0.0142	44.9263	1933

续表

变量	均值	中位数	标准差	最小值	最大值	观测值
ROA	0.0539	0.0455	0.0614	-0.4684	0.3973	1933
Own	0.3350	0.3175	0.1365	0.0648	0.7884	1933
Board	8.8577	9.0000	1.7599	4.0000	18.0000	1933
INDR	0.3683	0.3333	0.0530	0.2000	0.6667	1933
Lead	0.2379	0.0000	0.4259	0.0000	1.0000	1933
Salary	0.0035	0.0022	0.0039	0.0000	0.0415	1933

资料来源：Stata12.0软件统计而成。

就公司特征变量而言，研发支出（RDC）的均值为0.0262，中位数为0.0214，可知高新技术上市公司之间研发投入强度相对接近。政府补助（GS）的均值为0.0081，与最大值0.2248相比，说明高新技术上市公司获得政府补贴的数额均不大，但差异还是存在。技术人员比例（RDP）均值为0.2402，说明高新技术上市公司技术人员比重较高，具备较充足的智力资源用于创新与研发，但从极值与标准差来看，各样本公司技术人员比例存在较大的差异。公司规模（Size）的均值为21.8791，接近于中位数，说明高新技术样本公司均有一定的规模，但从极值与标准差来看，各样本公司规模存在一定的差距；现金流量（CF）的最小值为-0.2398，最大值为0.4863，而均值为0.0474，表明高新技术上市公司的资产获现率差异较大，有些公司甚至缺乏现金流量。产权性质（Nature）的均值为0.4133，说明样本企业中只有41.33%为国有控股企业。企业年限（Age）最小值为3年，最大值为37年，说明高新技术上市公司中既包括新兴成立的年轻公司，又包括成立数十年的老牌公司。企业成长性（Grow）的均值为-0.3302，最大值为219.9924，最小值为-348.1021，说明高新技术上市公司的成长性存在很大差异，也体现了高新技术上市公司高成长性和高风险性并存的特点。财务杠杆（Lev）的均值为1.0963并且最小值与最大值之间存在巨大差异，反映了高新技术上市公司资本结构差异巨大。盈利能力（ROA）的最小值为-0.4684，最大值为0.3973，这体现了高新技术上市公司收益的不确定性。

就公司治理变量而言，股权集中度（Own）的均值为0.3350，说明样本公司第一大股东持股比例平均较高，其最小值与最大值分别0.0648和0.7884，说明各样本公司第一大股东持股比例存在很大差异；由董事会规模（Board）

的均值可知，样本公司的董事会人数平均约为9人，最小值为4人，最大值为18人，表明各样本公司董事会规模具有一定的差异；独立董事比例（INDR）的均值为0.3683，中位数为0.3333，表明大多数样本公司满足了相关政策的要求；高管薪酬（Salary）的均值为0.0035，说明公司高管薪酬在其营业收入中所占比例不高，从其极值来看，样本公司高管薪酬存在较大差异，可能说明部分样本企业的高管薪酬激励政策尚不健全，未能形成有效的薪酬激励机制。两职合一（Lead）的均值为0.2379，说明样本公司中董事长兼任总经理的情况占23.79%，两职合一情况比较普遍。

2. 福建样本的描述性统计分析

表5-4报告了福建样本各研究变量的描述性统计结果。相较于全国高新技术样本公司而言，福建省样本公司研究变量的差异主要体现以下几个方面。

表5-4 研究变量的描述性统计结果（福建省样本）

变量	均值	中位数	标准差	最小值	最大值	观测值
IPer	2.3845	2.4849	1.0558	0.0000	5.0626	187
SRI	0.9203	0.9284	0.1606	0.5502	1.2350	187
SRII	0.0565	0.0437	0.0492	0.0004	0.2892	187
SRIE	0.1574	0.1339	0.0944	0.0274	0.5060	187
SRIS	0.0007	0.0002	0.0013	0.0000	0.0104	187
SRIG	0.0818	0.0771	0.0414	0.0116	0.2269	187
SRIC	0.6374	0.6693	0.1777	0.1218	1.0448	187
RDC	0.0302	0.0226	0.0241	0.0045	0.1331	187
GS	0.0089	0.0055	0.0109	0.0001	0.0825	187
RDP	0.2811	0.1836	0.2222	0.1566	0.8719	187
SizeE	21.0727	21.0223	1.0170	18.5095	23.5750	187
CF	0.0567	0.0516	0.0862	-0.1286	0.4863	187

续表

变量	均值	中位数	标准差	最小值	最大值	观测值
Nature	0.1842	0.0000	0.3885	0.0000	1.0000	187
Age	14.2105	14.0000	4.3644	4.0000	29.0000	187
Grow	−1.3195	0.0689	16.3949	−240.6430	7.1352	187
Lev	0.6345	0.3759	0.6438	0.0482	3.3202	187
ROA	0.0735	0.0597	0.0740	−0.1394	0.3973	187
Own	0.3404	0.3280	0.1233	0.1279	0.7387	187
Board	8.0050	8.0000	1.5572	5.0000	12.0000	187
INDR	0.3833	0.3750	0.0595	0.3000	0.6000	187
Lead	0.4123	0.0000	0.4933	0.0000	1.0000	187
Salary	0.0062	0.0051	0.0048	0.0001	0.0257	187

资料来源：Stata12.0 软件统计而成。

（1）从创新绩效指标来看，以专利数来度量的创新绩效（IPer）的均值为 2.3845，低于全国样本的均值（2.6050）。图 5-1 绘制了全国、福建高新技术样本公司 2010~2015 年专利数均值的趋势图，从图 5-1 中可知，全国样本与福建样本的变动趋势相类似，前几年呈上升趋势，2014 年后下降。但是，福建省高新技术企业专利数均值一直低于全国水平，且两者的差距存在稍微扩大的趋势。

（2）从社会责任投资综合强度（SRI）来看，全国样本与福建样本的均值分别为 0.9546 和 0.9203，两者差距较小，对相关利益者分维度的社会责任投资的差距也较小。

（3）从控制变量来看，主要表现在：一是产权性质，福建省样本均值为 0.1842，而全国样本的均值为 0.4133，说明全国高新技术样本中国有控股企

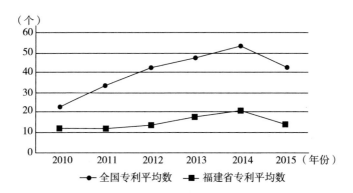

图 5 - 1　高新技术上市公司专利平均数趋势

资料来源：笔者绘制而成。

业比例高于福建省样本。二是成长性，全国、福建省样本公司的成长性（Grow）均值分别为 -0.3302 和 -1.3195，相较而言，福建省样本公司的成长性更低。三是财务杠杆，福建省高新技术样本公司财务杠杆（Lev）均值为 0.6345，资产负债率水平较低于全国样本公司。四是领导结构，两职合一（Lead）均值为 0.4123，大大高于全国样本水平，说明董事长和总经理兼任情况在福建省高新技术企业中更为普遍。

5.5.2　相关性分析

表 5 - 5 报告了研究变量的皮尔逊相关系数。从表 5 - 5 中可以看出，除社会责任投资综合指标（SRI）与分维度指标（SRIC）之间以及分维度指标（SRIG 与 SRIC）之间的相关系数较高外，其余变量间的相关系数绝对值均在可解释和可忍受范围内，不存在多重共线性问题。社会责任投资（SRI）与创新绩效（Iper）之间呈正相关，而社会责任投资分维度与创新绩效（Iper）之间的关系呈现不一致，即企业对投资者（SRII）、员工（SRIE）、社区（SRIS）和政府（SRIG）的社会责任投资与创新绩效之间呈负相关，而企业对客户的社会责任投资（SRIC）与创新绩效之间呈正相关。这有待于下面的实证检验。

表5-5

研究变量的相关系数

变量	Iper	SRI	SRII	SRIE	SRIS	SRIG	SRIC	RDC	GS	RDP	Size	CF	Nature	Age	Grow	Lev	ROA	Own	Board	INDR	Salary
Iper	1.00	—	—	—	—	—	—	—	—	—	—	—	—	—	—	—	—	—	—	—	—
SRI	0.06	1.00	—	—	—	—	—	—	—	—	—	—	—	—	—	—	—	—	—	—	—
SRII	−0.14	0.19	1.00	—	—	—	—	—	—	—	—	—	—	—	—	—	—	—	—	—	—
SRIE	−0.06	0.35	0.25	1.00	—	—	—	—	—	—	—	—	—	—	—	—	—	—	—	—	—
SRIS	−0.13	−0.10	0.24	0.09	1.00	—	—	—	—	—	—	—	—	—	—	—	—	—	—	—	—
SRIG	−0.11	−0.20	0.48	0.27	0.22	1.00	—	—	—	—	—	—	—	—	—	—	—	—	—	—	—
SRIC	0.15	0.67	−0.36	−0.32	−0.26	−0.70	1.00	—	—	—	—	—	—	—	—	—	—	—	—	—	—
RDC	0.10	−0.20	−0.17	0.23	−0.04	0.02	−0.23	1.00	—	—	—	—	—	—	—	—	—	—	—	—	—
GS	0.05	0.00	−0.06	0.19	0.02	0.00	−0.07	0.40	1.00	—	—	—	—	—	—	—	—	—	—	—	—
RDP	0.06	0.02	−0.03	0.32	0.02	−0.01	−0.13	0.35	0.26	1.00	—	—	—	—	—	—	—	—	—	—	—
SIZE	0.45	0.09	−0.06	−0.28	−0.14	−0.09	0.24	−0.07	−0.11	−0.02	1.00	—	—	—	—	—	—	—	—	—	—
CF	0.01	−0.29	0.07	−0.03	0.03	0.17	−0.29	0.21	0.07	−0.01	0.03	1.00	—	—	—	—	—	—	—	—	—
Nature	0.17	0.19	−0.13	−0.11	−0.22	−0.12	0.27	−0.04	−0.02	−0.02	0.35	−0.06	1.00	—	—	—	—	—	—	—	—
Age	0.02	0.05	−0.05	−0.08	−0.06	−0.04	0.11	0.01	0.02	−0.04	0.24	0.05	0.12	1.00	—	—	—	—	—	—	—
Grow	−0.02	−0.19	−0.04	−0.08	0.00	0.07	−0.13	0.06	−0.11	0.06	0.02	0.09	−0.05	0.03	1.00	—	—	—	—	—	—
Lev	0.15	0.22	−0.05	−0.24	−0.13	−0.26	0.39	−0.17	−0.06	−0.03	0.48	−0.20	0.30	0.08	−0.07	1.00	—	—	—	—	—
ROA	0.04	−0.60	0.03	−0.11	0.07	0.40	−0.56	0.24	0.07	0.08	−0.03	0.48	−0.12	−0.07	0.27	−0.35	1.00	—	—	—	—
Own	0.09	0.03	0.07	−0.05	−0.06	0.05	0.02	−0.03	−0.02	−0.04	0.23	0.09	0.23	−0.04	0.03	0.10	0.15	1.00	—	—	—
Board	0.19	0.02	−0.01	−0.05	−0.03	−0.04	0.06	0.09	0.04	0.00	0.28	0.00	0.20	0.00	−0.03	0.08	−0.04	−0.04	1.00	—	—
INDR	0.02	0.03	0.00	−0.01	0.00	−0.01	0.03	−0.04	−0.02	−0.03	0.04	−0.04	−0.02	0.02	−0.04	0.07	−0.05	0.04	−0.34	1.00	—
Salary	−0.26	0.01	0.29	0.48	0.25	0.27	−0.38	0.12	0.12	0.18	−0.57	−0.06	−0.29	−0.22	−0.05	−0.35	−0.02	−0.18	−0.12	0.02	1.00
Lead	−0.07	−0.10	0.06	0.08	0.07	0.05	−0.15	0.05	0.03	0.03	−0.20	−0.04	−0.22	−0.06	0.00	−0.12	0.07	−0.02	−0.18	0.10	0.13

资料来源：Stata12.0软件统计而成。

5.5.3 回归结果分析

1. 高新技术企业社会责任投资与创新绩效的回归结果

表 5 - 6 列示了全国样本企业社会责任投资和创新绩效关系的估计结果。从模型（1）可知，调整 R^2 值为 0.2341，显示模型的拟合效果尚可。从 F 检验结果可知，模型回归结果是显著有效的。DW 检验值接近 2，这意味着模型不存在序列自相关问题。社会责任投资综合强度（SRI）的回归系数为 1.0460，且在 1% 的水平上显著，说明企业社会责任投资对企业创新绩效具有显著的正面影响。该结果印证了上述的研究假说 5 - 1，即随着企业社会责任投资强度的增大，企业创新绩效呈现上升趋势。

表 5 - 6　　高新技术企业社会责任投资与创新绩效的回归结果（全国样本）

变量	模型（1）		模型（2）（滞后一期）	
	系数	t 值	系数	t 值
常数项	- 10.8618 ***	- 12.62	- 10.6572 ***	- 12.29
SRI	1.0460 ***	3.32	0.7591 **	2.41
RDC	7.3462 ***	4.28	7.0722 ***	4.12
GS	11.2012 ***	3.58	11.6752 ***	3.73
RDP	0.0568	0.30	0.0664	0.35
SIZE	0.5655 ***	14.97	0.5704 ***	15.1
CF	- 1.6662 ***	- 2.92	- 1.7084 ***	- 2.99
Nature	0.063	0.86	0.0666	0.91
Age	- 0.0305 ***	- 3.71	- 0.0314 ***	- 3.8
Grow	- 0.0016	- 0.28	- 0.0031	- 0.53
Lev	- 0.0383 *	- 1.71	- 0.0418 *	- 1.87
ROA	2.8116 ***	3.44	2.2745 ***	2.89
Own	- 0.2679	- 1.03	- 0.2164	- 0.84
Board	0.0318	1.48	0.0323	1.50
INDR	0.2174	0.32	0.1934	0.28
Salary	- 22.7752 **	- 2.01	- 21.0682 *	- 1.86
Lead	- 0.0252	- 0.31	- 0.0284	- 0.35

续表

变量	模型（1）		模型（2）（滞后一期）	
	系数	t 值	系数	t 值
D^I	控制		控制	
D^Y	控制		控制	
Adj R^2	0.2341		0.2316	
F test	31.47***		31.05***	
DW test	1.927		1.928	
N	1933		1596	

注：***、**和*分别表示1%、5%和10%的显著水平。

资料来源：Stata12.0 软件统计而成。

由于企业进行社会责任投资对创新绩效的影响可能存在滞后问题，故采用滞后一期的自变量对回归结果进行检验，也能在一定程度上解决模型的内生性问题，回归结果如表5-6中的模型（2）所示，可以看出，滞后一期社会责任投资强度（SRI）对创新绩效的影响仍然为正且显著，再次印证了上文的总假说5-1。

对于控制变量，研发支出（RDC）、政府补助（GS）、企业规模（Size）和盈利能力（ROA）的系数为正且显著，说明研究支出、政府补助越多、企业规模越大、盈利能力越强，越能提高高新技术企业的创新绩效。现金流量（CF）的系数为负且高度显著；公司年限（Age）的系数为负高度显著，可能源于高新技术企业技术更迭速度很快，新成立公司通常反应敏锐，善于捕捉市场机会，高效地完成研发成果转化；此外，公司成立时间较长使一些公司墨守成规或过于依赖之前的研发成果，导致新技术开发缓慢，降低了创新绩效；财务杠杆（Lev）的系数为负且显著，可能由于高新技术企业高收益高风险并存的特点，企业利益相关者对于企业资产负债率较敏感，高资产负债率的企业因财务风险大，不易筹集到研发创新所需求的资金；高管薪酬（Salary）的系数也为负显著，这可能由于现阶段高新技术企业的高管薪酬激励机制尚不完善，企业还没有充分意识到高管激励对企业创新的积极作用。

表5-7列示了福建样本企业社会责任投资和创新绩效关系的估计结果。从模型（1）各检验值来看，模型总体拟合度尚可，模型的回归结果是显著有效的，且不存在序列自相关问题。社会责任投资强度（SRI）的系数为正数，

但不显著，即企业社会责任投资对创新绩效产生正向影响，但效果不明显。模型（2）显示，滞后一期的企业社会责任投资强度（SRI）与创新绩效之间呈正相关，但也不显著。该结果与全国样本的回归结果不相同。对于产生差异的原因可能是：福建省高新技术样本企业多数属于传统制造业，该类型企业的生产技术较为成熟，产品结构也相对稳定，对新申请专利的依赖程度较低，专利的更新换代速度较慢（从前文的描述性统计数据也可看出，福建省样本公司的专利数平均低于全国样本）。因此，福建省高新技术样本公司进行社会责任投资的主要目的可能不在于新增企业拥有专利的数量，因而对创新绩效的影响不显著。

表5－7　　高新技术企业社会责任投资与创新绩效的回归结果（福建省样本）

变量	模型（1）		模型（2）（滞后一期）	
	系数	t 值	系数	t 值
常数项	－ 14. 5411 ***	－ 3. 27	－ 15. 4447 ***	－ 3. 49
SRI	0. 6418	0. 65	1. 3102	1. 38
RDC	4. 0276	0. 83	3. 6395	0. 77
GS	－ 8. 5628	－ 0. 75	－ 7. 6325	－ 0. 67
RDP	－ 0. 442	－ 0. 92	－ 0. 3602	－ 0. 75
SIZE	0. 6256 ***	3. 49	0. 6399 ***	3. 59
CF	1. 7015	1. 08	1. 3379	0. 84
Nature	－ 0. 5817 *	－ 1. 83	－ 0. 6156 *	－ 1. 94
Age	0. 0609 **	2. 50	0. 0554 **	2. 27
Grow	0. 0492	1. 65	0. 0429	1. 43
Lev	0. 2773	1. 36	0. 2456	1. 20
ROA	0. 3514	0. 14	1. 0361	0. 43
Own	1. 0506	1. 06	1. 0659	1. 09
Board	0. 0754	0. 78	0. 076	0. 79
INDR	1. 6073	0. 70	1. 7461	0. 76
Salary	93. 4061 ***	3. 29	90. 5517 ***	3. 20
Lead	－ 0. 1491	－ 0. 76	－ 0. 1361	－ 0. 70
D^I	控制		控制	
D^Y	控制		控制	

续表

变量	模型（1）		模型（2）（滞后一期）	
	系数	t 值	系数	t 值
Adj R²	0.1728		0.2738	
F test	20.35 ***		2.99 ***	
DW test	1.928		1.917	
N	187		166	

注：*** 、** 和 * 分别表示 1%、5% 和 10% 的显著水平。

资料来源：Stata12.0 软件统计而成。

2. 高新技术企业分维度社会责任投资与创新绩效的回归结果

表 5-8 列示了全国样本的社会责任投资分维度与创新绩效的回归结果。模型（1）～模型（5）的解释变量分别是企业对投资者（SRII）、员工（SRIE）、社区（SRIS）、政府（SRIG）和客户（SRIC）的社会责任投资。从表中模型（2）、模型（5）可以看出，企业对员工（SRIE）和客户（SRIC）的社会责任投资与创新绩效呈显著正相关，说明企业对员工和客户的社会责任投资有利于提高企业的创新绩效，印证了上文的假说 5-1b、5-1c。但是，从模型（1）、模型（3）和模型（4）可知，企业对投资者（SRII）、社区（SRIS）和政府（SRIG）的社会责任投资与创新绩效之间呈显著负相关，与前文的假说 5-1a、5-1d 相反。这可能源于样本公司支付给股东的股利只是以当期的利润额和经营状况为基础制定股利政策，对于债权人的利息偿付也只是样本公司借款活动的正常行为，其对创新绩效的推动作用不明显。对于社区而言，可能由于社区对企业来说是利基组织，对企业创新绩效只起到保健作用，而不是激励作用。企业保护生态环境，防止环境与噪声污染，这是企业应尽的社会责任。假如企业的生产经营活动造成环境污染，破坏社区居民的生活环境，将会激起社区居民的投诉、甚至闹事，将严重影响企业的公众形象。因此，企业向社区进行社会责任投资只能对企业的创新活动起到保健作用。对于政府而言，政府对企业技术创新的影响主要来源于相关政策，本书只选择了近六年的数据，相关政策在短时间内变化的概率较小，难以体现其作用。

表 5－8　　高新技术企业各维度社会责任投资与创新绩效的回归结果（全国样本）

变量	模型（1）	模型（2）	模型（3）	模型（4）	模型（5）
常数项	－ 10. 2791***	－ 10. 0355***	－ 11. 8238***	－ 10. 1254***	－ 11. 1272***
	（ － 12. 45）	（ － 12. 24）	（ － 11. 45）	（ － 12. 37）	（ － 12. 99）
SRII	－ 3. 2934***	—	—	—	—
	（ － 3. 72）	—	—	—	—
SRIE	—	0. 8579*	—	—	—
	—	（ － 1. 66）	—	—	—
SRIS	—	—	－ 103. 6752**	—	—
	—	—	（ － 2. 40）	—	—
SRIG	—	—	—	－ 2. 6451***	—
	—	—	—	（ － 3. 18）	—
SRIC	—	—	—	—	1. 2336***
	—	—	—	—	（4. 38）
RDC	5. 2055***	6. 2620***	6. 3448***	6. 1375***	7. 2667***
	（2. 97）	（3. 63）	（2. 96）	（3. 58）	（4. 26）
GS	12. 0559***	12. 0151***	8. 4721*	12. 2231***	11. 2250***
	（3. 82）	（3. 84）	（1. 93）	（3. 92）	（3. 60）
RDP	0. 0403	0. 0173	0. 145	0. 0447	0. 1259
	（0. 21）	（0. 09）	（0. 59）	（0. 24）	（0. 67）
SIZE	0. 5939***	0. 5739***	0. 6564***	0. 5866***	0. 5778***
	（15. 51）	（15. 18）	（13. 42）	（15. 46）	（15. 36）
CF	－ 1. 5451***	－ 1. 7169***	－ 1. 0071	－ 1. 6520***	－ 1. 5191***
	（ － 2. 68）	（ － 3. 00）	（ － 1. 44）	（ － 2. 90）	（ － 2. 67）
Nature	0. 0539	0. 0886	0. 0699	0. 0757	0. 0389
	（0. 73）	（1. 21）	（0. 79）	（1. 04）	（0. 53）
Age	－ 0. 0308***	－ 0. 0308***	－ 0. 0348***	－ 0. 0297***	－ 0. 0297***
	（ － 3. 74）	（ － 3. 74）	（ － 3. 57）	（ － 3. 61）	（ － 3. 62）
Grow	－ 0. 0026	－ 0. 0015	－ 0. 0109	－ 0. 0029	－ 0. 0027
	（ － 0. 46）	（ － 0. 27）	（ － 1. 38）	（ － 0. 52）	（ － 0. 48）
Lev	－ 0. 0404*	－ 0. 0378*	－ 0. 1352***	－ 0. 0450**	－ 0. 0444**
	（ － 1. 81）	（ － 1. 68）	（ － 2. 75）	（ － 2. 01）	（ － 1. 99）

续表

变量	模型（1）	模型（2）	模型（3）	模型（4）	模型（5）
ROA	1.5843**	1.6438**	0.9054	2.3228***	3.2262***
	(2.23)	(2.29)	(1.07)	(3.06)	(3.97)
Own	−0.1096	−0.194	−0.3277	−0.1607	−0.2269
	(−0.42)	(−0.75)	(−1.07)	(−0.62)	(−0.88)
Board	0.0333	0.0305	0.0394	0.029	0.0323
	(1.55)	(1.42)	(1.54)	(1.35)	(1.51)
INDR	0.1095	0.1788	0.6325	0.1253	0.1488
	(0.16)	(0.26)	(0.79)	(0.18)	(0.22)
Salary	−7.9646	−28.5663**	−12.4868	−7.8097	−0.4128
	(−0.66)	(−2.31)	(−0.83)	(−0.65)	(−0.03)
Lead	−0.0338	−0.0442	0.0784	−0.0397	−0.0105
	(−0.42)	(−0.55)	(0.83)	(−0.49)	(−0.13)
D^I	控制	控制	控制	控制	控制
D^Y	控制	控制	控制	控制	控制
Adj R^2	0.2361	0.2301	0.2395	0.2337	0.238
F test	31.59***	30.8***	23.83***	31.4***	32.14***
DW test	1.941	1.955	1.96	1.925	1.951
N	1933	1933	1933	1933	1933

注：***、**和*分别表示1%、5%和10%的显著水平；括号内为t值。

资料来源：Stata12.0软件统计而成。

表5-9报告了福建省样本的社会责任投资分维度与创新绩效的回归结果。同样，模型（1）~模型（5）的解释变量分别是企业对投资者（SRII）、员工（SRIE）、社区（SRIS）、政府（SRIG）和客户（SRIC）的社会责任投资。从中可看出，只有模型（2）中企业对员工的社会责任投资（SRIE）的系数为正且显著，可能源于福建省高新技术样本公司在员工专业知识和技能培训方面的投入较多，员工的技术创新能力得到了充分的体现，使之在专利产出方面成绩更突出。而其他维度的社会责任投资对创新绩效的影响均不显著；并且福建省样本公司对员工的社会责任投资在企业社会责任投资强度中所占比例不高，因此，出现了企业社会责任投资总体上对创新绩效影响不显著的结果。

表 5 - 9   高新技术企业各维度社会责任投资与创新绩效的回归结果（福建省样本）

变量	模型（1）	模型（2）	模型（3）	模型（4）	模型（5）
常数项	- 13. 7805 ***	- 15. 1394 ***	- 6. 3126	- 13. 4597 ***	- 11. 6817 ***
	（ - 3. 17）	（ - 3. 55）	（ - 1. 17）	（ - 3. 11）	（ - 2. 61）
SRII	0. 9458	—	—	—	—
	（0. 42）	—	—	—	—
SRIE	—	3. 1265 **	—	—	—
	—	（2. 19）	—	—	—
SRIS	—	—	- 90. 2681	—	—
	—	—	（ - 0. 73）	—	—
SRIG	—	—	—	1. 8355	—
	—	—	—	（0. 60）	—
SRIC	—	—	—	—	- 2. 0183
	—	—	—	—	（ - 1. 55）
RDC	4. 1759	3. 5205	5. 6304	3. 9524	3. 9393
	（0. 81）	（0. 75）	（0. 86）	（0. 82）	（0. 83）
GS	- 8. 5449	- 7. 1182	- 22. 6302 *	- 8. 2521	- 7. 2308
	（ - 0. 74）	（ - 0. 63）	（ - 1. 69）	（ - 0. 72）	（ - 0. 64）
RDP	- 0. 4300	- 0. 9520 *	0. 5733	- 0. 5169	- 0. 8647
	（ - 0. 88）	（ - 1. 81）	（0. 85）	（ - 1. 04）	（ - 1. 58）
SIZE	0. 6132 ***	0. 6699 ***	0. 2326	0. 5981 ***	0. 5870 ***
	（3. 37）	（3. 78）	（0. 97）	（3. 28）	（3. 29）
CF	1. 6055	1. 0842	0. 6497	1. 7741	1. 2342
	（0. 97）	（0. 69）	（0. 35）	（1. 13）	（0. 77）
Nature	- 0. 6040 *	- 0. 8238 **	- 0. 3286	- 0. 5970 *	- 0. 7938 **
	（ - 1. 80）	（ - 2. 47）	（ - 0. 85）	（ - 1. 85）	（ - 2. 28）
Age	0. 0626 **	0. 0526 **	0. 0699 **	0. 0628 **	0. 0621 **
	（2. 49）	（2. 18）	（2. 32）	（2. 55）	（2. 58）
Grow	0. 0520 *	0. 0476	0. 0144	0. 0525 *	0. 0560 *
	（1. 70）	（1. 63）	（0. 25）	（1. 74）	（1. 88）
Lev	0. 2888	0. 3408 *	0. 7052 **	0. 2932	0. 3719 *
	（1. 36）	（1. 68）	（2. 60）	（1. 42）	（1. 75）
ROA	- 0. 7852	0. 8681	1. 5922	- 1. 2818	- 3. 4628
	（ - 0. 35）	（0. 40）	（0. 55）	（ - 0. 54）	（ - 1. 25）
Own	1. 2016	1. 5770	2. 2595	1. 3121	1. 9484 *
	（1. 19）	（1. 59）	（1. 50）	（1. 27）	（1. 75）
Board	0. 0816	0. 0791	0. 0809	0. 0831	0. 0985
	（0. 84）	（0. 83）	（0. 77）	（0. 86）	（1. 02）
INDR	1. 6524	1. 6456	0. 9531	1. 3704	1. 3734
	（0. 71）	（0. 73）	（0. 38）	（0. 59）	（0. 60）
Salary	91. 6559 ***	66. 1944 **	97. 4261 ***	91. 4371 ***	70. 2430 **
	（3. 18）	（2. 16）	（3. 07）	（3. 20）	（2. 20）
Lead	- 0. 1681	- 0. 1298	- 0. 0150	- 0. 1408	- 0. 1732
	（ - 0. 86）	（ - 0. 68）	（ - 0. 06）	（ - 0. 71）	（ - 0. 90）

续表

变量	模型（1）	模型（2）	模型（3）	模型（4）	模型（5）
D^I	控制	控制	控制	控制	控制
D^Y	控制	控制	控制	控制	控制
Adj R^2	0.1705	0.2001	0.1744	0.1723	0.1855
F test	2.82***	3.24***	2.48***	2.86***	3.03***
DW test	1.931	1.881	1.874	1.910	1.896
N	187	187	187	187	187

注：***、**和*分别表示1%、5%和10%的显著水平；括号内为t值。

资料来源：Stata12.0软件统计而成。

5.5.4 稳健性检验

为了验证以上实证结果的可靠性，本章进行以下两个方面的检验：

1. 替换企业社会责任投资的表征指标

上面度量企业社会责任投资强度是以营业收入为基准计算，现同样将营业收入换成期末总资产，重新计算企业社会责任投资强度（SRI2），并对前文的研究假说重新进回归检验，回归结果如表5-10、表5-11和表5-12、表5-13所示。

从表5-10可知，全国样本中当期与滞后一期的SRI2的系数均为正且显著，进一步验证了上文的假说5-1。从表5-11可知，福建样本中SRI2的系数为正但不显著，与上面一致，说明上面回归结果的稳健性。

表5-10　　　　替换企业社会责任投资表征指标的稳健性检验结果（全国样本）

变量	模型（1）		模型（2）（滞后一期）	
	系数	t值	系数	t值
常数项	-10.3942***	-12.41	-10.2520***	-12.31
SRI2	0.1765**	2.40	0.1433*	1.91
RDC	5.7699***	3.30	5.9916***	3.43
GS	12.1543***	3.89	12.1307***	3.88
RDP	0.1433	0.75	0.1344	0.71
SIZE	0.5879***	15.38	0.5822***	15.3

续表

变量	模型（1）		模型（2）（滞后一期）	
	系数	t 值	系数	t 值
CF	− 1. 7176 ***	− 3. 00	− 1. 7041 ***	− 2. 98
Nature	0. 0772	1. 06	0. 0786	1. 07
Age	− 0. 0296 ***	− 3. 59	− 0. 0298 ***	− 3. 62
Grow	− 0. 0014	− 0. 25	− 0. 0014	− 0. 24
Lev	− 0. 0477 **	− 2. 12	− 0. 0461 **	− 2. 05
ROA	1. 4493 **	2. 05	1. 4534 **	2. 06
Own	− 0. 2209	− 0. 85	− 0. 2083	− 0. 80
Board	0. 0297	1. 38	0. 0301	1. 40
INDR	0. 1336	0. 20	0. 1331	0. 20
Salary	− 11. 506	− 0. 97	− 13. 6178	− 1. 15
Lead	− 0. 023	− 0. 28	− 0. 0286	− 0. 35
D^I	控制		控制	
D^Y	控制		控制	
Adj R^2	0. 2316		0. 2305	
F test	31. 04 ***		30. 87 ***	
DW test	1. 939		1. 937	
N	1933		1596	

注： *** 、 ** 和 * 分别表示1% 、5% 和10% 的显著水平。

资料来源：Stata12. 0 软件统计而成。

表 5 - 11　　替换企业社会责任投资表征指标的稳健性检验结果（福建省样本）

变量	模型（1）		模型（2）（滞后一期）	
	系数	t 值	系数	t 值
常数项	− 13. 838 ***	− 3. 12	− 14. 0091 ***	− 3. 26
SRI2	0. 023	0. 05	0. 2898	0. 75
RDC	3. 241	0. 52	1. 1343	0. 20
GS	− 8. 048	− 0. 69	− 6. 777	− 0. 59
RDP	− 0. 432	− 0. 85	− 0. 2969	− 0. 58
SIZE	0. 621 ***	3. 30	0. 6363 ***	3. 53
CF	1. 834	1. 17	1. 9178	1. 23
Nature	− 0. 554	− 1. 64	− 0. 4763	− 1. 42

续表

变量	模型（1）		模型（2）（滞后一期）	
	系数	t 值	系数	t 值
Age	0.061 **	2.42	0.0608 **	2.50
Grow	0.049	1.64	0.0507 *	1.70
Lev	0.268	1.16	0.2028	0.90
ROA	−0.597	−0.27	−0.5533	−0.26
Own	1.091	0.89	0.6433	0.55
Board	0.082	0.83	0.0687	0.70
INDR	1.572	0.68	1.4947	0.65
Salary	94.004 ***	2.96	96.7368 ***	3.36
Lead	−0.159	−0.79	−0.1474	−0.75
D^I	控制		控制	
D^Y	控制		控制	
Adj R^2	0.1700		0.1736	
F test	2.83 ***		2.88 ***	
DW test	1.925		1.956	
N	187		166	

注：*** 、** 和 * 分别表示 1%、5% 和 10% 的显著水平。

资料来源：Stata12.0 软件统计而成。

表 5 - 12 报告了全国样本企业分维度社会责任投资与创新绩效的稳健性检验结果。从中可以看出，对投资者、社区、政府的社会责任投资（SRII、SRIS、SRIG）的系数均为负且显著，而对员工、消费者的社会责任投资（SRIE、SRIC）对创新绩效均为显著正向影响。结果与上文一致，说明上文回归结果的稳健性。

表 5 - 13 报告了福建省样本公司分维度社会责任投资与创新绩效的稳健性检验结果。从中可以看出，对员工的社会责任投资（SRIE）对创新绩效具有显著的正向影响，其余分维度指标均不显著。结果与上文一致，说明上文回归结果的稳健性。

表 5-12　　替换社会责任投资分维度表征指标的稳健性检验结果（全国样本）

变量	模型（1）	模型（2）	模型（3）	模型（4）	模型（5）
常数项	-9.8969***	-10.9182***	-11.7095***	-9.9916***	-10.2983***
	(-12.02)	(-12.91)	(-11.31)	(-12.14)	(-12.35)
SRII	-3.0165**	—	—	—	—
	(-2.08)	—	—	—	—
SRIE	—	3.7832***	—	—	—
	—	(4.21)	—	—	—
SRIS	—	—	-99.2737**	—	—
	—	—	(-2.07)	—	—
SRIG	—	—	—	-0.5202*	—
	—	—	—	(-1.79)	—
SRIC	—	—	—	—	0.1578**
	—	—	—	—	(2.12)
RDC	6.4257***	3.8761**	6.7531***	6.5830***	5.9956***
	(3.73)	(2.12)	(3.16)	(3.82)	(3.45)
GS	12.0992***	11.7450***	8.1799*	12.1152***	12.1753***
	(3.82)	(3.77)	(1.86)	(3.87)	(3.90)
RDP	0.0412	-0.0143	0.1428	0.1047	0.1374
	(0.21)	(-0.08)	(0.58)	(0.55)	(0.72)
SIZE	0.5736***	0.6110***	0.6509***	0.5741***	0.5848***
	(15.10)	(15.80)	(13.29)	(15.16)	(15.33)
CF	-1.5572***	-1.9340***	-0.9908	-1.6809***	-1.6844***
	(-2.65)	(-3.38)	(-1.41)	(-2.92)	(-2.95)
Nature	0.0736	0.0757	0.0841	0.0874	0.0780
	(1.00)	(1.04)	(0.95)	(1.20)	(1.07)
Age	-0.0306***	-0.0318***	-0.0347***	-0.0303***	-0.0296***
	(-3.71)	(-3.87)	(-3.56)	(-3.67)	(-3.59)
Grow	-0.0023	-0.0008	-0.0111	-0.0013	-0.0016
	(-0.40)	(-0.14)	(-1.40)	(-0.23)	(-0.27)
Lev	-0.0384*	-0.0403*	-0.1326***	-0.0421*	-0.0469**
	(-1.70)	(-1.81)	(-2.69)	(-1.88)	(-2.08)

续表

变量	模型（1）	模型（2）	模型（3）	模型（4）	模型（5）
ROA	1.6862**	1.4470**	0.9192	1.2986	1.5003**
	(2.30)	(2.06)	(1.07)	(1.64)	(2.12)
Own	-0.1247	-0.2891	-0.3214	-0.1782	-0.2066
	(-0.48)	(-1.12)	(-1.05)	(-0.69)	(-0.80)
Board	0.0335	0.0272	0.0383	0.0310	0.0300
	(1.55)	(1.27)	(1.50)	(1.44)	(1.40)
INDR	0.0707	0.2744	0.6092	0.1295	0.1203
	(0.10)	(0.40)	(0.76)	(0.19)	(0.18)
Salary	-21.7226*	-17.8674	-18.3042	-20.1454*	-12.5682
	(-1.88)	(-1.58)	(-1.24)	(-1.78)	(-1.06)
Lead	-0.0492	-0.0141	0.0734	-0.0366	-0.0264
	(-0.61)	(-0.17)	(0.78)	(-0.45)	(-0.33)
D^I	控制	控制	控制	控制	控制
D^Y	控制	控制	控制	控制	控制
Adj R^2	0.2303	0.2373	0.2367	0.2288	0.231
F test	30.64***	32.02***	23.48***	30.58***	30.94***
DW test	1.944	1.921	1.992	1.936	1.938
N	1933	1933	1933	1933	1933

注：***、**和*分别表示1%、5%和10%的显著水平；括号内为t值。

资料来源：Stata12.0软件统计而成。

表5-13　　替换社会责任投资分维度指标稳健性检验回归结果（福建省样本）

变量	模型（1）	模型（2）	模型（3）	模型（4）	模型（5）
常数项	-13.7175***	-15.1468***	-6.2383	-13.8136***	-13.5659***
	(-3.16)	(-3.47)	(-1.14)	(-3.19)	(-3.09)
SRII	-3.9019	—	—	—	—
	(-0.67)	—	—	—	—
SRIE	—	3.1566*	—	—	—
	—	(1.81)	—	—	—
SRIS	—	—	-138.9479	—	—
	—	—	(-0.61)	—	—

续表

变量	模型（1）	模型（2）	模型（3）	模型（4）	模型（5）
SRIG	—	—	—	0.2595	—
	—	—	—	(0.05)	—
SRIC	—	—	—	—	-0.1309
	—	—	—	—	(-0.24)
RDC	2.8698	1.2329	6.1724	3.3527	4.3779
	(0.59)	(0.25)	(0.96)	(0.68)	(0.70)
GS	-7.1135	-9.8189	-23.3842*	-8.1891	-9.0101
	(-0.62)	(-0.86)	(-1.76)	(-0.72)	(-0.75)
RDP	-0.4698	-0.5455	0.5683	-0.4407	-0.4906
	(-0.96)	(-1.13)	(0.84)	(-0.92)	(-0.94)
SIZE	0.6170***	0.6837***	0.2283	0.6198***	0.6066***
	(3.42)	(3.73)	(0.94)	(3.44)	(3.26)
CF	2.2435	1.3144	0.6824	1.8267	1.8028
	(1.33)	(0.82)	(0.36)	(1.16)	(1.15)
Nature	-0.5207	-0.5668*	-0.3436	-0.5607*	-0.5916*
	(-1.61)	(-1.80)	(-0.89)	(-1.76)	(-1.71)
Age	0.0574**	0.0560**	0.0688**	0.0606**	0.0589**
	(2.31)	(2.30)	(2.29)	(2.48)	(2.33)
Grow	0.0470	0.0482	0.0156	0.0495*	0.0508*
	(1.54)	(1.63)	(0.27)	(1.66)	(1.68)
Lev	0.2681	0.2473	0.7103**	0.2708	0.2998
	(1.30)	(1.21)	(2.61)	(1.30)	(1.28)
ROA	-0.3384	-0.3198	1.4084	-0.6807	-0.8062
	(-0.15)	(-0.15)	(0.49)	(-0.29)	(-0.36)
Own	1.1678	1.0868	2.3121	1.1305	1.3177
	(1.17)	(1.11)	(1.53)	(1.14)	(1.03)
Board	0.0927	0.0699	0.0827	0.0831	0.0884
	(0.95)	(0.72)	(0.79)	(0.86)	(0.89)
INDR	1.6123	1.6655	0.9891	1.5748	1.6595
	(0.70)	(0.73)	(0.40)	(0.68)	(0.71)
Salary	91.2576***	94.8974***	94.3865***	93.7169***	89.9559***
	(3.18)	(3.36)	(2.98)	(3.20)	(2.82)

续表

变量	模型（1）	模型（2）	模型（3）	模型（4）	模型（5）
Lead	− 0. 1522	− 0. 1398	− 0. 0234	− 0. 1599	− 0. 1721
	（− 0. 78）	（− 0. 72）	（− 0. 10）	（− 0. 82）	（− 0. 86）
D^I	控制	控制	控制	控制	控制
D^Y	控制	控制	控制	控制	控制
Adj R^2	0. 1723	0. 183	0. 1731	0. 1700	0. 1703
F test	2. 85 ***	3 ***	2. 46 ***	2. 83 ***	2. 83 ***
DW test	1. 894	1. 890	1. 878	1. 922	1. 913
N	187	187	187	187	187

注：*** 、** 和 * 分别表示 1%、5% 和 10% 的显著水平；括号内为 t 值。

资料来源：Stata12. 0 软件统计而成。

2. 替换企业创新绩效的表征指标

上面以企业当年专利申请通过数衡量企业创新绩效，而企业的专利数包括发明专利数、实用新型专利数和外观设计专利数等三项内容，其中，前两者的技术含金量更高。因此，将采用发明与实用新型数作为企业创新绩效的替代指标，并对上文的研究假说重新进行回归检验，回归结果如表 5 – 14、表 5 – 15和表 5 – 16 和表 5 – 17 所示。

表 5 –14　　　　替换创新绩效表征指标的稳健性检验结果（全国样本）

变量	模型（1）		模型（2）（滞后一期）	
	系数	t 值	系数	t 值
常数项	− 11. 5499 ***	− 13. 57	− 11. 3577 ***	− 13. 24
SRI	1. 1618 ***	3. 72	0. 8815 ***	2. 82
RDC	7. 5063 ***	4. 41	7. 2462 ***	4. 26
GS	10. 4933 ***	3. 39	10. 9797 ***	3. 55
RDP	0. 1928	1. 03	0. 2015	1. 07
SIZE	0. 5856 ***	15. 68	0. 5907 ***	15. 81
CF	− 1. 8725 ***	− 3. 29	− 1. 9009 ***	− 3. 33
Nature	0. 0903	1. 25	0. 0936	1. 29
Age	− 0. 0365 ***	− 4. 44	− 0. 0374 ***	− 4. 54
Grow	− 0. 0013	− 0. 23	− 0. 0032	− 0. 54

续表

变量	模型（1）		模型（2）（滞后一期）	
	系数	t 值	系数	t 值
Lev	− 0. 0416*	− 1. 88	− 0. 0453**	− 2. 05
ROA	2. 6371***	3. 25	2. 0862***	2. 67
Own	− 0. 1786	− 0. 7	− 0. 124	− 0. 48
Board	0. 0489**	2. 31	0. 0496**	2. 33
INDR	− 0. 0935	− 0. 14	− 0. 111	− 0. 16
Salary	− 0. 0259	− 0. 32	− 11. 7359	− 1. 05
Lead	− 13. 6123	− 1. 22	− 0. 027	− 0. 34
D^I	控制		控制	
D^Y	控制		控制	
Adj R^2	0. 2511		0. 2484	
F test	34. 16***		33. 67***	
DW test	1. 944		1. 943	
N	1933		1596	

注：***、**和*分别表示1%、5%和10%的显著水平。

资料来源：Stata12.0软件统计而成。

表 5－15　　替换创新绩效表征指标的稳健性检验结果（福建省样本）

变量	模型（1）		模型（2）（滞后一期）	
	系数	t 值	系数	t 值
常数项	− 16. 113***	− 3. 62	− 17. 1610***	− 3. 87
SRI	0. 451	0. 46	1. 2467	1. 51
RDC	2. 552	0. 53	2. 3208	0. 49
GS	− 10. 908	− 0. 95	− 10. 0712	− 0. 89
RDP	0. 024	0. 05	0. 0966	0. 20
SIZE	0. 761***	4. 25	0. 7765***	4. 35
CF	1. 922	1. 22	1. 5483	0. 97
Nature	− 0. 550*	− 1. 72	− 0. 5893*	− 1. 85
Age	0. 049**	2. 02	0. 0441*	1. 79
Grow	0. 034	1. 14	0. 0278	0. 93
Lev	0. 128	0. 62	0. 0993	0. 49
ROA	0. 641	0. 25	1. 5425	0. 64

续表

变量	模型（1）		模型（2）（滞后一期）	
	系数	t 值	系数	t 值
Own	1.205	1.21	1.2051	1.23
Board	0.05	0.52	0.0491	0.51
INDR	−1.212	−0.53	−1.0638	−0.46
Salary	111.813 ***	3.93	109.1079 ***	3.85
Lead	−0.249	−1.27	−0.2345	−1.2
D^I	控制		控制	
D^Y	控制		控制	
Adj R^2	0.1768		0.1865	
F test	2.91 ***		3.04 ***	
DW test	1.892		1.869	
N	187		166	

注：***、** 和 * 分别表示 1%、5% 和 10% 的显著水平。

资料来源：Stata12.0 软件统计而成。

从表 5-14 可知，全国样本中当期与滞后一期的 SRI 的系数均为正且高度显著。而表 5-15 中，福建样本中 SRI 的系数为正但不显著与上面一致，说明上面回归结果的稳健性。

从表 5-16 可知，全国样本中企业对员工、消费者的社会责任投资（SRIE、SRIC）的系数显著为正，而对投资者、社区、政府的社会责任投资（SRII、SRIS、SRIG）的系数均显著为负。而表 5-17 福建省样本中，只有企业对员工的社会责任投资（SRIE）的系数显著为正。可见，检验结果与上面一致，进一步说明上面回归结果是稳健可靠的。

表 5-16 企业社会责任投资分维度与创新绩效替换指标的回归结果（全国样本）

变量	模型（1）	模型（2）	模型（3）	模型（4）	模型（5）
常数项	−10.8621 ***	−10.6314 ***	−12.5244 ***	−10.7356 ***	−11.8056 ***
	（−13.29）	（−13.11）	（−12.36）	（−13.27）	（−13.93）
SRII	−3.0874 ***	—	—	—	—
	（−3.49）	—	—	—	—

变量	模型（1）	模型（2）	模型（3）	模型（4）	模型（5）
SRIE	—	0.9238 *	—	—	—
	—	(1.80)	—	—	—
SRIS	—	—	-106.1450 **	—	—
	—	—	(-2.51)	—	—
SRIG	—	—	—	-2.9522 ***	—
	—	—	—	(-3.57)	—
SRIC	—	—	—	—	1.3317 ***
	—	—	—	—	(4.74)
RDC	5.4449 ***	6.3090 ***	6.0903 ***	6.1951 ***	7.4461 ***
	(3.13)	(3.68)	(2.89)	(3.65)	(4.40)
GS	11.3539 ***	11.3946 ***	7.9870 *	11.6039 ***	10.5254 ***
	(3.64)	(3.69)	(1.85)	(3.77)	(3.42)
RDP	0.1828	0.1526	0.3174	0.1793	0.2680
	(0.97)	(0.79)	(1.32)	(0.95)	(1.44)
SIZE	0.6135 ***	0.5947 ***	0.6794 ***	0.6087 ***	0.5987 ***
	(16.18)	(15.9)	(14.15)	(16.23)	(16.1)
CF	-1.7668 ***	-1.9135 ***	-1.1312	-1.8376 ***	-1.7189 ***
	(-3.07)	(-3.35)	(-1.64)	(-3.23)	(-3.03)
Nature	0.0855	0.1187	0.0582	0.1052	0.0653
	(1.17)	(1.64)	(0.67)	(1.46)	(0.90)
Age	-0.0365 ***	-0.0367 ***	-0.0413 ***	-0.0354 ***	-0.0354 ***
	(-4.43)	(-4.45)	(-4.26)	(-4.31)	(-4.33)
Grow	-0.0026	-0.0014	-0.0100	-0.0029	-0.0026
	(-0.44)	(-0.24)	(-1.29)	(-0.49)	(-0.45)
Lev	-0.0442 **	-0.0413 *	-0.1327 ***	-0.0489 **	-0.0482 **
	(-2.00)	(-1.85)	(-2.76)	(-2.21)	(-2.19)
ROA	1.2462 *	1.3385 *	0.2949	2.0912 ***	3.0297 ***
	(1.76)	(1.88)	(0.35)	(2.78)	(3.75)
Own	-0.0137	-0.0929	-0.1435	-0.0614	-0.1361
	(-0.05)	(-0.36)	(-0.48)	(-0.24)	(-0.53)
Board	0.0507 **	0.0477 **	0.0558 **	0.0460 **	0.0495 **
	(2.38)	(2.24)	(2.22)	(2.17)	(2.34)

续表

变量	模型（1）	模型（2）	模型（3）	模型（4）	模型（5）
INDR	-0.1939	-0.1375	0.4909	-0.1816	-0.1555
	(-0.29)	(-0.20)	(0.62)	(-0.27)	(-0.23)
Salary	0.5751	-19.6937	-1.4432	3.0644	10.4864
	(0.05)	(-1.61)	(-0.10)	(0.26)	(0.87)
Lead	-0.0343	-0.0462	0.0828	-0.0398	-0.0092
	(-0.43)	(-0.58)	(0.89)	(-0.50)	(-0.11)
D^I	控制	控制	控制	控制	控制
D^Y	控制	控制	控制	控制	控制
Adj R^2	0.2514	0.2461	0.2584	0.2506	0.2553
F test	33.98***	33.28***	26.09***	34.07***	34.89***
DW test	1.956	1.948	1.998	1.922	1.931
N	1933	1933	1933	1933	1933

注：***、** 和 * 分别表示 1%、5% 和 10% 的显著水平；括号内为 t 值。

资料来源：Stata12.0 软件统计而成。

表 5-17　企业社会责任投资分维度与创新绩效替换指标的回归结果（福建省样本）

变量	模型（1）	模型（2）	模型（3）	模型（4）	模型（5）
常数项	-15.6347***	-16.7300***	-6.1811	-14.7837***	-13.3826***
	(-3.60)	(-3.90)	(-1.15)	(-3.44)	(-3.00)
SRII	0.1163	—	—	—	—
	(0.05)	—	—	—	—
SRIE	—	2.6462*	—	—	—
	—	(1.80)	—	—	—
SRIS	—	—	-152.5833	—	—
	—	—	(-1.26)	—	—
SRIG	—	—	—	4.4887	—
	—	—	—	(1.47)	—
SRIC	—	—	—	—	-2.1105
	—	—	—	—	(-1.62)
RDC	2.2003	2.1364	-1.3286	3.3999	2.6402
	(0.43)	(0.45)	(-0.20)	(0.71)	(0.56)

续表

变量	模型（1）	模型（2）	模型（3）	模型（4）	模型（5）
GS	− 10. 7134	− 9. 4482	− 21. 0652	− 10. 7585	− 9. 5435
	（ − 0. 93）	（ − 0. 83）	（ − 1. 60）	（ − 0. 95）	（ − 0. 84）
RDP	0. 0393	− 0. 4367	1. 6474 **	− 0. 1689	− 0. 4290
	（0. 08）	（ − 0. 80）	（2. 34）	（ − 0. 34）	（ − 0. 77）
SIZE	0. 7582 ***	0. 7986 ***	0. 3215	0. 7061 ***	0. 7230 ***
	（4. 17）	（4. 48）	（1. 35）	（3. 90）	（4. 05）
CF	1. 9775	1. 4132	0. 1379	1. 8744	1. 3994
	（1. 19）	（0. 89）	（0. 07）	（1. 20）	（0. 88）
Nature	− 0. 5398	− 0. 7646 **	− 0. 0712	− 0. 6288 *	− 0. 7821 **
	（ − 1. 61）	（ − 2. 26）	（ − 0. 18）	（ − 1. 96）	（ − 2. 24）
Age	0. 0494 *	0. 0415 *	0. 0743 **	0. 0546 **	0. 0505 **
	（1. 95）	（1. 69）	（2. 46）	（2. 23）	（2. 08）
Grow	0. 0348	0. 0327	− 0. 0050	0. 0414	0. 0409
	（1. 14）	（1. 11）	（ − 0. 09）	（1. 38）	（1. 37）
Lev	0. 1229	0. 1873	0. 4084	0. 1752	0. 2299
	（0. 58）	（0. 91）	（1. 53）	（0. 85）	（1. 08）
ROA	− 0. 1472	1. 2619	3. 8838	− 1. 6424	− 2. 9971
	（ − 0. 07）	（0. 57）	（1. 37）	（ − 0. 7）	（ − 1. 08）
Own	1. 2794	1. 6632 *	0. 8154	1. 7208 *	2. 1269 *
	（1. 26）	（1. 66）	（0. 54）	（1. 67）	（1. 91）
Board	0. 0559	0. 0540	0. 0306	0. 0557	0. 0723
	（0. 57）	（0. 56）	（0. 30）	（0. 58）	（0. 75）
INDR	− 1. 2102	− 1. 1094	− 3. 0135	− 1. 7385	− 1. 4253
	（ − 0. 52）	（ − 0. 49）	（ − 1. 22）	（ − 0. 75）	（ − 0. 62）
Salary	111. 4938 ***	88. 7729 ***	110. 4654 ***	107. 0893 ***	87. 6051 ***
	（3. 87）	（2. 88）	（3. 53）	（3. 77）	（2. 75）
Lead	− 0. 2571	− 0. 2360	− 0. 0573	− 0. 2092	− 0. 2719
	（ − 1. 31）	（ − 1. 22）	（ − 0. 24）	（ − 1. 07）	（ − 1. 40）
D^I	控制	控制	控制	控制	控制
D^Y	控制	控制	控制	控制	控制
Adj R^2	0. 1747	0. 1961	0. 2376	0. 1893	0. 1922
F test	2. 87 ***	3. 17 ***	3. 16 ***	3. 07 ***	3. 11 ***

续表

变量	模型（1）	模型（2）	模型（3）	模型（4）	模型（5）
DW test	1.880	1.840	1.848	1.862	1.875
N	187	187	187	187	187

注：***、** 和 * 分别表示1%、5%和10%的显著水平；括号内为 t 值。

资料来源：Stata12.0 软件统计而成。

5.6 本章小结

基于理论分析，本章提出了总的研究假说：高新技术企业实施社会责任投资将促进企业创新绩效的提高。从利益相关者视角提出了四个分假说：即企业对投资者、员工、客户和政府、社区的社会责任投资对创新绩效具有正向影响。在此基础上，以 2010~2015 年我国高新技术上市公司为样本观测值，考察了高新技术企业社会责任投资与创新绩效之间的关系。

研究结果显示，一是高新技术企业社会责任投资显著影响企业的创新绩效，即企业创新绩效随着社会责任投资的增强而提升；但是，福建省高新技术企业社会责任投资对创新绩效的正向影响不显著。二是高新技术企业对各利益相关者分维度的社会责任投资的创新绩效表现不一。在全国样本中，企业对员工和客户的社会责任投资有利于创新绩效的显著提升，而企业对投资者、社区和政府的社会责任投资对创新绩效具有显著的负面影响。在福建省样本中，只有企业对员工的社会责任投资提高了企业的创新绩效。这表明企业对各相关利益者的社会责任投资对创新绩效的影响具有异质性。

高新技术企业社会责任投资与
财务价值的实证研究

上一章考察了高新技术企业社会责任投资与创新绩效之间的关系，研究结果表明高新技术企业进行社会责任投资有利于提升企业的创新绩效。本章将从产权视角研究高新技术企业社会责任投资对财务价值的影响。从第 2 章的文献综述可知，目前学者较多对企业社会责任投资与财务价值之间关系进行研究，但研究结论存在分歧并且尚未对高新技术企业进行研究。因此，本章基于利益相关者理论，阐述了高新技术企业社会责任投资对财务价值的作用机理，进而提出本章的研究假说，并进行实证检验分析，以考察不同产权视角下高新技术企业社会责任投资对财务价值的影响。

6.1 高新技术企业社会责任投资对财务价值的影响机理

凯尔曼（Kelman，1958）提出了社会影响理论，即社会影响是指个体在他人或者群体影响下，思想、情感和行为的发生与变化。社会影响理论是由顺从、认同和内化三个因素构成，即是三种转变个体态度的机制。文卡特斯和戴维斯（Venkatesh and Davis，2000）认为，顺从产生于控制性社会影响因素，认同和内化产生于自愿性社会影响因素。在控制性社会影响因素的作用下，个体迫于外界压力会愿意从事某种行为。而认同和内化会直接转变个体的行为态度，积极影响于个体的行为意愿。例如，金辉等（2013）研究发现，组织激励通过顺从机制的中介效应间接影响组织成员的知识共享意愿，而组织文化通过认同、内化机制的中介效应间接影响组织成员的知识共享态度和意愿。罗裕梅等（2019）研究表明，社会影响理论中的顺从和认同机制积极影响企业信息系统的创新性使用行为，而企业信息系统的创新性使用行为对创新绩效产生积极的影响。同样，企业最初可能会迫于政策法规、公众诉求和媒体监督等外界压力而顺从承担相应的社会责任，但随着企业的发展及履行社会责任带来的益处，逐渐认同、并将社会责任的承担内化成企业自愿的态度与行为，从而赢得竞争优势，有利于提升企业价值。

企业进行社会责任投资虽然需要付出一定的成本，但是可以为企业带来较大的收益。例如，莫斯凯维兹（Moskowitz，1972）、汉森（Hansen，1985）等研究认为，如果企业对员工履行相应的社会责任，注重员工价值的管理，改善企业与员工间的关系，优化工作环境，保障员工的身心健康与安全，虽然需要投入一定的成本，但可以提升员工的士气和创造力，提高工作效率，并吸引高素质的员工加入，为企业核心竞争力的形成奠定基础。另外，企业履行社会责任虽然增加企业的相关成本，但也有助于企业降低其他方面的成本，况且该类成本的降低能抵消企业履行社会责任所增加的成本。根据利益相关者理论，各利益相关者一旦向企业注入专用性投资（包括资金和非资金投资）以支持企业的生存与发展，从此，利益相关者与企业的命运息息相关，他们将共担风险、共享利益。例如，企业与供应商一旦形成良好的合作伙伴关系，如果企业暂时遭遇资金周转困难，供应商将会提供一定的资金支持，以缓解企业的资金压力，从而也降低企业的融资成本。又如，企业积极对政府履行相应的社会责任，与政府保持良好的关系，不仅能够及时获知相关政策以提早安排经营活动或者调整经营战略，以赢得机会、避免损失，还能够较容易争取到优惠政策，有利于提升企业价值，促进其可持续发展。

高新技术企业的技术创新能力直接决定了企业核心竞争力的高低，其高知识性、高投入性、高风险性更加依赖于各利益相关者的支持。例如，对员工综合素质的要求更高，更需要员工尽心尽力进行研发创新，从而保持企业的竞争优势。因此，高新技术企业积极对各利益相关者进行相应的社会责任投资，虽然增加企业社会责任成本，但是可以带来其他成本的降低、声誉的积累或品牌的升值等，从而为提升高新技术企业价值奠定基础。

6.2 研究假说的提出

6.2.1 高新技术企业社会责任投资与财务价值

在动态复杂的经济社会环境中，高新技术企业要想保持竞争优势就必须不断创新。刘娜（2013）认为，企业履行社会责任有助于高新技术企业寻求新途径，以不断提升创新能力，从而实现持续创新。希尔和琼斯（Hill and Jones，1991）从社会契约理论视角指出，企业是由资源持有者签订的一系列契约组成。企业社会责任投资是一种"双赢机制"（张兆国等，2013），高新技术企业通过社会责任投资有利于获得各资源持有者的资源支持，以保证企业的创新与经营活动。邦尼（Barney，1991）认为，模仿壁垒是高新技术企业赢得先行优势的筹码，企业要保持先行优势就必须保证其独特的资源难以被竞争对手模仿。高新技术企业社会责任投资不仅能够吸引利益相关者与企业建立战略联盟关系，而且能够获得企业独有的社会责任投资资源，积累企业社会责任投资方面的管理经验，不断完善与各利益相关者间的关系，进而提高模仿壁垒，保持先行优势。因此，高新技术企业社会责任投资不仅能够为其提供创新发展的机遇，还能从中获得创新发展所必需的资源，保持先行优势，从而提升高新技术企业的财务价值。综上所述，本章提出以下总假说：

假说6-1：高新技术企业社会责任投资有利于提升企业财务价值。

6.2.2 高新技术企业对相关利益者分维度的社会责任投资与财务价值

由于高投入性的特征，高新技术企业的发展需要更多的资金支持，同时高新技术企业的高风险性对公司治理的要求更高。企业注重给股东稳定回报、按期归还本金与利息，向市场传递良好的信号，增强投资者的信心，吸引更多、更有资本的投资者投入，增加项目投资机会，促进企业提升其财务价值。投资者利益获得保障之际，将有更大的动机去监督管理层，降低代理成本，改善治理结构，从而提高企业的经营效率和财务价值。鉴此，本章提出以下分假说。

假说6-1a：高新技术企业对投资者的社会责任投资有利于提升企业财务价值。

高新技术企业保持持续创新能力有赖于拥有高质素、不断创新的研发队伍。因此，企业在追求利润、满足股东需求之际，应该加强对员工价值的管理，例如，创造安全和谐、积极向上的工作环境和氛围，完善薪酬奖励制度和激励机制，善于为员工提供培训、学习和提升的机会，员工将会发自内心努力工作，从而为提升企业财务价值奠定基础。鉴此，本章提出如下分假说。

假说6-1b：高新技术企业对员工的社会责任投资能够提升企业财务

价值。

高新技术企业的资源依赖性以及对外部环境的广泛联系性，使其更需要与社区保持良好的关系。防止技术资源的污染，注重生态环境的保护，积极参与公益活动、适时进行捐赠等，可以为企业树立良好的公众形象，使之获得更多的正面评价和社会资源，促进企业价值的提升。因此，本章提出如下分假说。

假说 6 - 1c：高新技术企业对社区的社会责任投资能够提升企业财务价值。

政府作为市场政策调节者，是高新技术企业生存发展的外在支柱。高新技术企业作为国家和地区经济发展的主要推动力，其技术密集性、高投入性、高风险性的特征，决定了其发展更需要得到政府更多的政策优惠和资金扶持。高新技术企业按时交纳税费，服务于区域创新和地方经济的发展，与政府建立良好的关系，能及时获知政府的政策信息，节约相关成本，获取更多的经济利益。因此，本章提出如下分假说。

假说 6 - 1d：高新技术企业对政府的社会责任投资能够提升企业财务价值。

企业通过对消费者进行社会责任投资，不断差异化产品与服务，满足消费者日新月异的需求，不仅可以在现有或潜在客户群体中创立较佳的口碑，获取客户的品牌忠诚度，也可以在市场中树立良好的形象，进而获得买方和卖方市场的肯定，获取更长远的发展。另外，与消费者建立良好的合作伙伴关系，有助于避免双方交易中可能出现的误解，节约交易费用，从而提升企业的财务价值。因此，本章提出如下分假说。

假说 6 - 1e：高新技术企业对消费者的社会责任投资能够提升企业财务价值。

高新技术企业的竞争优势主要来源于产品的差异化，产品技术含量高才能有效吸引客户。消费者对产品的品质、性能等要求也较高，这就要求企业具备可靠的供应商。同时，高新技术企业的生产经营有赖于各类技术和产品的支持与升级创新，企业对相关供应商的社会责任投资，能够加强相互之间的合作伙伴关系建设，为提升企业财务价值奠定基础。因此，本章提出如下分假说。

假说 6 - 1f：高新技术企业对供应商的社会责任投资能够提升企业财务价值。

6.2.3　高新技术企业社会责任投资与滞后期的财务价值

企业通过社会责任投资与各利益相关者互动的过程中，信息传递是一个发出信号和接收信号并且反馈的过程，同时该过程还会受一定的"噪音"干扰。例如，存在不完善的市场条件、会计核算制约、企业社会责任报告披露制度不完善等因素，使得各利益相关者难以及时全面掌握企业社会责任投资的相关信息，使得企业社会责任投资对财务价值的促进作用可能具有一定的滞后性。例如，员工是企业核心竞争力的源泉之一，企业对员工的社会责任投资，需要员工真正感受后再努力学习工作过程中反馈，其创造的价值就可能存在滞后性。因此，企业社会责任投资对财务价值的积极影响具有一定的滞后性，企业当期的社会责任投资可能在滞后一期会带来更大的财务价值提升作用。据此，本章提出如下假说。

假说6－2：企业社会责任投资对提升滞后一期的财务价值效应更大。

6.2.4　不同产权性质企业社会责任投资与财务价值

徐传谌和邹俊（2011）认为，国有企业社会责任根植于劳动价值论，而非国有企业社会责任则是基于经济人假设，经济学理论来源的不同导致不同产权性质企业履行社会责任的目的是不同的。张兆国等（2009）认为，企业进行社会责任的动因主要包括道德动因、制度动因和经济动因等。国有企业的社会责任投资主要是道德因素和制度因素的影响，而对于非国有企业，起主要作用的则是经济动因（贺远琼等，2007）。黄速建和余菁（2006）指出，国有企业是政府代表公众利益影响经济活动，因此其社会责任更多地着眼于非经济目标的实现，且其经济目标的实现是为非经济目标的实现服务的。而非国有企业在进行社会责任投资时，追逐经济效益的动机则更加强烈，因此，其会倾向于向有助于提升财务价值的利益相关者维度进行社会责任投资。

相较于非国有企业而言，由于国有企业的所有者缺位问题，履行出资人职责的机构对国有企业经理层履行委托代理责任的监督与管理动机与力度相对不足（何威风，2009）。非国有企业的经理一般是通过市场选拔和聘用，而国有企业的经理则是由各级履行出资人机构或政府任免，经理人员大部分是按"道德人"或"政治人"或党性标准选拔的行政干部，可能并非真正具有企业经营、管理才能的企业家（徐传谌和闫俊伍，2011）。由于经理人员的企业家才能有限，可能导致其做出的社会责任投资流向的科学性不如非国有企业。博利瓦尔等（Bolívar et al.，2015）认为，国有企业高级管理人员更多是被动进行企业社会责任投资，而非国有企业经理则更多是进行战略性的社会责任投资，从而导致企业社会责任投资对财务价值的影响程度不同。此外，由于我国处于转轨的经济发展时期，社会公众对不同产权性质的企业在社会责任投资方面的期望存在差异。相较于非国有企业，社会公众对国有企业的社会责任投资期望更高。同时，企业通过社会责任投资与各利益相关者互动是一个作用与反馈的过程，并且反馈结果受社会公众的预期要求影响。因此，产权性质不同会影响企业社会责任投资与财务价值的关系。据此，提出以下假说。

假说 6-3：不同产权性质企业社会责任投资对财务价值的影响存在差异。

6.3 研究设计

6.3.1 模型构建

为了检验上述假说，本章建立如式（6-1）的 OLS 回归模型。

$$FV_{it} = \alpha_0 + \alpha_1 SRI_{it} + \alpha_2 SRII_{it} + \alpha_3 SRIE_{it} + \alpha_4 SRIS_{it} + \alpha_5 SRIG_{it} + \alpha_6 SRIC_{it} +$$
$$\alpha_7 SRISU_{it} + \sum \lambda Var_{it}^{con} + \delta_{it} \qquad\qquad (6-1)$$

其中，被解释变量 $FV_{i,t}$ 表示 i 公司 t 期的财务价值，解释变量 SRI_{it} 表示 i 公司 t 期的社会责任投资强度，$SRII_{it}$、$SRIE_{it}$、$SRIS_{it}$、$SRIG_{it}$、$SRIC_{it}$、$SRISU_{it}$ 分别表示 i 公司 t 期对投资者、员工、社区、政府、消费者、供应商等分维度的社会责任投资强度。

Var_{it}^{con} 表示控制变量。根据相关研究文献和本章的研究特点，本章选取了公司特征与公司治理两类控制变量。其中，公司特征变量包括研发费用（RD）、公司规模（Size）、自由现金流量（FCF）、公司年限（Age）、成长性（Grow）和财务杠杆（Lev）。公司治理变量包括股权集中度（Own）、监事会规模（JP）、董事会规模（Board）、独立董事比例（INDR）和管理层持股比例（EXE）。同时，还设置了行业哑变量（D^I）与年度哑变量（D^Y），以控制行业和年度差异的影响。α、λ 为各变量的系数，ε_{it} 为随机误差项。

6.3.2　变量界定

1. 企业财务价值（FV）

企业财务价值评价标准主要取决于资源配置和资源利用的效率，在一定程度上可以理解为资金的使用效率。本章选取总资产收益率作为衡量企业财务价值的指标，即总资产收益率＝净利润/平均资产总额。这主要是考虑到本书的企业社会责任投资指标均来源于企业财务报表中的数据，选取总资产收益率反映财务价值能够遵循数据一致性的原则。同时，在企业资产总额一定的情况下，总资产收益率指标反映了同等规模资产创利的差距，可以用来分析企业盈利的稳定性和持续性。另外，总资产收益率由净利润、负债和所有者权益三个指标组成，包含了企业生产效率、销售效率、盈利能力、经营能力、财务杠杆等多方面的财务状况，不仅充分反映企业的财务价值水平，而且也能反映企业的综合管理能力。

2. 企业社会责任投资（SRI）

如前两章所述，参考陈玉清和马丽丽（2005）、高敬忠和周晓苏（2008）的度量方法，本章同样利用企业财务报表中实际支付的金额来衡量企业对投资者、员工、社区、政府、消费者和供应商等相关利益者的社会责任投资强度，在此基础上，加总获得企业社会责任投资综合强度。具体为：①对投资者的社会责任投资（SRII）用股利利息支付率衡量，即分配股利、利润或偿付利息所支付的现金/平均资产总额；②对员工的社会责任投资（SRIE）用员工获利率来度量，即用支付给职工以及为职工支付的现金/平均资产总额；③对社区的社会责任投资（SRIS）用社会成本率衡量，即（营业外支出－营业外收入）/平均资产总额；④对政府的社会责任投资（SRIG）用税收贡献率衡量，即（支付的各项税费－收到的税收返还）/平均资产总额；⑤对消费者的社会责任投资（SRIC）用应收账款率衡量，即（应收账款＋应收票据－预收账款）/平均资产总额。高新技术上市公司较多为制造业，大多数处于行业中上游，其客户通常不是最终消费者，而应收账款能够反映企业对下游公司的投资情况，因此选取应收账款率来度量。⑥对供应商的社会责任投资（SRISU）用供应商获利率衡量，即购买商品或劳务支出的现金流量/平均资产总额。这是由于供应商是企业生产的前端，没有供应商的原材料、设备工具等支持，企业的生产活动将无法开展，因此选取购买商品或劳务支出的现金流量来衡量。

3. 控制变量

结合本章的研究内容和国内外相关研究，本章选取了两类控制变量：公司特征变量和公司治理变量。

（1）公司特征变量

学者的研究表明，研发费用、企业规模、企业年龄、企业性质等组织特征影响企业社会责任行为（高勇强等，2012；寿义和刘正阳，2013）。因此，选取的公司特征变量包括：研发费用、公司规模、自由现金流量、产权性质、公司年限、成长性和财务杠杆等。

①研发费用（RD）。研发是高新技术企业最重要的活动之一，研发投入强度代表企业对研发的重视程度。企业越重视研发活动，则越能技术创新和持续创新，而持续创新是保证高新技术企业核心竞争力的关键。本章选取企业研发费用占营业成本的比例来度量研发费用投入强度。

②公司规模（Size）。企业的财务价值在很大程度上受制于公司规模的制约。一般而言，规模大的公司会拥有更多的资源尤其是社会资源，用于开展公司的生产经营。规模较大的公司也会受到更广泛的社会关注，对企业履行社会责任具有无形的促进与监督作用。本章选取公司期末总资产的自然对数来度量。

③自由现金流量（FCF）。自由现金流量会影响公司的投资策略，社会责任投资作为公司重要的战略投资策略之一，也会受到公司自由现金流量的影响。本章选取公司自由现金流量与年末总资产的比例来度量。

④产权性质（Nature）。由于我国特殊的经济发展环境，社会公众对不同产权性质的公司在社会责任投资方面的期望存在差异。同时，产权性质不同也可能会影响企业社会责任投资与财务价值之间的关系。因此，本章所选取的样本公司若是国有控股的，则取值为1，否则取值为0。

⑤公司年限（Age）。公司年限通常代表公司发展所处的阶段。公司发展所处阶段不同，则其投资策略也会存在差异。因此，公司年限可能影响企业社会责任投资策略，进而影响企业财务价值。本章使用公司注册成立的年数来度量。

⑥成长性（Grow）。成长性反映了公司的发展潜力。对于高新技术企业而言，成长较快的公司通常盈利状况良好、资源充足，有助于企业创新活动的开展，进而影响公司的创值能力。参考温素彬和方苑（2008）的研究，本章选

取利润总额增长率来度量。

⑦财务杠杆（Lev）。资产负债率的高低反映了公司的财务风险程度，对公司的融资成本产生影响，从而影响公司价值。本章使用公司资产负债率来度量。

（2）公司治理变量

包括：股权集中度、监事会规模、董事会规模、独立董事比例和管理层持股比例等。

①股权集中度（Own）。李维安和李汉军（2006）认为，股权结构对企业财务价值产生影响。本章选取第一大股东持股比来衡量。

②监事会规模（JP）。监事会是公司治理的重要组成部分，负有监督董事会与管理层是否适当履行职责的职能。监事会规模则是监事会行使监督权力能力的体现，监事会规模越大，其成员拥有越广泛的代表性（刘婉立和朱红，2013）。本章选取监事会人数来衡量。

③董事会规模（Board）。董事会规模越大，意味着董事会掌握的相关专业信息和资源涉及面更广，更能应付各种经营问题与风险，从而对财务绩效产生影响。本章选取董事会人数来衡量。

④独立董事比例（INDR）。公司社会责任投资的决策涉及各利益相关者的利益诉求，更需要独立于各方的独立董事在公司决策中发挥积极作用。本章采用独立董事人数占董事会总人数的比例来衡量。

⑤管理层持股比例（EXE）。根据代理理论和自利性诱因，给予管理层一定股权能够使高管与公司利益趋于一致，使管理层能够以长远的眼光来经营公司，注重保持公司良好的公众形象。因此，本章选取管理层持股数占公司总股数的比例来衡量。

另外，本章还设置了年度哑变量（D^Y）和行业哑变量（D^I）来控制行业和年度差异。

模型中控制变量的含义和具体计算方法如表 6 - 1 所示。

表6-1   控制变量含义与计算方法

变量名称	变量含义	计算方法
研发费用	RD	研发费用/营业成本
企业规模	Size	公司总资产的自然对数
自由现金流量	FCF	自由现金流量/总资产
公司年龄	Age	公司成立年数
成长性	Grow	利润总额增长率
财务杠杆	Lev	资产负债率
股权集中度	Own	第一大股东持股比例
监事会规模	JP	监事会人数
董事会规模	Board	董事会人数
独立董事比例	INDR	独立董事人数/董事会总人数
管理层持股比例	EXE	管理层持股数/总股数
年度哑变量	D^Y	共6年，设置5个年度哑变量
行业哑变量	D^I	13个行业，设置12个行业哑变量

6.3.3 样本选取与数据来源

与第4，第5章一样，本章选取2010~2015年高新技术上市公司为研究样本，为了保证研究的可行性和数据的可靠性，本章剔除被标记为ST和PT的样本、剔除资产负债率小于0或大于1及数据缺失的样本公司，资产负债率小于0表明数据出现异常，而大于1则说明公司已经资不抵债，此时其财务风险极高，甚至可能面临破产风险。最后，剔除数据缺失的高新技术上市公司。经过以上筛选，本章最终获得2408个有效样本观测值，其中福建省有效样本210个，样本具体情况如表6-2所示。从表6-2中可知，高新技术上市公司占全部主板上市公司总数的比例总体呈现下滑趋势，这可能与高新技术企业高风险性有关，高新技术企业试图通过上市融资的方式比较难；而福建省高新技术上市公司占福建省全部主板上市公司总数的比例远高于全国水平。

表6-2			2010~2015 年样本情况			
年份	全国样本情况			福建省样本情况		
	全国上市公司总数（个）	全国样本数（个）	样本比例（%）	福建省上市公司总数（个）	福建省样本数（个）	样本比例（%）
2010	2021	396	19.59	72	35	48.61
2011	2302	398	17.29	81	35	43.21
2012	2457	402	16.36	87	35	40.23
2013	2459	404	16.42	87	35	40.23
2014	2584	404	15.63	91	35	38.46
2015	2807	404	14.39	98	35	35.71
合计	14630	2408	16.46	516	210	40.70

资料来源：笔者整理而得。

样本公司的财务数据主要来源于同花顺、CSMAR 金融数据库、Wind 数据库及和讯网。为了避免极端值的影响，本章对连续变量在 1% 和 99% 分位数水平上进行了缩尾处理。

6.4 实证结果分析

6.4.1 描述性统计分析

表6-3 列示了全部样本研究变量的描述性统计结果。从表6-3 中可知，公司财务价值（FV）的均值与中位数分别为 6.129% 和 5.323%，比较接近，但从其最大值、最小值及标准差来看，高新技术上市公司的财务价值差异较大。企业社会责任投资的均值为 1.360，接近于中位数，但从其极值来看，各样本公司的社会责任投资存在一定差异。就公司社会责任投资各维度的均值来看，公司对供应商的社会责任投资（SRISU）最高，均值为 0.520，但标准差也最大，说明样本公司对供应商的社会责任投资差异较为悬殊；公司对消费者的社会责任投资（SRIC）居第二，均值为 0.250，从其极值来看，样本公司间 SRIC 差异也较大；公司对政府的社会责任投资（SRIG）位列第三，均值为 0.144，从其极值来看，样本公司间 SRIG 存在一定的差异；公司对员工的社会

责任投资（SRIE）居第四，均值为0.068；公司对投资者、社区的社会责任投资（SRII、SRIS）则较低，均值分别为0.035和0.010，表明样本公司对投资者、社区进行社会责任投资的重视程度还有待加强。

表6-3 　　　　　　　　　　　研究变量描述性统计结果（全国样本）

变量	观测值	均值	中位数	标准差	最大值	最小值
FV	2408	6.129	5.323	6.882	32.769	-14.048
SRI	2408	1.360	1.022	1.210	4.923	0.123
SRII	2408	0.035	0.023	0.061	0.460	0.000
SRIE	2408	0.068	0.058	0.053	0.278	0.005
SRIS	2408	0.010	0.004	0.021	0.127	-0.011
SRIG	2408	0.144	0.029	0.492	1.125	-0.042
SRIC	2408	0.250	0.223	0.470	1.447	-0.410
SRISU	2408	0.520	0.369	0.511	2.722	0.009
RD	2408	0.070	0.101	1.021	0.830	0.000
Size	2408	9.488	9.413	0.562	11.017	8.036
FCF	2408	-0.084	0.011	9.150	0.341	-0.901
Age	2408	15.516	15.000	4.190	37.000	2.000
Grow	2408	-3.698	11.213	196.680	280.652	-295.522
Lev	2408	46.053	45.729	21.801	99.812	3.304
Own	2408	33.522	31.720	13.442	79.500	9.450
JP	2408	3.718	3.000	1.192	10.000	1.000
Board	2408	8.888	9.000	1.741	18.000	4.000
INDR	2408	0.367	0.333	0.051	0.571	0.308
EXE	2408	0.116	0.001	0.220	1.079	0.000

资料来源：由Stata13.0软件统计而成。

表 6 - 4 列示了福建省样本研究变量的描述性统计结果。从表 6 - 4 中可知，样本公司财务价值（FV）均值与中位数分别为 6.950、5.627，较为接近，但从其极值与标准差来看，各样本公司的财务价值差异较大。公司社会责任投资综合强度（SRI）均值和中位数分别为 0.670、0.580，从其极值与标准差来看，各样本公司社会责任投资强度差异不明显。与全国样本公司相比，福建省高新技术上市公司社会责任投资强度平均而言较低。

表 6 - 4　　　　　　　研究变量描述性统计结果（福建省样本）

变量	观测值	均值	中位数	标准差	最大值	最小值
ROA	210	6.950	5.627	9.483	64.534	-23.312
SRI	210	0.670	0.580	0.389	3.015	0.069
SRII	210	0.027	0.022	0.026	0.258	0.000
SRIE	210	0.064	0.055	0.042	0.278	0.005
SRIS	210	0.008	0.004	0.018	0.122	-0.011
SRIG	210	0.029	0.020	0.032	0.208	-0.026
SRIC	210	0.119	0.111	0.119	0.643	-0.410
SRISU	210	0.422	0.334	0.359	2.103	0.009
RD	210	0.072	0.092	1.002	0.819	0.000
Size	210	9.240	9.213	0.454	10.536	8.036
FCF	210	-0.054	0.013	0.203	0.341	-0.901
Age	210	14.414	14.000	3.918	23.000	6.000
Grow	210	5.758	13.309	72.670	100.769	-125.550
Lev	210	34.065	31.345	19.714	80.367	3.304
Own	210	34.061	31.890	15.660	79.500	9.450
JP	210	3.395	3.000	1.120	10.000	3.000

续表

变量	观测值	均值	中位数	标准差	最大值	最小值
Board	210	8.076	9.000	1.540	12.000	5.000
变量	观测值	均值	中位数	标准差	最大值	最小值
INDR	210	0.380	0.333	0.060	0.600	0.300
EXE	210	0.258	0.228	0.252	0.704	0.000

资料来源：Stata13.0 软件统计而成。

福建省样本中，就公司对各利益相关者的社会责任投资的均值来看，公司对供应商的社会责任投资（SRISU）最高，均值为 0.422，从其极值和标准差来看，各样本公司存在一定的差距；公司对消费者的社会责任投资（SRIC）排名第二，均值为 0.119，其最大值为 0.643，最小值为 -0.410，说明样本公司间 SRIC 差异较大；这两项排名与全国样本是一样的。与全国样本不一样的是公司对员工的社会责任投资（SRIE）居第三，均值为 0.064，从其标准差与极值来看，表明不同公司对员工社会责任投资的重视程度具有一定的差异性；公司对政府的社会责任投资（SRIG）的均值较低，只有 0.029；与公司对投资者的社会责任投资（SRII）的均值（分别为 0.027）比较接近；公司对社区的社会责任投资（SRIS）最低，均值仅为 0.008，低于全国样本平均水平。总体而言，福建省样本公司分维度的社会责任投资强度差异较全国样本小，平均投资强度也略低于全国样本。

6.4.2　相关性分析

表6-5报告了研究变量之间的皮尔逊相关系数。从表6-5中可知，各研究变量之间相关系数最大为 0.372，最小为 0.001，表明研究变量之间不存在多重共线性问题。除了公司对消费者的社会责任投资（SRIC）与财务价值（FV）之间呈负相关外，公司社会责任投资（SRI）、其他分维度投资（SRII、SRIE、SRIS、SRIG、SRISU）与财务价值（FV）之间均呈正相关。这有待于下面的实证检验。

表 6-5

研究变量的相关系数

变量	FV	SRI	SRII	SRIE	SRIS	SRIG	SRIC	SRISU	RD	Size	FCF	Age	Grow	Lev	Own	JP	Board	INDR
FV	1.000	—	—	—	—	—	—	—	—	—	—	—	—	—	—	—	—	—
SRI	0.059***	1.000	—	—	—	—	—	—	—	—	—	—	—	—	—	—	—	—
SRII	0.055***	0.197***	1.000	—	—	—	—	—	—	—	—	—	—	—	—	—	—	—
SRIE	0.198***	0.067***	0.009	1.000	—	—	—	—	—	—	—	—	—	—	—	—	—	—
SRIS	0.287***	0.073***	0.025	0.140***	1.000	—	—	—	—	—	—	—	—	—	—	—	—	—
SRIG	0.049**	0.352***	0.256***	0.038*	0.090***	1.000	—	—	—	—	—	—	—	—	—	—	—	—
SRIC	-0.011	0.252***	-0.029	0.090***	0.014	-0.006	1.000	—	—	—	—	—	—	—	—	—	—	—
SRISU	0.039*	0.217***	0.118***	0.081***	0.011	0.050**	0.047**	1.000	—	—	—	—	—	—	—	—	—	—
RD	0.012	-0.037*	-0.007	0.170***	0.001	-0.022	-0.005	-0.089***	1.000	—	—	—	—	—	—	—	—	—
Size	-0.038*	-0.187***	-0.091***	-0.210***	-0.081***	-0.225***	0.066***	0.094***	-0.076***	1.000	—	—	—	—	—	—	—	—
FCF	-0.065***	-0.176***	0.007	-0.001	-0.026	-0.124***	-0.003	-0.072***	0.004	0.048**	1.000	—	—	—	—	—	—	—
Age	-0.033	-0.052**	-0.024	-0.088***	0.027	-0.038*	0.156***	-0.028	-0.074***	0.169***	0.030	1.000	—	—	—	—	—	—
Grow	0.007	0.016	0.006	0.026	0.003	0.011	-0.005	-0.069***	0.002	-0.032	0.011	-0.030	1.000	—	—	—	—	—
Lev	-0.096***	0.125***	0.057***	-0.109***	0.010	0.127***	0.019	0.115***	-0.095***	0.175***	-0.062***	0.120***	-0.031	1.000	—	—	—	—
Own	-0.020	0.073***	0.006	-0.052**	-0.026	0.093***	-0.038*	0.014	-0.038*	0.034**	0.044**	-0.122***	-0.004	-0.021	1.000	—	—	—
JP	0.006	0.038*	0.003	-0.014	0.015	0.045**	-0.003	0.033	-0.034*	0.076***	-0.001	0.074***	0.010	0.049***	0.085***	1.000	—	—
Board	-0.005	-0.017	-0.030	-0.016	-0.003	-0.014	0.001	-0.033	-0.061***	0.148***	0.001	0.060***	0.021	0.070***	-0.032	0.293***	1.000	—
INDR	0.019	0.060***	0.052***	-0.044**	-0.013	0.075***	0.002	0.054***	0.023	-0.001	-0.068***	-0.078***	-0.040**	0.050***	0.025	-0.099***	-0.372***	1.000
EXE	0.011	-0.053***	-0.015	0.075***	-0.004	-0.058***	-0.038*	-0.041**	0.070***	-0.177***	0.001	-0.208***	0.016	-0.128***	-0.101***	-0.161***	-0.122***	0.031

注：* $p < 0.1$，** $p < 0.05$，*** $p < 0.01$。

6.4.3 回归结果分析

1. 高新技术企业社会责任投资与当期财务价值的回归结果

表6-6报告了高新技术企业社会责任投资与当期财务价值的回归结果。模型（1）是全国样本企业的回归结果，模型（2）和模型（3）是按产权性质分为国有样本与非国有样本企业的回归结果，模型（4）是福建省样本企业的回归结果。从表6-6中可知，四个模型的拟合度尚可，回归结果显著有效的，不存在序列自相关问题。从模型（1）可看出，全国样本企业SRI的系数为0.6680，且在1%的水平上高度显著，说明高新技术企业进行社会责任投资能显著提高当期的财务价值，总假说6-1得到验证。

表6-6　　　高新技术企业社会责任投资与当期财务价值的回归结果

变量	全国样本			福建省样本
	全样本	国有样本	非国有样本	
	模型（1）	模型（2）	模型（3）	模型（4）
常数项	-17.2063***	-17.8840***	-17.8432***	32.5683*
	(0.000)	(0.000)	(0.000)	(0.057)
SRI	0.6680***	0.26434	0.9335***	5.6161**
	(0.003)	(0.254)	(0.008)	(0.011)
RD	2.7406	7.8377*	2.3920	-1.8276
	(0.112)	(0.064)	(0.233)	(0.779)
Size	2.4287***	2.1772***	2.6240***	-3.6075**
	(0.000)	(0.000)	(0.000)	(0.048)
FCF	-0.0209	-0.0317	-0.0130	-1.0124
	(0.159)	(0.102)	(0.526)	(0.706)
Age	-0.0973***	-0.1124**	-0.0859*	-0.5092***
	(0.005)	(0.046)	(0.065)	(0.001)
Grow	-0.0002	0.0003	-0.0004	0.0113***
	(0.795)	(0.603)	(0.717)	(0.000)
Lev	-0.0887***	-0.0980***	-0.0790***	-0.0122
	(0.000)	(0.000)	(0.000)	(0.771)

续表

变量	全国样本			福建省样本
	全样本	国有样本	非国有样本	
	模型（1）	模型（2）	模型（3）	模型（4）
Own	− 0.0202**	− 0.0236	− 0.0127	− 0.0967***
	(0.046)	(0.186)	(0.338)	(0.007)
JP	− 0.0421	0.0903	− 0.1537	0.99381*
	(0.724)	(0.621)	(0.356)	(0.061)
Board	0.2036**	0.0989	0.2682**	0.5089
	(0.021)	(0.464)	(0.034)	(0.347)
INDR	11.2533***	23.2213***	5.3179	9.8102
	(0.000)	(0.000)	(0.147)	(0.465)
EXE	0.1796	− 8.0916	0.6331	3.1764
	(0.795)	(0.143)	(0.396)	(0.169)
D^Y	控制	控制	控制	控制
D^I	控制	控制	控制	控制
Adj. R^2	0.096	0.109	0.079	0.370
F test	19.180***	9.957***	9.270***	19.773***
DW test	1.901	1.923	1.907	1.912
N	2408	1041	1367	210

注：括号内为 P 值；***、**和*分别表示0.01、0.05和0.1的显著水平，下同。

资料来源：由 Stata13.0 软件统计而成。

　　从模型（2）、模型（3）可知，国有样本企业 SRI 的系数为正，但不显著。这可能源于社会公众认为，国有上市公司履行社会责任、进行相应的 SRI 是理所当然的，因此，国有企业通过社会责任投资提升财务价值的效应不显著。而非国有样本企业 SRI 的系数为0.9335并且在1%的水平上高度显著，说明非国有高新技术企业社会责任投资能显著地促进当期财务价值的提升。由此可见，因产权性质的不同，高新技术企业社会责任投资对财务价值的影响存在差异性，假说6-3得以验证。

　　从模型（4）可知，福建省高新技术样本企业社会责任投资（SRI）的系数为5.6161，且在5%的水平上显著，说明福建省样本企业社会责任投资能够显著提升当期企业财务价值，且该提升作用较全国样本更大，进一步支持了总研究假说6-1。

就控制变量而言，模型（1）中公司规模（Size）、董事会规模（Board）、独立董事比例（INDR）的系数显著为正，说明公司规模、董事会规模越大、独立董事比例越高的企业其财务价值越高。公司年限（Age）、财务杠杆（Lev）的系数显著为负，说明高新技术企业成立越久，对创新的敏感度变弱，创新能力趋下降，从而对财务价值产生不利影响。而公司资产负债率越高，可能会面临债权人更大的压力，公司的投资策略会更加保守，从而财务杠杆负向影响其财务绩效。股权集中度（Own）的系数显著为负，可能源于第一大股东持股比例越高，易侵害其他股东和企业整体利益，从而对企业绩效产生不利影响。

2. 高新技术企业社会责任投资与滞后一期财务价值的回归结果

由于企业进行社会责任投资产生的经济后果可能存在一定的滞后性，本章将模型中的解释变量企业社会责任投资滞后一期（SRI_{t-1}）对模型重新进行检验，这也能在一定程度上解决内生性问题。回归结果如表6-7所示，同样，模型（1）是全国样本的回归结果，模型（2）和模型（3）分别是国有样本与非国有样本的回归结果，模型（4）是福建省样本的回归结果。从中可知，四个模型的拟合度尚可，回归结果显著有效的，不存在序列自相关问题。从模型（1）可知，全国样本企业SRI_{t-1}的系数为1.2654并且在1%的水平上高度显著，该系数较表6-6中的模型（1）SRI的系数（0.6680）更大更显著，意味着高新技术企业社会责任投资对滞后一期财务价值具有更大更显著的提升效应，假说6-2得到验证。

表6-7   高新技术企业社会责任投资与滞后一期财务价值的回归结果

变量	全国样本			福建省样本
	全样本	国有样本	非国有样本	
	模型（1）	模型（2）	模型（3）	模型（4）
常数项	-21.7893***	-22.1208***	-22.7955***	40.7588**
	(0.000)	(0.000)	(0.000)	(0.019)
SRI_{t-1}	1.2654***	0.5016	2.1123***	6.3648***
	(0.000)	(0.115)	(0.000)	(0.000)
RD	3.7334**	7.6802*	4.1714**	-0.5818
	(0.030)	(0.065)	(0.036)	(0.931)

续表

变量	全国样本			福建省样本
	全样本	国有样本	非国有样本	
	模型（1）	模型（2）	模型（3）	模型（4）
Size	2.8885 ***	2.7231 ***	3.0026 ***	-5.1220 ***
	(0.000)	(0.000)	(0.000)	(0.005)
FCF	-0.0099	-0.0160	-0.0067	1.8530
	(0.461)	(0.366)	(0.741)	(0.533)
Age	-0.0788 **	-0.1171 **	-0.0607	-0.4317 ***
	(0.022)	(0.034)	(0.182)	(0.007)
Grow	-0.0001	0.0003	-0.0004	0.0120 ***
	(0.835)	(0.631)	(0.763)	(0.000)
Lev	-0.1013 ***	-0.1126 ***	-0.0929 ***	0.0376
	(0.000)	(0.000)	(0.000)	(0.351)
Own	-0.02400 **	-0.0281	-0.0155	-0.1119 ***
	(0.017)	(0.106)	(0.237)	(0.003)
JP	-0.0744	0.1025	-0.2351	0.87629
	(0.528)	(0.567)	(0.153)	(0.106)
Board	0.2077 **	0.1176	0.2630 **	0.9109 *
	(0.018)	(0.373)	(0.034)	(0.096)
INDR	9.9549 ***	21.0455 ***	5.5889	16.2138
	(0.000)	(0.000)	(0.121)	(0.239)
EXE	0.3414	-7.1172	0.6136	3.0178
	(0.616)	(0.188)	(0.402)	(0.203)
D^Y	控制	控制	控制	控制
D^I	控制	控制	控制	控制
Adj. R^2	0.120	0.131	0.109	0.337
F test	24.16 ***	12.12 ***	12.80 ***	8.576 ***
DW test	1.931	1.918	1.920	1.919
N	2408	1041	1367	210

资料来源：由Stata13.0软件统计而成。

同样，从模型（2）、模型（3）可知，国有高新技术样本企业 SRI_{t-1} 的系数为正，但不显著。而非国有样本企业 SRI_{t-1} 的系数为2.1123，且在1%的水平上高度显著，该系数较表6-6中的模型（3）SRI的系数（0.9335）更大更显著，这不仅说明非国有样本企业社会责任投资对滞后期财务价值的提升作用更大更显著于国有样本企业，而且也说明非国有样本企业社会责任投资对滞后期财务价值的提升效应更大更显著于当期财务价值。进一步对假说6-2、假说6-3提供了支持。

就模型（4）的福建样本而言，企业SRI_{t-1}的系数为6.3648，且在1%的水平上高度显著；与表6-6中的模型（4）SRI的系数（5.6161）相比，该系数更大更显著，这说明福建省高新技术样本企业社会责任投资对滞后一期财务价值具有更大更显著的提升效应，进一步支持了假说6-1、假说6-2。同样，较全国样本而言，福建省样本企业的提升效应更大。

3. 高新技术企业分维度社会责任投资与当期财务价值的回归结果

表6-8报告了全国样本企业对相关利益者各维度的社会责任投资与当期财务价值的回归结果。模型（1）～模型（6）的解释变量分别为：企业对投资者、员工、社区、政府、消费者和供应商的社会责任投资（SRII、SRIE、SRIS、SRIG、SRIC和SRISU）。从模型的回归结果看，各模型的拟合度尚可，回归结果显著有效的，不存在序列自相关问题。从表6-8中可知，SRII、SRIE、SRIS、SRIG、SRIC和SRISU的回归系数均为正并且显著，说明高新技术企业对各利益相关者的社会责任投资均对财务价值产生显著的正向影响。因此，假说6-1a-1f均得以验证。

表6-8　高新技术企业分维度社会责任投资与当期财务价值的回归结果（全国样本）

变量	模型（1）	模型（2）	模型（3）	模型（4）	模型（5）	模型（6）
常数项	-17.3766***	-20.1997***	-22.6939***	-18.4874***	-16.2037***	-16.0223***
	(0.000)	(0.000)	(0.000)	(0.000)	(0.000)	(0.000)
SRII	8.9608***	—	—	—	—	—
	(0.000)	—	—	—	—	—
SRIE	—	23.5914***	—	—	—	—
	—	(0.000)	—	—	—	—
SRIS	—	—	83.9677***	—	—	—
	—	—	(0.000)	—	—	—
SRIG	—	—	—	0.9849***	—	—
	—	—	—	(0.001)	—	—

续表

变量	模型（1）	模型（2）	模型（3）	模型（4）	模型（5）	模型（6）
SRIC	—	—	—	—	1. 3543 **	—
	—	—	—	—	（0. 015）	—
SRISU	—	—	—	—	—	1. 0442 ***
	—	—	—	—	—	（0. 000）
RD	2. 6110	0. 6336	0. 1832	2. 8579 *	2. 5398	3. 4149 **
	（0. 129）	（0. 712）	（0. 914）	（0. 098）	（0. 140）	（0. 049）
Size	2. 4114 ***	2. 5073 ***	2. 9112 ***	2. 5855 ***	2. 3142 ***	2. 2231 ***
	（0. 000）	（0. 000）	（0. 000）	（0. 000）	（0. 000）	（0. 000）
FCF	− 0. 0217	− 0. 0203	− 0. 0150	− 0. 0199	− 0. 0219	− 0. 0212
	（0. 144）	（0. 168）	（0. 301）	（0. 179）	（0. 140）	（0. 153）
Age	− 0. 0830 **	− 0. 0735 **	− 0. 0999 ***	− 0. 0886 **	− 0. 0754 *	− 0. 0805 **
	（0. 017）	（0. 033）	（0. 003）	（0. 011）	（0. 033）	（0. 021）
Grow	− 0. 0002	− 0. 0003	0. 0000	− 0. 0003	− 0. 0003	− 0. 0001
	（0. 757）	（0. 682）	（0. 991）	（0. 676）	（0. 648）	（0. 872）
Lev	− 0. 0894 ***	− 0. 0843 ***	− 0. 0961 ***	− 0. 0897 ***	− 0. 0872 ***	− 0. 0907 ***
	（0. 000）	（0. 000）	（0. 000）	（0. 000）	（0. 000）	（0. 000）
Own	− 0. 0191 *	− 0. 0155	− 0. 0136	− 0. 0214 **	− 0. 0195 *	− 0. 0195 *
	（0. 058）	（0. 123）	（0. 171）	（0. 035）	（0. 055）	（0. 054）
JP	− 0. 0375	− 0. 0471	− 0. 0588	− 0. 0497	− 0. 0353	− 0. 0475
	（0. 752）	（0. 689）	（0. 613）	（0. 676）	（0. 767）	（0. 690）
Board	0. 1937 **	0. 1897 **	0. 2213 **	0. 1952 **	0. 1987 **	0. 2185 **
	（0. 028）	（0. 030）	（0. 011）	（0. 027）	（0. 025）	（0. 014）
INDR	11. 4025 ***	12. 2907 ***	12. 6086 ***	10. 9103 ***	11. 6047 ***	11. 5375 ***
	（0. 000）	（0. 000）	（0. 000）	（0. 000）	（0. 000）	（0. 000）
EXE	0. 0332	− 0. 0857	0. 1243	0. 2678	− 0. 0505	− 0. 0502
	（0. 961）	（0. 900）	（0. 853）	（0. 699）	（0. 941）	（0. 942）
D^Y	控制	控制	控制	控制	控制	控制
D^I	控制	控制	控制	控制	控制	控制
Adj. R^2	0. 098	0. 116	0. 138	0. 097	0. 095	0. 098
F test	19. 63 ***	23. 39 ***	28. 36 ***	19. 36 ***	18. 93 ***	19. 61 ***
DW test	1. 936	1. 901	1. 922	1. 909	1. 931	1. 911
N	2408	2408	2408	2408	2408	2408

资料来源：由 Stata13. 0 软件统计而成。

表6-9报告了福建省高新技术样本企业对相关利益者各维度的社会责任投资与当期财务价值的回归结果。从调整后的 R^2 值显示各模型的拟合度较全国样本更好，回归结果也是显著有效的，不存在序列自相关问题。从表6-9中可知，SRII、SRIE、SRIG 和 SRISU 的回归系数均为正并且显著，说明福建省样本企业对投资者、员工、政府和供应商的社会责任投资对当期财务价值具有显著的提升效应；而 SRIS、SRIC 的系数均不显著，说明样本企业对社区和消费者的社会责任投资对当期财务价值没有影响。因此，就福建省样本而言，分假说6-1a、1b、1d 和 1f 得到验证，而假说6-1c 与假说6-1e 未得到验证。

表6-9 高新技术企业分维度社会责任投资与当期财务价值的回归结果（福建省样本）

变量	模型（1）	模型（2）	模型（3）	模型（4）	模型（5）	模型（6）
常数项	73.4847***	53.0991***	58.1773***	19.0899	62.2248***	44.1740**
	(0.000)	(0.002)	(0.001)	(0.128)	(0.000)	(0.011)
SRII	154.2141***	—	—	—	—	—
	(0.000)	—	—	—	—	—
SRIE	—	49.1357***	—	—	—	—
	—	(0.002)	—	—	—	—
SRIS	—	—	71.9928	—	—	—
	—	—	(0.170)	—	—	—
SRIG	—	—	—	186.3355***	—	—
	—	—	—	(0.000)	—	—
SRIC	—	—	—	—	-2.8410	—
	—	—	—	—	(0.577)	—
SRISU	—	—	—	—	—	7.0428***
	—	—	—	—	—	(0.000)
RD	-5.3858	-9.9223	-6.6207	-4.4024	-5.5219	-2.2454
	(0.389)	(0.151)	(0.341)	(0.368)	(0.425)	(0.739)
Size	-7.5068***	-5.2877***	-6.6631***	-2.6945**	-7.1935***	-5.1123***
	(0.000)	(0.005)	(0.000)	(0.041)	(0.000)	(0.006)
FCF	-4.4794*	-3.6668	-2.3129	-2.1432	-2.8772	-1.5404
	(0.084)	(0.189)	(0.418)	(0.287)	(0.312)	(0.578)

续表

变量	模型（1）	模型（2）	模型（3）	模型（4）	模型（5）	模型（6）
Age	−0.2315	−0.4576***	−0.3612**	−0.3314***	−0.3895**	−0.5010***
	(0.125)	(0.005)	(0.029)	(0.005)	(0.020)	(0.002)
Grow	0.0137***	0.0125***	0.0116***	0.0111***	0.0122***	0.0113***
	(0.000)	(0.000)	(0.000)	(0.000)	(0.000)	(0.000)
Lev	0.0518	0.0758*	0.0857**	0.0167	0.0923**	0.0269
	(0.153)	(0.052)	(0.031)	(0.558)	(0.021)	(0.521)
Own	−0.0713**	−0.1186***	−0.1033***	−0.0830***	−0.1170***	−0.1150***
	(0.042)	(0.002)	(0.008)	(0.002)	(0.003)	(0.002)
JP	0.4409	0.7485	0.5847	0.4806	0.5833	0.8229
	(0.382)	(0.171)	(0.293)	(0.223)	(0.297)	(0.130)
Board	0.4820	0.5621	1.0427*	0.8143**	1.1465**	0.8923
	(0.353)	(0.329)	(0.065)	(0.042)	(0.046)	(0.105)
INDR	−7.6036	0.6651	11.1450	13.4493	14.9854	15.6250
	(0.568)	(0.964)	(0.439)	(0.184)	(0.297)	(0.259)
EXE	−0.2653	0.7244	2.4515	3.1515*	2.5796	3.7158
	(0.906)	(0.767)	(0.316)	(0.070)	(0.300)	(0.123)
D^Y	控制	控制	控制	控制	控制	控制
D^I	控制	控制	控制	控制	控制	控制
Adj. R^2	0.414	0.317	0.289	0.642	0.283	0.329
F test	11.56***	7.942***	7.054***	27.75***	6.885***	8.318***
DW test	1.930	1.933	1.926	1.924	1.931	1.922
N	210	210	210	210	210	210

资料来源：由 Stata13.0 软件统计而成。

4. 高新技术企业分维度社会责任投资与滞后一期财务价值的回归结果

表6-10列出了全国样本企业对相关利益者各维度的社会责任投资与滞后一期财务价值的回归结果。从中可知，各模型的拟合度尚可，模型回归结果是显著有效的，不存在序列自相关问题。企业对投资者、员工、社区、政府、消费者和供应商的社会责任投资（$SRII_{t-1}$、$SRIE_{t-1}$、$SRIS_{t-1}$、$SRIG_{t-1}$、$SRIC_{t-1}$、$SRISU_{t-1}$）的回归系数均为正，且全部高度显著，说明高新技术企业对各利益相关者的社会责任投资均能显著提升滞后一期的财务价值。

表6-10　　高新技术企业分维度社会责任投资与滞后一期财务价值的回归结果（全国样本）

变量	模型（1）	模型（2）	模型（3）	模型（4）	模型（5）	模型（6）
常数项	-18.9025***	-19.9858***	-20.2414***	-20.9051***	-17.8991***	-17.0853***
	(0.000)	(0.000)	(0.000)	(0.000)	(0.000)	(0.000)
$SRII_{t-1}$	11.5171***	—	—	—	—	—
	(0.000)	—	—	—	—	—
$SRIE_{t-1}$	—	19.0406***	—	—	—	—
	—	(0.000)	—	—	—	—
$SRIS_{t-1}$	—	—	36.0248***	—	—	—
	—	—	(0.000)	—	—	—
$SRIG_{t-1}$	—	—	—	1.6310***	—	—
	—	—	—	(0.000)	—	—
$SRIC_{t-1}$	—	—	—	—	2.8986**	—
	—	—	—	—	(0.012)	—
$SRISU_{t-1}$	—	—	—	—	—	1.1613***
	—	—	—	—	—	(0.000)
RD	2.1763	0.7612	1.0591	2.7718	1.9393	3.2011*
	(0.203)	(0.658)	(0.539)	(0.106)	(0.260)	(0.065)
Size	2.6123***	2.5846***	2.7754***	2.9284***	2.4657***	2.3827***
	(0.000)	(0.000)	(0.000)	(0.000)	(0.000)	(0.000)
FCF	-0.0143	-0.0096	-0.0117	-0.0112	-0.0137	-0.0128
	(0.287)	(0.473)	(0.386)	(0.405)	(0.310)	(0.343)
Age	-0.0918***	-0.0853**	-0.0995***	-0.0945***	-0.0884**	-0.0852**
	(0.008)	(0.013)	(0.004)	(0.006)	(0.011)	(0.014)
Grow	-0.0001	-0.0003	-0.0003	-0.0003	-0.0002	-0.0001
	(0.896)	(0.650)	(0.638)	(0.669)	(0.774)	(0.870)
Lev	-0.0935***	-0.0887***	-0.0963***	-0.0957***	-0.0924***	-0.0955***
	(0.000)	(0.000)	(0.000)	(0.000)	(0.000)	(0.000)
Own	-0.0208**	-0.0182*	-0.0182*	-0.0236**	-0.0199**	-0.0209**
	(0.039)	(0.071)	(0.071)	(0.019)	(0.049)	(0.038)
JP	-0.0567	-0.0368	-0.0261	-0.0550	-0.0321	-0.0413
	(0.632)	(0.755)	(0.826)	(0.643)	(0.787)	(0.727)

续表

变量	模型（1）	模型（2）	模型（3）	模型（4）	模型（5）	模型（6）
Board	0.1958 **	0.1856 **	0.1935 **	0.1792 **	0.2020 **	0.2127 **
	(0.026)	(0.035)	(0.028)	(0.042)	(0.022)	(0.016)
INDR	11.2206 ***	11.7902 ***	11.2342 ***	9.8917 ***	11.3199 ***	10.9823 ***
	(0.000)	(0.000)	(0.000)	(0.000)	(0.000)	(0.000)
EXE	0.1519	−0.0520	0.1369	0.4778	−0.1465	−0.0245
	(0.824)	(0.939)	(0.841)	(0.488)	(0.832)	(0.971)
D^Y	控制	控制	控制	控制	控制	控制
D^I	控制	控制	控制	控制	控制	控制
Adj. R^2	0.109	0.114	0.109	0.109	0.102	0.106
F test	21.94 ***	22.90 ***	21.75 ***	21.91 ***	20.37 ***	21.26 ***
DW test	1.920	1.916	1.931	1.915	1.921	1.925
N	2408	2408	2408	2408	2408	2408

资料来源：由 Stata13.0 软件统计而成。

表 6-11 报告了福建省样本企业对相关利益者各维度的社会责任投资与滞后一期财务价值的回归结果。从中可知，各模型的拟合度较好，模型回归结果是显著有效的，不存在序列自相关问题。除了企业对消费者的社会责任投资（$SRIC_{t-1}$）的系数不显著外，其余各维度的社会责任投资的系数均为正且高度显著，说明福建省高新技术样本公司对投资者、员工、社区、政府和供应商的社会责任投资均能有效地提高企业滞后一期的财务价值。

表 6-11   高新技术企业分维度社会责任投资与滞后一期财务价值的回归结果（福建省样本）

变量	模型（1）	模型（2）	模型（3）	模型（4）	模型（5）	模型（6）
常数项	60.9124 ***	53.2950 ***	48.4296 ***	29.7560 **	61.896703 ***	49.0468 ***
	(0.000)	(0.002)	(0.004)	(0.047)	(0.000)	(0.005)
$SRII_{t-1}$	82.8479 ***	—	—	—	—	—
	(0.001)	—	—	—	—	—
$SRIE_{t-1}$	—	51.0253 ***	—	—	—	—
	—	(0.000)	—	—	—	—

续表

变量	模型（1）	模型（2）	模型（3）	模型（4）	模型（5）	模型（6）
$SRIS_{t-1}$	—	—	160.9025 ***	—	—	—
	—	—	(0.000)	—	—	—
$SRIG_{t-1}$	—	—	—	137.5877 ***	—	—
	—	—	—	(0.000)	—	—
$SRIC_{t-1}$	—	—	—	—	-1.4565	—
	—	—	—	—	(0.772)	—
$SRISU_{t-1}$	—	—	—	—	—	4.6144 ***
	—	—	—	—	—	(0.007)
RD	-5.9172	-8.4501	-7.4179	-3.0354	-5.5739	-2.2548
	(0.379)	(0.211)	(0.267)	(0.603)	(0.422)	(0.743)
Size	-6.7634 ***	-5.5372 ***	-5.7370 ***	-4.4271 ***	-7.1505 ***	-6.0232 ***
	(0.000)	(0.002)	(0.001)	(0.005)	(0.000)	(0.001)
FCF	-1.8223	-0.9352	-2.2351	4.2883 *	-2.9715	-0.2268
	(0.512)	(0.738)	(0.415)	(0.091)	(0.302)	(0.939)
Age	-0.2992 *	-0.4311 ***	-0.3234 **	-0.3126 **	-0.3838 **	-0.4469 ***
	(0.065)	(0.008)	(0.043)	(0.025)	(0.021)	(0.007)
Grow	0.0135 ***	0.0123 ***	0.0129 ***	0.0134 ***	0.0122 ***	0.0118 ***
	(0.000)	(0.000)	(0.000)	(0.000)	(0.000)	(0.000)
Lev	0.0644	0.0841 **	0.0839 **	0.0651 *	0.0905 **	0.0561
	(0.101)	(0.029)	(0.029)	(0.053)	(0.023)	(0.170)
Own	-0.1161 ***	-0.1235 ***	-0.0944 **	-0.0972 ***	-0.1149 ***	-0.1238 ***
	(0.002)	(0.001)	(0.011)	(0.003)	(0.005)	(0.001)
JP	0.4658	0.7771	0.3513	0.5533	0.5969	0.7897
	(0.391)	(0.152)	(0.516)	(0.240)	(0.286)	(0.153)
Board	0.9487 *	0.6212	1.0110 *	1.1451 **	1.1222 *	1.1273 **
	(0.086)	(0.269)	(0.064)	(0.017)	(0.051)	(0.043)
INDR	5.7347	2.8238	12.7978	18.2980	14.5556	18.5259
	(0.684)	(0.842)	(0.353)	(0.130)	(0.311)	(0.190)
EXE	1.9162	0.6940	3.2021	3.5850 *	2.5108	3.5672
	(0.422)	(0.774)	(0.178)	(0.085)	(0.318)	(0.146)
D^Y	控制	控制	控制	控制	控制	控制
D^I	控制	控制	控制	控制	控制	控制

续表

变量	模型（1）	模型（2）	模型（3）	模型（4）	模型（5）	模型（6）
Adj. R^2	0.323	0.328	0.335	0.490	0.282	0.308
F test	8.137***	8.295***	8.512***	15.32***	6.861***	7.647***
DW test	1.937	1.933	1.936	1.929	1.930	1.932
N	210	210	210	210	210	210

资料来源：由 Stata13.0 软件统计而成。

6.4.4 稳健性检验

为了验证以上实证结果的可靠性，本章进行以下两个方面的检验：

1. 替换企业社会责任投资表征指标的检验

上面度量企业社会责任投资强度时是以平均资产总额为基准计算的。现将采用主营业务收入为基准估算企业社会责任投资强度（SRI2），重新对上面的研究假说6-1、假说6-2、假说6-3进行检验，回归结果如表6-12、表6-13、表6-14、表6-15、表6-16、表6-17所示。

表6-12　替换 SRI 表征指标后企业社会责任投资与当期财务价值的回归结果

变量	全国样本			福建省样本
	全样本	国有样本	非国有样本	
	模型（1）	模型（2）	模型（3）	模型（4）
常数项	-17.9741***	-19.7752***	-16.8112***	71.7330***
	(0.000)	(0.000)	(0.000)	(0.000)
SRI2	0.0020***	0.0109	0.0379**	10.6667***
	(0.009)	(0.551)	(0.029)	(0.000)
RD	2.4245	7.8664*	2.1699	-3.6991
	(0.159)	(0.062)	(0.280)	(0.569)
Size	2.4746***	2.3374***	2.4820***	-5.6592***
	(0.000)	(0.000)	(0.000)	(0.001)
FCF	-0.0222	-0.0321*	-0.0143	-3.3045
	(0.135)	(0.098)	(0.487)	(0.216)
Age	-0.0800**	-0.1009*	-0.0655	-0.3647**
	(0.022)	(0.074)	(0.160)	(0.019)

续表

变量	全国样本			福建省样本
	全样本	国有样本	非国有样本	
	模型（1）	模型（2）	模型（3）	模型（4）
Grow	-0.0002	0.0004	-0.0005	0.0103***
	(0.741)	(0.568)	(0.658)	(0.000)
Lev	-0.0871***	-0.0978***	-0.0753***	0.0888**
	(0.000)	(0.000)	(0.000)	(0.017)
Own	-0.0190*	-0.0209	-0.0140	-0.1406***
	(0.060)	(0.236)	(0.290)	(0.000)
JP	-0.0311	0.1034	-0.1587	-0.0611
	(0.794)	(0.571)	(0.342)	(0.910)
Board	0.2076**	0.0989	0.2771**	0.7348
	(0.019)	(0.463)	(0.029)	(0.170)
INDR	11.7656***	23.8034***	5.6454	-0.1746
	(0.000)	(0.000)	(0.124)	(0.990)
EXE	0.0246	-7.9201	0.4417	2.2733
	(0.971)	(0.151)	(0.553)	(0.323)
D^Y	控制	控制	控制	控制
D^I	控制	控制	控制	控制
Adj. R^2	0.095	0.112	0.074	0.369
F test	19.00***	10.24***	8.748***	19.736***
DW test	1.908	1.911	1.934	1.927
N	2408	1041	1367	210

资料来源：由 Stata13.0 软件统计而成。

表 6-13　替换 SRI 表征指标后企业社会责任投资与滞后一期财务价值的回归结果

变量	全国样本			福建省样本
	全样本	国有样本	非国有样本	
	模型（1）	模型（2）	模型（3）	模型（4）
常数项	-17.5709***	-19.7068***	-15.9847***	74.6623***
	(0.000)	(0.000)	(0.000)	(0.000)

续表

变量	全国样本			福建省样本
	全样本	国有样本	非国有样本	
	模型（1）	模型（2）	模型（3）	模型（4）
$SRI2_{t-1}$	0.0358 ***	0.0205	0.0182 **	12.7448 ***
	（0.002）	（0.221）	（0.020）	（0.000）
RD	2.1993	6.5917	2.1441	−6.9866
	（0.202）	（0.114）	（0.286）	（0.270）
Size	2.5032 ***	2.4712 ***	2.3942 ***	−5.5463 ***
	（0.000）	（0.000）	（0.000）	（0.001）
FCF	−0.0138	−0.0178	−0.0135	−0.5666
	（0.308）	（0.319）	（0.512）	（0.829）
Age	−0.0967 ***	−0.1264 **	−0.0679	−0.3132 **
	（0.005）	（0.023）	（0.143）	（0.039）
Grow	−0.0002	0.0003	−0.0005	0.01234 ***
	（0.736）	（0.662）	（0.689）	（0.000）
Lev	−0.0921 ***	−0.1104 ***	−0.0751 ***	0.0815 **
	（0.000）	（0.000）	（0.000）	（0.025）
Own	−0.0207 **	−0.0230	−0.0139	−0.1432 ***
	（0.042）	（0.185）	（0.297）	（0.000）
JP	−0.0285	0.1137	−0.1519	−0.1338
	（0.811）	（0.527）	（0.364）	（0.798）
Board	0.1935 **	0.1042	0.2742 **	0.7396
	（0.029）	（0.433）	（0.031）	（0.155）
INDR	11.2369 ***	22.6550 ***	5.6810	−4.6477
	（0.000）	（0.000）	（0.123）	（0.729）
EXE	0.0548	−7.8558	0.4440	1.9029
	（0.937）	（0.147）	（0.554）	（0.396）
D^Y	控制	控制	控制	控制
D^I	控制	控制	控制	控制
Adj. R^2	0.100	0.126	0.074	0.401
F test	19.89 ***	11.63 ***	8.738 ***	11.00
DW test	1.911	1.907	1.932	1.922
N	2408	1041	1367	210

资料来源：由 Stata13.0 软件统计而成。

表6－14　替换 SRI 表征指标后企业分维度社会责任投资与当期财务价值的回归结果（全国样本）

变量	模型（1）	模型（2）	模型（3）	模型（4）	模型（5）	模型（6）
常数项	－15.7810***	－9.3215***	－19.1194***	－15.2663***	－16.3586***	－11.0624***
	(0.000)	(0.002)	(0.000)	(0.000)	(0.000)	(0.000)
SRII2	0.2068**	—	—	—	—	—
	(0.011)	—	—	—	—	—
SRIE2	—	12.9713***	—	—	—	—
	—	(0.000)	—	—	—	—
SRIS2	—	—	17.4224***	—	—	—
	—	—	(0.000)	—	—	—
SRIG2	—	—	—	0.0617**	—	—
	—	—	—	(0.028)	—	—
SRIC2	—	—	—	—	0.0003**	—
	—	—	—	—	(0.015)	—
SRISU2	—	—	—	—	—	4.9744***
	—	—	—	—	—	(0.000)
RD	2.4160	6.2952***	1.3013	2.3048	2.3740	－0.6552
	(0.161)	(0.000)	(0.449)	(0.183)	(0.168)	(0.704)
Size	2.2601***	1.7367***	2.5827***	2.1999***	2.3028***	2.1413***
	(0.000)	(0.000)	(0.000)	(0.000)	(0.000)	(0.000)
FCF	－0.0216	－0.0201	－0.0169	－0.0214	－0.0216	－0.0178
	(0.147)	(0.171)	(0.252)	(0.151)	(0.146)	(0.224)
Age	－0.0902***	－0.0786**	－0.1022***	－0.0884**	－0.0786**	－0.0965***
	(0.010)	(0.022)	(0.003)	(0.011)	(0.025)	(0.005)
Grow	－0.0002	0.00001	－0.0002	－0.0002	－0.0002	－0.0003
	(0.774)	(0.982)	(0.811)	(0.783)	(0.782)	(0.711)
Lev	－0.0866***	－0.0899***	－0.0897***	－0.0864***	－0.0875***	－0.0714***
	(0.000)	(0.000)	(0.000)	(0.000)	(0.000)	(0.000)
Own	－0.0191*	－0.0221**	－0.0173*	－0.0187*	－0.0177*	－0.0154
	(0.059)	(0.027)	(0.086)	(0.066)	(0.081)	(0.121)
JP	－0.0324	－0.0296	－0.0271	－0.0310	－0.0286	－0.0488
	(0.786)	(0.801)	(0.819)	(0.795)	(0.810)	(0.677)

续表

变量	模型（1）	模型（2）	模型（3）	模型（4）	模型（5）	模型（6）
Board	0.2021 **	0.2198 **	0.2034 **	0.2043 **	0.2037 **	0.1663 *
	(0.023)	(0.012)	(0.021)	(0.021)	(0.021)	(0.056)
INDR	11.6729 ***	11.2937 ***	12.1328 ***	11.6823 ***	11.7626 ***	10.5444 ***
	(0.000)	(0.000)	(0.000)	(0.000)	(0.000)	(0.000)
EXE	−0.0335	−0.3812	0.2222	−0.0877	−0.0737	0.0684
	(0.961)	(0.575)	(0.745)	(0.899)	(0.915)	(0.919)
D^Y	控制	控制	控制	控制	控制	控制
D^I	控制	控制	控制	控制	控制	控制
Adj. R^2	0.093	0.117	0.107	0.093	0.095	0.126
F test	18.46 ***	23.52 ***	21.46 ***	18.51 ***	18.93 ***	25.51 ***
DW test	1.909	1.920	1.910	1.911	1.931	1.933
N	2408	2408	2408	2408	2408	2408

资料来源：由 Stata13.0 软件统计而成。

表 6-15　替换 SRI 表征指标后企业分维度社会责任投资与当期财务价值的回归结果（福建省样本）

变量	模型（1）	模型（2）	模型（3）	模型（4）	模型（5）	模型（6）
常数项	78.6875 ***	63.3285 ***	61.9345 ***	55.8552 ***	60.9418 ***	75.2687 ***
	(0.000)	(0.000)	(0.000)	(0.000)	(0.000)	(0.000)
SRII2	35.0627 ***	—	—	—	—	—
	(0.004)	—	—	—	—	—
SRIE2	—	31.4937 ***	—	—	—	—
	—	(0.001)	—	—	—	—
SRIS2	—	—	14.1918	—	—	—
	—	—	(0.213)	—	—	—
SRIG2	—	—	—	15.7815 ***	—	—
	—	—	—	(0.000)	—	—
SRIC2	—	—	—	—	−8.3583	—
	—	—	—	—	(0.202)	—
SRISU2	—	—	—	—	—	9.5064 ***
	—	—	—	—	—	(0.000)
RD	−7.2750	6.2735	−4.8808	−10.6104 *	−4.0202	−10.4080
	(0.285)	(0.406)	(0.482)	(0.076)	(0.553)	(0.126)

续表

变量	模型（1）	模型（2）	模型（3）	模型（4）	模型（5）	模型（6）
Size	− 8. 8451 ***	− 7. 1627 ***	− 7. 1250 ***	− 8. 0479 ***	− 6. 2187 ***	− 7. 4544 ***
	（0. 000）	（0. 000）	（0. 000）	（0. 000）	（0. 001）	（0. 000）
FCF	− 3. 8299	− 0. 8682	− 3. 0426	− 1. 9732	− 2. 6128	− 4. 0915
	（0. 173）	（0. 758）	（0. 286）	（0. 419）	（0. 347）	（0. 139）
Age	− 0. 3007 *	− 0. 3314 **	− 0. 3847 **	− 0. 1903	− 0. 4316 ***	− 0. 2737 *
	（0. 067）	（0. 040）	（0. 020）	（0. 184）	（0. 008）	（0. 090）
Grow	0. 0134 ***	0. 0109 ***	0. 0125 ***	0. 0116 ***	0. 0115 ***	0. 0121 ***
	（0. 000）	（0. 000）	（0. 000）	（0. 000）	（0. 000）	（0. 000）
Lev	0. 1058 ***	0. 0677 *	0. 0888 **	0. 1101 ***	0. 0788 **	0. 1163 ***
	（0. 007）	（0. 084）	（0. 026）	（0. 001）	（0. 043）	（0. 003）
Own	− 0. 1029 ***	− 0. 0980 ***	− 0. 1137 ***	− 0. 0862 ***	− 0. 1324 ***	− 0. 1119 ***
	（0. 006）	（0. 009）	（0. 003）	（0. 009）	（0. 001）	（0. 003）
JP	− 0. 3241	0. 5136	0. 6052	− 0. 6254	0. 3838	− 0. 1040
	（0. 608）	（0. 344）	（0. 278）	（0. 212）	（0. 485）	（0. 855）
Board	1. 0533 *	1. 1601 **	1. 0903 *	1. 6353 ***	0. 9688 *	0. 9326 *
	（0. 058）	（0. 036）	（0. 054）	（0. 001）	（0. 081）	（0. 089）
INDR	11. 5089	16. 7044	14. 6682	26. 7048 **	8. 4652	8. 0186
	（0. 412）	（0. 230）	（0. 305）	（0. 031）	（0. 548）	（0. 563）
EXE	0. 6295	3. 9866	2. 3623	1. 8960	3. 1126	0. 4209
	（0. 799）	（0. 102）	（0. 335）	（0. 368）	（0. 197）	（0. 862）
D^Y	控制	控制	控制	控制	控制	控制
D^I	控制	控制	控制	控制	控制	控制
Adj. R^2	0. 312	0. 322	0. 284	0. 472	0. 315	0. 333
F test	7. 771 ***	8. 087 ***	6. 924 ***	14. 35 ***	7. 862 ***	8. 465 ***
DW test	1. 921	1. 930	1. 902	1. 909	1. 924	1. 906
N	210	210	210	210	210	210

资料来源：由 Stata13. 0 软件统计而成。

表 6 - 16　替换 SRI 表征指标后企业分维度社会责任投资与滞后一期财务价值回归结果（全国样本）

变量	模型（1）	模型（2）	模型（3）	模型（4）	模型（5）	模型（6）
常数项	66. 0753 ***	63. 3354 ***	59. 6898 ***	60. 5787 ***	59. 0378 ***	78. 0318 ***
	（0. 000）	（0. 000）	（0. 001）	（0. 000）	（0. 001）	（0. 000）

续表

变量	模型（1）	模型（2）	模型（3）	模型（4）	模型（5）	模型（6）
$SRII2_{t-1}$	11.8717**	—	—	—	—	—
	(0.028)	—	—	—	—	—
$SRIE2_{t-1}$	—	23.5141***	—	—	—	—
	—	(0.007)	—	—	—	—
$SRIS2_{t-1}$	—	—	27.3064*	—	—	—
	—	—	(0.085)	—	—	—
$SRIG2_{t-1}$	—	—	—	88.9761***	—	—
	—	—	—	(0.000)	—	—
$SRIC2_{t-1}$	—	—	—	—	9.4954***	—
	—	—	—	—	(0.001)	—
$SRISU2_{t-1}$	—	—	—	—	—	10.6357***
	—	—	—	—	—	(0.000)
RD	-6.3559	2.1513	-6.3329	-9.0166	-4.8112	-12.6464*
	(0.362)	(0.769)	(0.363)	(0.163)	(0.475)	(0.065)
Size	-7.5593***	-7.2801***	-6.9790***	-8.0333***	-6.2554***	-7.1972***
	(0.000)	(0.000)	(0.000)	(0.000)	(0.001)	(0.000)
FCF	-3.1695	-1.5038	-3.1497	-2.1167	-1.8929	-2.8409
	(0.268)	(0.596)	(0.270)	(0.423)	(0.496)	(0.296)
Age	-0.3625**	-0.3260**	-0.3776**	-0.2641*	-0.4251***	-0.2601
	(0.029)	(0.046)	(0.022)	(0.088)	(0.009)	(0.104)
Grow	0.0126***	0.0126***	0.0123***	0.0133***	0.0119***	0.0135***
	(0.000)	(0.000)	(0.000)	(0.000)	(0.000)	(0.000)
Lev	0.0934**	0.0771**	0.0935**	0.1225***	0.0764**	0.1124***
	(0.019)	(0.050)	(0.019)	(0.001)	(0.050)	(0.004)
Own	-0.1126***	-0.0986***	-0.1056***	-0.0857**	-0.1422***	-0.1035***
	(0.003)	(0.009)	(0.006)	(0.017)	(0.000)	(0.005)
JP	0.2756	0.5142	0.5593	-0.2839	0.4398	-0.2953
	(0.672)	(0.349)	(0.316)	(0.600)	(0.420)	(0.606)
Board	1.1083*	1.1406**	1.0949*	1.3820***	1.1382**	0.7623
	(0.050)	(0.041)	(0.053)	(0.009)	(0.039)	(0.163)
INDR	13.6351	17.0493	14.3914	20.7943	11.1961	1.8925
	(0.340)	(0.226)	(0.313)	(0.119)	(0.422)	(0.892)

续表

变量	模型（1）	模型（2）	模型（3）	模型（4）	模型（5）	模型（6）
EXE	1.9755	3.0698	2.5633	2.0550	3.6497	-0.0296
	(0.426)	(0.206)	(0.297)	(0.367)	(0.132)	(0.990)
D^Y	控制	控制	控制	控制	控制	控制
D^I	控制	控制	控制	控制	控制	控制
Adj. R^2	0.285	0.308	0.286	0.382	0.320	0.345
F test	6.955***	7.642***	6.974***	10.21***	8.027***	8.846***
DW test	1.922	1.935	1.919	1.912	1.921	1.933
N	2408	2408	2408	2408	2408	2408

资料来源：由 Stata13.0 软件统计而成。

表6-17　替换 SRI 表征指标后企业分维度社会责任投资与滞后一期财务价值回归结果（福建省样本）

变量	模型（1）	模型（2）	模型（3）	模型（4）	模型（5）	模型（6）
常数项	66.0753***	63.3354***	59.6898***	60.5787***	59.0378***	78.0318***
	(0.000)	(0.000)	(0.001)	(0.000)	(0.001)	(0.000)
$SRII2_{t-1}$	11.8717**	—	—	—	—	—
	(0.028)	—	—	—	—	—
$SRIE2_{t-1}$	—	23.5141***	—	—	—	—
	—	(0.007)	—	—	—	—
$SRIS2_{t-1}$	—	—	27.3064*	—	—	—
	—	—	(0.085)	—	—	—
$SRIG2_{t-1}$	—	—	—	88.9761***	—	—
	—	—	—	(0.000)	—	—
$SRIC2_{t-1}$	—	—	—	—	-9.4954	—
	—	—	—	—	(0.581)	—
$SRISU2_{t-1}$	—	—	—	—	—	10.6357***
	—	—	—	—	—	(0.000)
RD	-6.3559	2.1513	-6.3329	-9.0166	-4.8112	-12.6464*
	(0.362)	(0.769)	(0.363)	(0.163)	(0.475)	(0.065)
Size	-7.5593***	-7.2801***	-6.9790***	-8.0333***	-6.2554***	-7.1972***
	(0.000)	(0.000)	(0.000)	(0.000)	(0.001)	(0.000)
FCF	-3.1695	-1.5038	-3.1497	-2.1167	-1.8929	-2.8409
	(0.268)	(0.596)	(0.270)	(0.423)	(0.496)	(0.296)

续表

变量	模型（1）	模型（2）	模型（3）	模型（4）	模型（5）	模型（6）
Age	−0.3625**	−0.3260**	−0.3776**	−0.2641*	−0.4251***	−0.2601
	(0.029)	(0.046)	(0.022)	(0.088)	(0.009)	(0.104)
Grow	0.0126***	0.0126***	0.0123***	0.0133***	0.0119***	0.0135***
	(0.000)	(0.000)	(0.000)	(0.000)	(0.000)	(0.000)
Lev	0.0934**	0.0771**	0.0935**	0.1225***	0.0764**	0.1124***
	(0.019)	(0.050)	(0.019)	(0.001)	(0.050)	(0.004)
Own	−0.1126***	−0.0986***	−0.1056***	−0.0857**	−0.1422***	−0.1035***
	(0.003)	(0.009)	(0.006)	(0.017)	(0.000)	(0.005)
JP	0.2756	0.5142	0.5593	−0.2839	0.4398	−0.2953
	(0.672)	(0.349)	(0.316)	(0.600)	(0.420)	(0.606)
Board	1.1083*	1.1406**	1.0949*	1.3820***	1.1382**	0.7623
	(0.050)	(0.041)	(0.053)	(0.009)	(0.039)	(0.163)
INDR	13.6351	17.0493	14.3914	20.7943	11.1961	1.8925
	(0.340)	(0.226)	(0.313)	(0.119)	(0.422)	(0.892)
EXE	1.9755	3.0698	2.5633	2.0550	3.6497	−0.0296
	(0.426)	(0.206)	(0.297)	(0.367)	(0.132)	(0.990)
D^Y	控制	控制	控制	控制	控制	控制
D^I	控制	控制	控制	控制	控制	控制
Adj. R^2	0.285	0.308	0.286	0.382	0.320	0.345
F test	6.955***	7.642***	6.974***	10.21***	8.027***	8.846***
DW test	1.915	1.921	1.918	1.934	1.922	1.918
N	210	210	210	210	210	210

资料来源：由 Stata13.0 软件统计而成。

表 6 - 12、表 6 - 13 分别报告了替换社会责任投资表征指标后高新技术企业社会责任投资与当期、滞后一期财务价值的回归结果，从表 6 - 12 可知，模型（1）、模型（4）中的 SRI2 的系数为正并且高度显著，进一步验证了假说 6 - 1。从模型（2）、模型（3）中的 SRI2 的系数比较来看，非国有样本企业 SRI2 的系数显著为正，而国有样本企业 SRI2 的系数为正但不显著，说明产权性质不同的企业社会责任投资的财务价值效应存在差异同，为假说 6 - 3 进一步提供了支持。从表 6 - 13 可知，模型（1）、模型（4）中的 $SRI2_{t-1}$ 的系数为正并且高度显著，

分别与表 6 – 12 中模型（1）、模型（4）中的 SRI2 的系数相比，SRI2$_{t-1}$的系数值更大，进一步验证了假说 6 – 2。这说明上述研究结论的稳健可靠。

表 6 – 14、表 6 – 15 分别报告了全国样本、福建省样本企业分维度社会责任投资与当期财务价值的回归结果。从表 6 – 14 可知，全国样本企业分维度的社会责任投资（SRII2、SRIE2、SRIS2、SRIG2、SRIC2 和 SRISU2）的系数均为正并且显著，分假说 6 – 1a – 1f 又得以验证。从表 6 – 15 可知，福建省样本企业对投资者、员工、政府和供应商的社会责任投资（SRII2、SRIE2、SRIG2 和 SRISU2）的系数均为正并且显著，而对社区和消费者的社会责任投资（SRIS2、SRIC2）的系数均不显著，这与上文福建省样本的回归结果是一致的。说明上述研究结果是稳健可靠的。

表 6 – 16、表 6 – 17 分别报告了全国样本、福建省样本企业分维度社会责任投资与滞后一期财务价值的回归结果。从表 6 – 16 可知，全国样本企业分维度的社会责任投资的系数均为正且显著。从表 6 – 17 可知，福建省样本企业对投资者、员工、社区、政府和供应商的社会责任投资的系数均为正并且显著，而对消费者的社会责任投资的系数不显著，这与上面福建省样本的回归结果基本一致。说明上述研究结果是稳健可靠的。

2. 替换公司财务价值表征指标的检验

上面采用总资产净利率（ROA）来度量企业财务价值，现将采用净资产净利率（ROE）来衡量公司财务价值，重新对上文假说进行检验，回归结果如表 6 – 18、表 6 – 19、表 6 – 20、表 6 – 21、表 6 – 22、表 6 – 23 所示。

表6 –18　　替换财务价值表征指标后企业 SRI 与当期财务价值的稳健性检验

变量	全国样本			福建省样本
	全样本	国有样本	非国有样本	
	模型（1）	模型（2）	模型（3）	模型（4）
常数项	– 52. 2016 ***	– 66. 8201 ***	– 47. 2654 ***	42. 0541 *
	(0. 000)	(0. 000)	(0. 000)	(0. 073)
SRI	0. 8348 **	0. 0942	1. 4213 **	14. 8671 ***
	(0. 039)	(0. 248)	(0. 017)	(0. 000)
RD	2. 3471	6. 6456	3. 5996	– 4. 9395
	(0. 458)	(0. 460)	(0. 287)	(0. 581)

续表

变量	全国样本			福建省样本
	全样本	国有样本	非国有样本	
	模型（1）	模型（2）	模型（3）	模型（4）
Size	6. 4463 ***	7. 5637 ***	5. 9306 ***	− 3. 4884
	(0. 000)	(0. 000)	(0. 000)	(0. 163)
FCF	0. 0008	− 0. 0408	0. 0193	2. 1369
	(0. 976)	(0. 323)	(0. 576)	(0. 563)
Age	− 0. 1759 ***	− 0. 2372 **	− 0. 1393 *	− 0. 8118 ***
	(0. 006)	(0. 047)	(0. 076)	(0. 000)
Grow	− 0. 0002	0. 0012	− 0. 0014	0. 0144 ***
	(0. 877)	(0. 400)	(0. 490)	(0. 000)
Lev	− 0. 1694 ***	− 0. 2683 ***	− 0. 1160 ***	− 0. 0159
	(0. 000)	(0. 000)	(0. 000)	(0. 782)
Own	− 0. 0330 *	− 0. 0483	− 0. 0055	− 0. 1376 ***
	(0. 076)	(0. 202)	(0. 806)	(0. 006)
JP	− 0. 0711	− 0. 0559	0. 0143	1. 4327 **
	(0. 745)	(0. 886)	(0. 959)	(0. 049)
Board	0. 4457 ***	0. 3612	0. 5061 **	0. 2315
	(0. 006)	(0. 208)	(0. 018)	(0. 755)
INDR	12. 3779 **	40. 6714 ***	0. 4375	− 7. 5943
	(0. 018)	(0. 000)	(0. 944)	(0. 680)
EXE	1. 0111	− 8. 0639	1. 9705	6. 81655 **
	(0. 424)	(0. 492)	(0. 118)	(0. 032)
D^Y	控制	控制	控制	控制
D^I	控制	控制	控制	控制
Adj. R^2	0. 112	0. 153	0. 083	0. 399
F test	22. 54 ***	14. 25 ***	9. 832 ***	10. 89 ***
DW test	1. 924	1. 931	1. 916	1. 923
N	2408	1041	1367	210

资料来源：由 Stata13. 0 软件统计而成。

表 6-19　替换财务价值表征指标后企业 SRI 与滞后一期财务价值的稳健性检验

变量	全国样本			福建省样本
	全样本	国有样本	非国有样本	
	模型（1）	模型（2）	模型（3）	模型（4）
常数项	-59.696***	-71.6760***	-56.5047***	54.3503**
	(0.000)	(0.000)	(0.000)	(0.024)
SRI_{t-1}	2.4830***	1.2003	3.9439***	9.9521***
	(0.000)	(0.127)	(0.000)	(0.000)
RD	5.0306	8.4166	7.0810**	-2.9285
	(0.110)	(0.348)	(0.034)	(0.754)
Size	7.1071***	8.0975***	6.6570***	-5.7948**
	(0.000)	(0.000)	(0.000)	(0.021)
FCF	0.0055	-0.0396	0.0321	6.6496
	(0.823)	(0.302)	(0.345)	(0.107)
Age	-0.1323**	-0.2125*	-0.0947	-0.6930***
	(0.036)	(0.075)	(0.214)	(0.002)
Grow	-0.0001	0.0012	-0.0012	0.0155***
	(0.965)	(0.369)	(0.538)	(0.000)
Lev	-0.1867***	-0.2756***	-0.1436***	0.0600
	(0.000)	(0.000)	(0.000)	(0.280)
Own	-0.0392**	-0.0583	-0.0119	-0.1610***
	(0.033)	(0.121)	(0.588)	(0.002)
JP	-0.1480	-0.0898	-0.1394	1.2557*
	(0.493)	(0.817)	(0.614)	(0.093)
Board	0.4586***	0.3846	0.4862**	0.8498
	(0.004)	(0.178)	(0.020)	(0.259)
INDR	10.2970**	36.7916***	0.7601	2.3420
	(0.046)	(0.000)	(0.900)	(0.902)
EXE	1.3934	-6.4113	1.9957	6.5829**
	(0.264)	(0.583)	(0.104)	(0.045)
D^Y	控制	控制	控制	控制
D^I	控制	控制	控制	控制
Adj. R^2	0.133	0.160	0.122	0.360

续表

变量	全国样本			福建省样本
	全样本	国有样本	非国有样本	
	模型（1）	模型（2）	模型（3）	模型（4）
F test	27. 21 ***	14. 98 ***	14. 41 ***	9. 383 ***
DW test	1. 926	1. 922	1. 931	1. 917
N	2408	1041	1367	210

资料来源：由 Stata13. 0 软件统计而成。

表 6 - 20　替换财务价值表征指标后企业分维度 SRI 与当期财务价值的稳健性检验（全国样本）

变量	模型（1）	模型（2）	模型（3）	模型（4）	模型（5）	模型（6）
常数项	− 50. 7665 ***	− 57. 3432 ***	− 55. 6413 ***	− 53. 4602 ***	− 51. 2912 ***	− 50. 9299 ***
	(0. 000)	(0. 000)	(0. 000)	(0. 000)	(0. 000)	(0. 000)
SRII	1. 5283 **	—	—	—	—	—
	(0. 021)	—	—	—	—	—
SRIE	—	37. 0781 ***	—	—	—	—
	—	(0. 000)	—	—	—	—
SRIS	—	—	62. 9985 ***	—	—	—
	—	—	(0. 000)	—	—	—
SRIG	—	—	—	1. 1030 **	—	—
	—	—	—	(0. 040)	—	—
SRIC	—	—	—	—	3. 0012 ***	—
	—	—	—	—	(0. 003)	—
SRISU	—	—	—	—	—	2. 5603 ***
	—	—	—	—	—	(0. 000)
RD	1. 9741	− 0. 8597	0. 2660	2. 4363	2. 2164	4. 3916
	(0. 532)	(0. 785)	(0. 933)	(0. 441)	(0. 482)	(0. 167)
Size	6. 2699 ***	6. 6216 ***	6. 7280 ***	6. 6011 ***	6. 3479 ***	6. 1354 ***
	(0. 000)	(0. 000)	(0. 000)	(0. 000)	(0. 000)	(0. 000)
FCF	− 0. 0001	0. 0020	0. 0049	0. 0018	− 0. 0008	0. 0009
	(0. 999)	(0. 940)	(0. 857)	(0. 948)	(0. 976)	(0. 973)
Age	− 0. 1658 ***	− 0. 1408 **	− 0. 1744 ***	− 0. 1652 ***	− 0. 1341 **	− 0. 1431 **
	(0. 009)	(0. 026)	(0. 006)	(0. 010)	(0. 038)	(0. 024)

变量	模型（1）	模型（2）	模型（3）	模型（4）	模型（5）	模型（6）
Grow	− 0. 0002	− 0. 0003	− 0. 0001	− 0. 0003	− 0. 0005	− 0. 0000
	(0. 859)	(0. 782)	(0. 958)	(0. 800)	(0. 706)	(0. 998)
Lev	− 0. 1674 ***	− 0. 1631 ***	− 0. 1739 ***	− 0. 1702 ***	− 0. 1678 ***	− 0. 1766 ***
	(0. 000)	(0. 000)	(0. 000)	(0. 000)	(0. 000)	(0. 000)
Own	− 0. 0317 *	− 0. 0259	− 0. 0275	− 0. 0343 *	− 0. 0324 *	− 0. 0325 *
	(0. 088)	(0. 159)	(0. 137)	(0. 066)	(0. 081)	(0. 079)
JP	− 0. 0596	− 0. 0822	− 0. 0787	− 0. 0784	− 0. 0657	− 0. 0962
	(0. 785)	(0. 704)	(0. 718)	(0. 720)	(0. 763)	(0. 658)
Board	0. 4419 ***	0. 4245 ***	0. 4584 ***	0. 4360 ***	0. 4368 ***	0. 4845 ***
	(0. 007)	(0. 008)	(0. 005)	(0. 007)	(0. 007)	(0. 003)
INDR	12. 8250 **	13. 8826 ***	13. 5899 ***	12. 0445 **	12. 7791 **	12. 6050 **
	(0. 014)	(0. 007)	(0. 009)	(0. 021)	(0. 014)	(0. 015)
EXE	0. 7624	0. 6610	0. 8661	1. 0830	0. 7015	0. 6969
	(0. 545)	(0. 596)	(0. 490)	(0. 394)	(0. 577)	(0. 578)
D^Y	控制	控制	控制	控制	控制	控制
D^I	控制	控制	控制	控制	控制	控制
Adj. R^2	0. 111	0. 127	0. 118	0. 112	0. 114	0. 120
F test	22. 21 ***	25. 88 ***	23. 82 ***	22. 54 ***	22. 91 ***	24. 32 ***
DW test	1. 923	1. 927	1. 914	1. 933	1. 931	1. 919
N	2408	2408	2408	2408	2408	2408

资料来源：由 Stata13. 0 软件统计而成。

表 6 − 21　替换财务价值表征指标后企业分维度 SRI 与当期财务价值的稳健性检验（福建省样本）

变量	模型（1）	模型（2）	模型（3）	模型（4）	模型（5）	模型（6）
常数项	103. 5090 ***	77. 2467 ***	86. 9663 ***	28. 4533	87. 1851 ***	59. 2501 **
	(0. 000)	(0. 001)	(0. 000)	(0. 109)	(0. 000)	(0. 014)
SRII	14. 9113 ***	—	—	—	—	—
	(0. 000)	—	—	—	—	—
SRIE	—	56. 1402 **	—	—	—	—
	—	(0. 010)	—	—	—	—
SRIS	—	—	1. 0680			
	—	—	(0. 988)			

续表

变量	模型（1）	模型（2）	模型（3）	模型（4）	模型（5）	模型（6）
SRIG	—	—	—	26.3996 ***	—	—
	—	—	—	（0.000）	—	—
SRIC	—	—	—	—	− 0.8285	—
	—	—	—	—	（0.907）	—
SRISU	—	—	—	—	—	11.1896 ***
	—	—	—	—	—	（0.000）
RD	− 10.4453	− 15.6358	− 10.5042	− 9.0926	− 10.5174	− 5.4500
	（0.232）	（0.108）	（0.281）	（0.190）	（0.277）	（0.558）
Size	− 9.4584 ***	− 6.8265 ***	− 8.9165 ***	− 2.8299	− 8.9439 ***	− 5.7290 **
	（0.000）	（0.009）	（0.001）	（0.129）	（0.000）	（0.024）
FCF	− 2.9750	− 1.6379	− 0.6978	0.2683	− 0.7134	1.3766
	（0.409）	（0.676）	（0.862）	（0.925）	（0.857）	（0.719）
Age	− 0.4051 *	− 0.7003 ***	− 0.6100 ***	− 0.5450 ***	− 0.6134 ***	− 0.8044 ***
	（0.055）	（0.002）	（0.009）	（0.001）	（0.009）	（0.000）
Grow	0.0178 ***	0.0161 ***	0.0157 ***	0.0142 ***	0.0157 ***	0.0142 ***
	（0.000）	（0.000）	（0.000）	（0.000）	（0.000）	（0.000）
Lev	0.0889 *	0.1258 **	0.1421 **	0.0411	0.1428 **	0.0417
	（0.080）	（0.022）	（0.011）	（0.307）	（0.011）	（0.471）
Own	− 0.1043 **	− 0.1685 ***	− 0.1600 ***	− 0.1212 ***	− 0.1618 ***	− 0.1659 ***
	（0.033）	（0.002）	（0.003）	（0.002）	（0.004）	（0.001）
JP	0.6029	0.9957	0.8320	0.6604	0.8259	1.1778
	（0.392）	（0.196）	（0.286）	（0.237）	（0.291）	（0.117）
Board	0.2834	0.5289	1.1370	0.7515	1.1528	0.8156
	（0.695）	（0.514）	（0.151）	（0.185）	（0.150）	（0.283）
INDR	− 31.1988 *	− 16.2878	− 0.9135	− 1.8472	− 0.6282	1.4584
	（0.095）	（0.427）	（0.964）	（0.897）	（0.975）	（0.939）
EXE	1.8955	3.6849	5.5535	6.6432 ***	5.6165	7.7084 **
	（0.547）	（0.285）	（0.106）	（0.007）	（0.107）	（0.021）
D^Y	控制	控制	控制	控制	控制	控制
D^I	控制	控制	控制	控制	控制	控制
Adj. R^2	0.422	0.315	0.292	0.637	0.292	0.352
F test	11.89 ***	7.871 ***	7.143 ***	27.15 ***	7.144 ***	9.110 ***

续表

变量	模型（1）	模型（2）	模型（3）	模型（4）	模型（5）	模型（6）
DW test	1.918	1.909	1.915	1.920	1.923	1.917
N	210	210	210	210	210	210

资料来源：由 Stata13.0 软件统计而成。

表6－22　替换财务价值表征指标后企业分维度 SRI 与滞后一期财务价值的稳健性检验（全国样本）

变量	模型（1）	模型（2）	模型（3）	模型（4）	模型（5）	模型（6）
常数项	－53.0442 ***	－55.3746 ***	－50.0760 ***	－55.1453 ***	－53.7170 ***	－50.4895 ***
	（0.000）	（0.000）	（0.000）	（0.000）	（0.000）	（0.000）
$SRII_{t-1}$	16.4749 ***	—	—	—	—	—
	（0.000）	—	—	—	—	—
$SRIE_{t-1}$	—	32.2931 ***	—	—	—	—
	—	（0.000）	—	—	—	—
$SRIS_{t-1}$	—	—	3.5153 *	—	—	—
	—	—	（0.097）	—	—	—
$SRIG_{t-1}$	—	—	—	2.0104 ***	—	—
	—	—	—	（0.001）	—	—
$SRIC_{t-1}$	—	—	—	—	11.3056 ***	—
	—	—	—	—	（0.000）	—
$SRISU_{t-1}$	—	—	—	—	—	2.9691 ***
	—	—	—	—	—	（0.000）
RD	1.9532	－0.4359	1.9990	2.6790	1.1310	4.6200
	（0.535）	（0.890）	（0.530）	（0.396）	（0.719）	（0.145）
Size	6.4771 ***	6.4741 ***	6.2079 ***	6.8339 ***	6.3144 ***	6.0766 ***
	（0.000）	（0.000）	（0.000）	（0.000）	（0.000）	（0.000）
FCF	－0.0030	0.0048	－0.0025	0.0009	－0.0018	0.0004
	（0.903）	（0.846）	（0.918）	（0.971）	（0.940）	（0.988）
Age	－0.1598 **	－0.1478 **	－0.1646 ***	－0.1638 **	－0.1374 **	－0.1387 **
	（0.012）	（0.020）	（0.009）	（0.011）	（0.031）	（0.029）
Grow	－0.0000	－0.0004	－0.0002	－0.0003	－0.0001	0.0001
	（0.984）	（0.773）	（0.866）	（0.810）	（0.934）	（0.954）
Lev	－0.1704 ***	－0.1628 ***	－0.1672 ***	－0.1727 ***	－0.1708 ***	－0.1776 ***
	（0.000）	（0.000）	（0.000）	（0.000）	（0.000）	（0.000）

续表

变量	模型（1）	模型（2）	模型（3）	模型（4）	模型（5）	模型（6）
Own	−0.0326*	−0.0283	−0.0323*	−0.0361*	−0.0299	−0.0333*
	(0.078)	(0.125)	(0.082)	(0.052)	(0.105)	(0.071)
JP	−0.0982	−0.0719	−0.0577	−0.0904	−0.0726	−0.0909
	(0.652)	(0.740)	(0.792)	(0.679)	(0.738)	(0.675)
Board	0.4352***	0.4179***	0.4353***	0.4147**	0.4595***	0.4785***
	(0.007)	(0.009)	(0.007)	(0.011)	(0.004)	(0.003)
INDR	12.8040**	13.7584***	12.8695**	11.1745**	13.0833**	12.1454**
	(0.014)	(0.008)	(0.014)	(0.033)	(0.012)	(0.019)
EXE	0.9488	0.6394	0.7408	1.3233	0.1233	0.6520
	(0.450)	(0.609)	(0.557)	(0.297)	(0.922)	(0.602)
D^Y	控制	控制	控制	控制	控制	控制
D^I	控制	控制	控制	控制	控制	控制
Adj. R^2	0.117	0.123	0.111	0.115	0.121	0.123
F test	23.50***	24.84***	22.23***	23.16***	24.54***	24.98***
DW test	1.918	1.924	1.927	1.913	1.918	1.921
N	2408	2408	2408	2408	2408	2408

资料来源：由 Stata13.0 软件统计而成。

表6-23　替换财务价值表征指标后企业分维度 SRI 与滞后一期财务价值的稳健性检验（福建省样本）

变量	模型（1）	模型（2）	模型（3）	模型（4）	模型（5）	模型（6）
常数项	86.0835***	77.5808***	72.0468***	42.6327**	87.0927***	66.1301***
	(0.000)	(0.001)	(0.003)	(0.042)	(0.000)	(0.007)
$SRII_{t-1}$	104.7888***	—	—	—	—	—
	(0.002)	—	—	—	—	—
$SRIE_{t-1}$	—	57.6265***	—	—	—	—
	—	(0.004)	—	—	—	—
$SRIS_{t-1}$	—	—	182.1933***	—	—	—
	—	—	(0.002)	—	—	—
$SRIG_{t-1}$	—	—	—	191.4667***	—	—
	—	—	—	(0.000)	—	—
$SRIC_{t-1}$	—	—	—	—	−0.4437	—
	—	—	—	—	(0.950)	—

续表

变量	模型（1）	模型（2）	模型（3）	模型（4）	模型（5）	模型（6）
$SRISU_{t-1}$	—	—	—	—	—	7.6469 ***
	—	—	—	—	—	(0.001)
RD	−11.1212	−13.9137	−12.7539	−7.1744	−10.5346	−5.2488
	(0.239)	(0.145)	(0.178)	(0.380)	(0.277)	(0.582)
Size	−8.4686 ***	−7.1325 ***	−7.3541 ***	−5.1719 **	−8.9318 ***	−7.1010 ***
	(0.001)	(0.005)	(0.004)	(0.018)	(0.000)	(0.005)
FCF	0.5955	1.4579	−0.0083	9.2294 ***	−0.7425	3.6432
	(0.879)	(0.712)	(0.998)	(0.009)	(0.853)	(0.373)
Age	−0.5096 **	−0.6693 ***	−0.5475 **	−0.5182 ***	−0.6118 ***	−0.7232 ***
	(0.025)	(0.003)	(0.016)	(0.008)	(0.009)	(0.002)
Grow	0.0173 ***	0.0158 ***	0.0165 ***	0.0174 ***	0.0157 ***	0.0150 ***
	(0.000)	(0.000)	(0.000)	(0.000)	(0.000)	(0.000)
Lev	0.1097 **	0.1354 **	0.1352 **	0.1074 **	0.1423 **	0.0858
	(0.047)	(0.013)	(0.013)	(0.023)	(0.011)	(0.130)
Own	−0.1662 ***	−0.1739 ***	−0.1409 ***	−0.1406 ***	−0.1612 ***	−0.1808 ***
	(0.002)	(0.001)	(0.008)	(0.002)	(0.004)	(0.001)
JP	0.6556	1.0262	0.5445	0.7597	0.8297	1.1376
	(0.390)	(0.180)	(0.477)	(0.248)	(0.288)	(0.137)
Board	0.9527	0.6026	1.0426	1.2074 *	1.1461	1.1912
	(0.218)	(0.448)	(0.177)	(0.071)	(0.153)	(0.122)
INDR	−11.5258	−13.6719	−2.4116	4.8893	−0.7484	6.3659
	(0.560)	(0.495)	(0.901)	(0.772)	(0.970)	(0.745)
EXE	4.9925	3.6721	6.5072 *	7.2588 **	5.5984	7.5549 **
	(0.137)	(0.283)	(0.054)	(0.013)	(0.111)	(0.027)
D^Y	控制	控制	控制	控制	控制	控制
D^I	控制	控制	控制	控制	控制	控制
Adj. R^2	0.325	0.322	0.326	0.495	0.292	0.328
F test	8.200 ***	8.078 ***	8.221 ***	15.65 ***	7.143 ***	8.297 ***
DW test	1.929	1.917	1.921	1.933	1.907	1.934
N	210	210	210	210	210	210

资料来源：由 Stata13.0 软件统计而成。

表6－18、表6－19分别报告了替换财务价值表征指标后高新技术企业社会责任投资与当期、滞后一期财务价值的回归结果，从表6－18可知，模型（1）、模型（4）中的 SRI 的系数为正且高度显著；从模型（2）、模型（3）中的 SRI 的系数来看，只有非国有样本企业 SRI 的系数显著为正。从表6－19可知，模型（1）、模型（4）中的 SRI_{t-1} 的系数为正且高度显著。这些检验结果与前文基本一致，说明上文研究结论是稳健、可靠的。

表6－20、表6－21分别报告了全国样本、福建省样本企业分维度社会责任投资与当期财务价值的回归结果。从表6－20可知，全国样本企业各维度的社会责任投资的系数均为正且显著。从表6－21可知，福建省样本企业中除了对社区和消费者的社会责任投资的系数不显著外，其余分维度系数均为正且显著，这与上面福建省样本的回归结果是一致的，说明上述研究结论是稳健可靠的。

表6－22、表6－23分别报告了全国样本、福建省样本企业分维度社会责任投资与滞后一期财务价值的回归结果。从表6－22可知，全国样本企业分维度的社会责任投资的系数均为正且显著。从表6－23可知，福建省样本企业中，除了对消费者的社会责任投资的系数（$SRIC_{t-1}$）不显著外，其余分维度的系数均为正且显著。说明上述研究结论的稳健性。

6.5　本章小结

基于社会影响理论等分析，本章提出了3个研究假说：①高新技术企业社会责任投资有利于提升企业财务价值；并从利益相关者视角提出了6个分假说：即企业对投资者、员工、政府、社区、消费者和供应商等分维度的社会责任投资对财务价值均具有正向影响效应；②高新技术企业社会责任投资对提升滞后一期的财务价值效应更大；③不同产权性质企业社会责任投资对财务价值的影响存在差异。在此基础上，以2010~2015年我国高新技术上市公司为样本观测值，从不同产权视角考察了高新技术企业社会责任投资与财务价值之间的关系。

研究结果发现：①高新技术企业社会责任投资能够有效地提高企业当期财务价值。与全国样本相比，福建省高新技术样本企业社会责任投资对当期财务价值的提升效应更大。②高新技术企业社会责任投资对财务价值的提升作用具有一定的滞后性，即企业社会责任投资对滞后一期财务价值的提升效应较当期更大更显著；同样，较全国样本而言，福建省样本企业的提升效应更大。③高新技术企业对投资者、员工、政府、社区、消费者和供应商等各利益相关者的社会责任投资均能显著提升当期和滞后期的财务价值。但在福建省样本中，高新技术企业对各利益相关者的社会责任投资对财务价值的影响效应不一。具体表现为：企业对投资者、员工、政府和供应商等分维度的社会责任投资均能提升当期和滞后期的财务价值；企业对社区的社会责任投资只能提高滞后期的财务价值；而企业对消费者的社会责任投资对当期和滞后期的财务价值的影响均不显著。④高新技术企业社会责任投资因产权性质的不同对企业财务价值的影响存在异质性，具体表现为：国有企业样本社会责任投资对财务价值的影响不显著，而非国有企业样本社会责任投资对当期、滞后期的财务价值均具有显著的正向影响，且相比较而言，其对滞后期财务价值的提升效应更大更显著。

⑦

高新技术企业社会责任投资与
可持续发展的实证研究

上两章研究了高新技术企业社会责任投资对创新绩效、财务价值的影响，研究结果表明高新技术企业进行社会责任投资均能有效地提高企业的创新绩效和财务价值。而企业社会责任投资是一种基于可持续发展战略的投资模式，企业要兼顾经济、社会和生态效益，以实现"三效合一"的目标。因此，本章将考察高新技术企业社会责任投资对其社会价值、可持续发展的影响效应。从第2章的文献综述可知，目前学者较少研究企业社会责任投资的社会价值，也鲜有文献就企业社会责任投资与可持续发展之间的关系进行实证检验。高新技术企业进行社会责任投资是否促进各利益相关者的社会价值的提升？在新经济常态背景下，企业社会责任投资是否促进企业的可持续发展？鉴此，本章对高新技术企业社会责任投资与社会价值、可持续发展之间关系提出相应的研究假说，并进行实证检验与分析。

7.1 研究假说的提出

7.1.1 高新技术企业社会责任投资与社会价值

从投资决策的角度来看，企业社会责任投资本质上是管理层将其投资的价值取向以及企业对社会的关注等价值观念融入企业的投资策略中，在进行投资决策时兼顾企业的经济效益和社会价值，以达到企业与社会共同获益的目标，实现可持续发展。赵明（2006）认为，基于企业社会责任理念，企业在关注传统的财务绩效相关问题之际，亦关注诸如环境保护、经济发展、人类和平以及社会公平等社会问题，在投资决策过程中融入对利益与伦理、经济与社会以及当前状态与未来发展方式的选择。因此，企业应该倡导将其提升财务绩效的目标建立在注重对投资者、员工、社区、政府、消费者及供应商等利益相关者履行社会责任的基础上，加倍关注社会问题，同时不能忽略对隐形利益相关者的社会责任投资，加强防范与控制无形风险，提升社会价值。

由第 2 章对高新技术企业的特征分析可知，高新技术企业与其外部的联系较传统企业更广泛，其技术创新能力和产品质量水平的提升能够促进上下游及其他相关产业的发展。同时，有关环境治理的技术发展能够提高企业生态环境的治理能力，相关技术研发则能够提高资源利用效率。而高新技术企业技术创新有赖于各利益相关者的支持，企业积极对各方进行社会责任投资，有利于提升企业技术创新能力和财务价值，进而提升社会价值。此外，各利益相关方得到企业社会责任投资后，他们的利益诉求得以满足，也会给予企业相应的有形和无形的回报，促进其社会价值的提升。鉴此，本章提出以下假说。

假说 7 - 1：高新技术企业社会责任投资有利于提升社会价值。

7.1.2　高新技术企业社会责任投资与可持续发展

粗放型的经济增长方式已不再适用当前的经济、生态环境，作为国民经济发展主要推动力的高新技术企业，只有适应当前经济和环境的变化，积极履行社会责任才能获取长期竞争优势，实现技术创新生态化，保证企业发展的可持续性。

1. 高新技术企业社会责任投资能够为其可持续发展提供创新途径

在动态复杂的社会经济环境中，高新技术企业要想保持竞争优势就必须不断创新，刘娜（2013）指出，企业承担社会责任有助于高新技术企业寻求新途径，不断提升创新能力，从而实现持续创新。卡拉斯科和玛特内兹（Carras-co and Martinez，2013）研究发现，如果在企业文化中贯彻企业社会责任的理念，不仅能够使企业社会责任理念深入人心，还助于在企业上下形成创新的文化氛围，而且有利于促进产品或服务以及流程上的创新，从而提升企业的获利空间，增加企业经济效益，进而提升企业的可持续发展水平。朱乃平等（2014）研究发现，投资者可以通过企业社会责任投资来分析其无形资产的投资效率，并且企业社会责任投资与其创新能力之间存在着"1 + 1 > 2"的协同效应。

2. 高新技术企业社会责任投资能够为其可持续发展提供必要的资源基础

希尔和琼斯（Hill and Jones，2001）从社会契约理论的视角出发认为，企业是由资源持有者签订的一系列契约组成。高新技术企业的发展有赖于各利益相关方的资源支持，例如：投资者的资金支持有助于企业扩大发展规模、加大研发力度等；供应商提供高质量的原材料和半成品或者可靠的技术支持；消费者的用户体验反馈信息有助于企业明确未来技术创新的方向；政府的政策支持有助于企业洞悉宏观环境的政策方向、明确企业未来的战略目标和方向，提升行业竞争地位；社区能够为高新技术企业提供其特殊的资源要求，如当地的人才教育还能够为企业提供高素质的人力资源。因此，高新技术企业在各利益相关方的资源支持下稳健经营，同时，企业积极对各利益相关者进行社会责任投资能够与各方建立稳定的战略联系，从而各方愿意为高新技术企业提供其发展所必需的各项技术和资源支持。因此，企业社会责任投资是一种"双赢机制"（张兆国等，2013）。

3. 高新技术企业社会责任投资能够为其可持续发展赢得先行优势

邦尼（Barney，1991）认为，模仿壁垒是高新技术企业赢得先行优势的筹码，企业要赢得先行优势就必须保证其独特的资源难以被竞争对手模仿。高新技术企业社会责任投资不仅能够吸引利益相关者与企业建立战略联盟关系，而且能够获得企业独有的社会责任资源，积累企业社会责任方面的管理经验，不断加强与各方的联系，进而提高模仿壁垒，保持先行优势。舍斯里和拉默特（Sirsly and Lamert，2008）基于战略视角认为，企业社会责任投资情况是企业在议题、利益相关者以及环境评估三个方面的管理能力的综合体现，企业战略性地、有效地进行社会责任投资，则有助于其获得先行优势。

综上所述，高新技术企业社会责任投资不仅能为高新技术企业提供创新发展的途径，而且还能从中获得发展所必需的资源、赢得先行优势，从而促进高新技术企业的可持续发展水平。鉴此，本章提出以下假说。

假说 7 - 2：高新技术企业社会责任投资有利于促进企业的可持续发展。

7.2 研究设计

7.2.1 模型构建

为了检验上述假说 7 - 1，本章建立如式（7 - 1）的 OLS 回归模型。

$$SV_{it} = \beta_0 + \beta_1 SRI_{it} + \sum \lambda Var_{it}^{con} + \varepsilon_{it} \qquad (7-1)$$

为了检验上述假说 7 - 2，构建了如式（7 - 2）的模型。

$$SGR_{it} = \beta_0 + \beta_1 SRI_{it} + \sum \lambda Var_{it}^{con} + \varepsilon_{it} \quad (7-2)$$

其中，式（7 - 1）中的被解释变量 SV_{it} 表示第 i 公司 t 期社会价值，式（7 - 2）中的被解释变量 SGR_{it} 表示第 i 公司 t 期可持续发展水平。解释变量 SRI_{it} 表示第 i 公司 t 期企业社会责任投资综合强度。Var_{it}^{con} 表示第 i 公司 t 期控制变量。根据相关参考文献，与上一章一样，本章选取了两类控制变量：公司特征变量与公司治理变量。其中，公司特征变量包括：研发费用（RD）、公司规模（Size）、自由现金流量（FCF）、产权性质（Nature）、公司年龄（Age）、成长性（Grow）和财务杠杆（Lev）。公司治理变量包括：股权集中度（Own）、监事会规模（JP）、董事会规模（Board）、独立董事比例（INDR）和管理层持股比例（EXE）。同时，本章还设置了年度和行业哑变量，以控制年度和行业差异的影响。控制变量的具体界定如表 6 - 1 所示。

7.2.2 变量界定

1. 企业社会价值（SV）

社会价值也称为企业社会责任的表现，是指企业的社会责任原则、社会回应过程以及与企业社会关系有关的可观察到的结果总和［伍得（Wood，1991）］，乌尔曼（Ullmann，1985）认为，企业社会价值涵盖了企业履行社会责任对各利益相关方的影响，反映了企业承担社会责任带来的社会结果，即企业履行社会责任满足社会中各利益相关方利益诉求的程度。麦克威廉姆斯（Mcwilliams，2001）认为，从社会价值的内涵来看，其与企业社会责任投资既有联系又有区别：企业社会责任投资是指企业对于社会责任或持续性的项目计划和投资，而企业社会价值则代表利益相关方对项目计划和投资整体结果和质量的评价。

借鉴贾兴平和刘益（2014）的研究，本章采用和讯网企业社会责任评价系统中对上市公司社会责任表现的评分来衡量企业的社会价值。和讯网中企业社会责任评价体系数据来自上海、深圳证券交易所上市公司发布的企业社会责任报告及年报，其主要从五个一级指标（股东、供应商、员工、客户及消费者权益、社会和环境责任）对企业社会责任表现进行评分，在一级指标分类下，分别设立 13 个二级指标和 37 个三级指标；该指标体系能够较为客观、全面地反映企业的社会价值，为研究企业社会责任表现提供了便利。

2. 企业可持续发展水平（SGR）

生态环境破坏日益严重并成为全球性的问题，1987 年世界环境与发展委员会提出了可持续性（sustainability）的概念，可持续发展的理念应运而生。自此，学者进行了广泛研究，而我国学者对其研究则起步较晚。刘力钢（2000）认为，企业可持续发展是指企业在确保基本生存的持续创新前提下，争取保持长期竞争优势，最终的战略目标是实现企业的长远发展。芮明杰和吴光飙（2001）则更加强调企业如何实现可持续发展的途径，即企业应如何提高资源配置效率以解决发展问题，实现可持续发展。肖海林和王方华（2004）认为，企业应当在满足各利益相关方的利益诉求的基础上提高资源配置效率，这样才能提高企业可持续发展水平。

希金斯（Higgins，1977）对企业可持续发展问题展开研究，构建了企业静态可持续增长模型，开创了定量研究企业可持续发展问题的先河。本章借鉴王海兵和韩彬（2016）的方法，用企业可持续增长率来衡量高新技术上市公司的可持续发展水平，其计算公式如下。

企业可持续增长率（SGR）＝销售净利率×资产周转率×权益乘数×留存收益率

其中，销售净利率与资产周转率反映的是企业生产经营过程中的经营效率问题，而权益乘数及留存收益率则描述的是企业当前的财务结构和股利政策。

7.2.3 样本选取与数据来源

与第 6 章一样，本章选取 2010～2015 年高新技术上市公司为研究样本，剔除被标记为 ST 和 PT 的样本、剔除资产负债率小于 0 或大于 1 及数据缺失的样本公司，最终获得 2408 个有效样本观测值，其中福建省有效样本 210 个，样本具体情况如表 6 - 2 所示。样本公司的财务数据主要来源于同花顺、CS-MAR 金融数据库、Wind 数据库及和讯网。为了避免极端值的影响，本章对连续变量在 1% 和 99% 分位数水平上进行了缩尾处理。

7.3 回归结果分析

7.3.1 描述性统计分析

表 7 - 1 列示了全国样本各研究变量的描述性统计结果。从表中可知，全

国样本企业的社会价值（SV）最大值为 80.75，最小值为 -1.68，均值与中位数分别为 30.140、23.09，表明我国高新技术样本公司的社会价值均值不高，且各公司之间悬殊较大。企业可持续发展率（SGR）的均值为 1.552%，说明高新技术样本公司整体可持续发展水平不高，其最大值为 15.442%、最小值为 -10.795%，而标准差为 3.24%，说明部分样本公司两极差异较大。其他变量的描述统计分析见本书第 6 章的 6.4.1 节。

表 7-1   研究变量描述性统计结果（全国样本）

变量	观测值	均值	中位数	标准差	最大值	最小值
SV	2408	30.140	23.090	20.07	80.750	-1.680
SGR	2408	1.552	1.092	3.24	15.442	-10.795
SRI	2408	1.360	1.022	1.21	4.923	0.123
RD	2408	0.070	0.101	1.02	0.830	0.000
Size	2408	9.488	9.413	0.56	11.017	8.036
FCF	2408	-0.084	0.011	9.15	0.341	-0.901
Age	2408	15.516	15.000	4.19	37.000	2.000
Grow	2408	-3.698	11.213	196.68	280.652	-295.522
Lev	2408	46.053	45.729	21.80	99.812	3.304
Own	2408	33.522	31.720	13.44	79.500	9.450
JP	2408	3.718	3.000	1.19	10.000	1.000
Board	2408	8.888	9.000	1.74	18.000	4.000
INDR	2408	0.367	0.333	0.05	0.571	0.308
EXE	2408	0.116	0.001	0.22	1.079	0.000

资料来源：由 Stata13.0 软件统计而成。

表 7-2 列示了福建省样本各研究变量的描述性统计结果。从表 7-2 中可知，福建样本公司的社会价值（SV）的均值为 37.563，最大值为 80.75，最小值为 -1.68，标准差为 20.07，表明福建省高新技术样本公司社会价值得分不高，且各样本公司差异也较大。企业可持续发展率（SGR）的均值为

2.254%，说明福建省样本公司整体可持续发展水平也不高，从其极值与标准差来看，说明部分样本公司两极差异较大。与全国样本公司相较而言，福建省样本公司的社会价值与可持续发展率的均值都略高于全国样本水平。

表7-2 　　　　　　　　　研究变量描述性统计结果（福建省样本）

变量	观测值	均值	中位数	标准差	最大值	最小值
SV	210	37.563	30.690	20.410	80.750	-1.680
SGR	210	2.254	1.072	4.407	15.234	-3.658
RD	210	0.072	0.092	1.002	0.819	0.000
Size	210	9.240	9.213	0.454	10.536	8.036
FCF	210	-0.054	0.013	0.203	0.341	-0.901
Age	210	14.414	14.000	3.918	23.000	6.000
Grow	210	5.758	13.309	72.670	100.769	-125.550
Lev	210	34.065	31.345	19.714	80.367	3.304
Own	210	34.061	31.890	15.660	79.500	9.450
JP	210	3.395	3.000	1.120	10.000	3.000
Board	210	8.076	9.000	1.540	12.000	5.000
INDR	210	0.380	0.333	0.060	0.600	0.300
EXE	210	0.258	0.228	0.252	0.704	0.000

资料来源：由Stata13.0软件统计而成。

7.3.2 相关性检验

表7-3列示了研究变量之间的皮尔逊相关系数，从中可知，各研究变量间的相关系数最大为0.372，最小为0.001，系数均在0.8以下，这说明本章的研究变量之间不存在多重共线性问题。其中，企业社会责任投资（SRI）与社会价值（SV）之间呈显著正相关，而与可持续发展率（SGR）之间也呈正相关，但不显著。这有待于下面的实证检验。

表 7 - 3

研究变量的相关系数

变量	SV	SGR	SRI	RD	Size	FCF	Age	Grow	Lev	Own	JP	Board	INDR
SV	1.000	—	—	—	—	—	—	—	—	—	—	—	—
SGR	-0.001	1.000	—	—	—	—	—	—	—	—	—	—	—
SRI	0.058***	0.003	1.000	—	—	—	—	—	—	—	—	—	—
RD	-0.010	0.000	-0.037*	1.000	—	—	—	—	—	—	—	—	—
Size	0.017	-0.016	-0.187***	-0.076***	1.000	—	—	—	—	—	—	—	—
FCF	-0.045**	-0.003	-0.176***	0.004	0.048**	1.000	—	—	—	—	—	—	—
Are	-0.066***	0.045**	-0.052***	-0.074***	0.169***	0.030	1.000	—	—	—	—	—	—
Grow	0.072***	0.003	0.016	0.002	-0.032	0.011	-0.030	1.000	—	—	—	—	—
Lev	0.014	-0.016	0.125***	-0.095***	0.175***	-0.062***	0.120***	-0.031	1.000	—	—	—	—
Own	0.160***	0.004	0.073***	-0.038*	0.034*	0.044**	-0.122***	-0.004	-0.021	1.000	—	—	—
JP	0.116***	-0.020	0.038*	-0.034*	0.076***	-0.001	0.074***	0.010	0.049**	0.085***	1.000	—	—
Board	0.096***	-0.000	-0.017	-0.061***	0.148***	0.001	0.060***	0.021	0.070***	-0.032	0.293***	1.000	—
INDR	-0.009	-0.016	0.060***	0.023	-0.001	-0.068***	-0.078***	-0.040**	0.050**	0.025	-0.099***	-0.372***	1.000
EXE	-0.042**	-0.003	-0.053***	0.070***	-0.177***	0.001	-0.208***	0.016	-0.128***	-0.101***	-0.161***	-0.122***	0.031

注：* $p < 0.1$，** $p < 0.05$，*** $p < 0.01$。

7.3.3 回归结果分析

1. 高新技术企业社会责任投资与社会价值的回归结果

表7－4报告了高新技术企业社会责任投资与社会价值的回归结果，模型（1）～模型（3）分别是全国样本及按产权性质划分的国有样本与非国有样本的回归结果；而模型（4）是福建省样本的回归结果。从各检验值来看，4个模型的拟合度尚可，模型回归结果是显著有效的并且模型均不存在序列自相关问题。从模型（1）可知，全国样本企业社会责任投资（SRI）的系数为1.4771，且在5%的水平上显著，说明高新技术企业社会责任投资对社会价值具有显著的正向影响，即高新技术企业社会责任投资能显著提升企业的社会价值，假说7－1得以验证。

表7－4　　　　　高新技术企业社会责任投资与社会价值的回归结果

变量	全国样本			福建省样本
	全样本	国有样本	非国有样本	
	模型（1）	模型（2）	模型（3）	模型（4）
常数项	16.5527 *	11.2970	34.684801 ***	45.1322
	(0.061)	(0.397)	(0.004)	(0.348)
SRI	1.4771 **	1.4585 **	0.2442	0.6494
	(0.025)	(0.032)	(0.810)	(0.900)
RD	3.2293	−7.9250	6.3633	−27.1394
	(0.530)	(0.522)	(0.272)	(0.141)
Size	−0.6718	0.3241	−2.5731 **	−1.7431
	(0.423)	(0.788)	(0.030)	(0.734)
FCF	−0.1046 **	−0.1157 **	−0.0715	−1.8841
	(0.018)	(0.042)	(0.227)	(0.804)
Age	−0.3481 ***	−0.5491 ***	−0.0487	−0.6159
	(0.001)	(0.001)	(0.717)	(0.163)
Grow	0.0177 ***	0.0110 ***	0.0193 ***	0.0123 *
	(0.000)	(0.000)	(0.000)	(0.083)
Lev	0.0338	−0.0446	0.0950 ***	−0.0054
	(0.122)	(0.194)	(0.001)	(0.964)

续表

变量	全国样本			福建省样本
	全样本	国有样本	非国有样本	
	模型（1）	模型（2）	模型（3）	模型（4）
Own	0.2041 ***	0.2393 ***	0.1151 ***	0.0987
	(0.000)	(0.000)	(0.003)	(0.329)
JP	1.5507 ***	2.0719 ***	0.7525	1.8201
	(0.000)	(0.000)	(0.118)	(0.222)
Board	0.9050 ***	1.4458 ***	0.4121	1.5854
	(0.001)	(0.000)	(0.258)	(0.299)
INDR	9.6451	− 2.1833	12.8748	2.3892
	(0.255)	(0.880)	(0.224)	(0.950)
EXE	0.2694	16.3983	3.3595	− 11.8314 *
	(0.896)	(0.310)	(0.119)	(0.070)
D^Y	控制	控制	控制	控制
D^I	控制	控制	控制	控制
Adj. R^2	0.080	0.109	0.078	0.061
F test	15.80 ***	9.938 ***	15.886 ***	11.804 ***
DW test	1.913	1.918	1.920	1.914
N	2408	1041	1367	210

注：括号内为 P 值； *** 、 ** 和 * 分别表示 0.01、0.05 和 0.1 的显著水平，下同。

资料来源：由 Stata13.0 软件回归而成。

从模型（2）、模型（3）可知，国有样本企业 SRI 的系数为 1.4585，且在 5% 的水平上显著，表明国有高新技术样本企业社会责任投资对社会价值具有显著的正向影响；而非国有样本企业 SRI 的系数为正但不显著。由此可见，因产权性质的不同，高新技术企业社会责任投资对其社会价值的影响效应存在差异。这与黄速建和余菁（2006）的观点一致，国有企业的社会责任更多地着眼于非经济目标的实现；而非国有企业在履行社会责任时，追逐经济效益的动机则更加强烈，因此，国有企业的社会责任投资更有利于提升其社会价值。

从模型（4）可知，福建样本企业 SRI 的系数为正但不显著，说明福建省高新技术样本公司社会责任投资对其社会价值的正向影响不显著。可能的原因是福建省样本企业仅单纯地加大企业社会责任投资强度，而未深入、切实关注各利益相关方的真实诉求，未能促进其社会价值的提升。

就控制变量而言，模型（1）中的企业成长性（Grow）的系数显著为正，说明成长性越高，越能提高企业的社会价值；股权集中度（Own）、监事会规模（JP）和董事会规模（Board）的系数显著为正，说明第一大股东持股比例越高、监事会规模和董事会规模越大，越能促进企业社会价值的提升。而自由现金流量（FCF）、企业年限（Age）的系数显著为负，表明企业自由现金流量越多、年限越长，越会对企业社会价值产生抑制作用；这可能源于企业拥有较多的自由现金流量能充分满足自身投资的资金需求，融资压力减轻，而忽略对股东、债权人和供应商等利益相关方的利益需求，从而降低了企业的社会责任表现；而企业成立年限越久，各利益相关方之间的关系越可靠，企业可能满足于现状，而忽略了对利益相关方长期社会责任的承担，从而对社会价值产生不利影响。

2. 高新技术企业社会责任投资与可持续发展的回归结果

表7-5报告了高新技术企业社会责任投资与可持续发展之间的回归结果，同样，模型（1）~模型（3）分别是全国样本及其国有样本与非国有样本的回归结果。而模型（4）是福建样本的回归结果。从各检验值来看，四个模型的拟合度尚可，模型回归结果是显著有效的，且模型均不存在序列自相关问题。从模型（1）可知，全国样本企业社会责任投资（SRI）的系数为0.3777，且在1%的水平上高度显著，说明高新技术企业社会责任投资对其可持续发展具有显著的正向影响。即高新技术企业社会责任投资能够显著地促进企业的可持续发展，支持了上面的研究假说7-2。

表7-5　　　　　　高新技术企业社会责任投资与可持续发展的回归结果

变量	全国样本			福建省样本
	全样本	国有样本	非国有样本	
	模型（1）	模型（2）	模型（3）	模型（4）
常数项	-7.9144***	-10.5336***	-5.3392***	13.9326**
	(0.000)	(0.000)	(0.008)	(0.049)
SRI	0.3777***	0.1313	0.7067***	3.8419***
	(0.001)	(0.106)	(0.000)	(0.000)

续表

变量	全国样本			福建省样本
	全样本	国有样本	非国有样本	
	模型（1）	模型（2）	模型（3）	模型（4）
RD	0.9124	1.7799	0.7554	0.8923
	(0.283)	(0.447)	(0.432)	(0.740)
Size	0.9415***	1.1133***	0.7748***	-2.0120***
	(0.000)	(0.000)	(0.000)	(0.008)
FCF	0.006	0.0104	0.0047	1.2967
	(0.432)	(0.335)	(0.635)	(0.243)
Age	0.0189	0.0458	-0.0108	-0.0819
	(0.271)	(0.142)	(0.628)	(0.205)
Grow	0.0005**	0.0003	0.0003	0.0870
	(0.019)	(0.362)	(0.587)	(0.398)
Lev	-0.0253***	-0.0359***	-0.0206***	0.0043
	(0.000)	(0.000)	(0.000)	(0.803)
Own	-0.0010	-0.0078	0.0049	-0.0267*
	(0.846)	(0.429)	(0.444)	(0.072)
JP	-0.0710	-0.0905	-0.0699	0.3767*
	(0.226)	(0.371)	(0.382)	(0.085)
Board	0.0706	0.1695**	0.0057	0.1316
	(0.106)	(0.023)	(0.925)	(0.556)
INDR	2.3341*	3.7419	1.2259	9.0063
	(0.096)	(0.173)	(0.486)	(0.105)
EXE	0.6724**	-2.4995	0.6268*	1.4248
	(0.048)	(0.413)	(0.081)	(0.135)
D^Y	控制	控制	控制	控制
D^I	控制	控制	控制	控制
Adj. R^2	0.085	0.073	0.081	0.249
F test	17.726***	14.282***	16.066***	5.950***
DW test	1.926	1.930	1.933	1.928
N	2408	1041	1367	210

资料来源：由 Stata13.0 软件统计而成。

从模型（2）、模型（3）可知，国有样本企业的 SRI 的系数为正但不显著，而非国有样本企业 SRI 的系数为 0.7067，且在 1% 的水平上高度显著，说明非国有高新技术企业社会责任投资更能促进企业的可持续发展。该结果同样说明国有企业的社会责任更多侧重于非经济目标的实现，更有利于其社会价值的提升，而不利于提高财务绩效和可持续发展（度量指标是财务指标）；而非国有企业的社会责任更多着眼于追逐经济效益，而提升其财务价值，促进其可持续发展。

从模型（4）可知，福建省样本企业社会责任投资（SRI）的系数为 3.8419 并且在 1% 的水平上高度显著，说明高新技术企业社会责任投资能有效地促进企业的可持续发展，假说 7-2 得到了进一步的验证。

就控制变量而言，模型（1）中，企业规模（Size）、成长性（Grow）、独立董事比例（INDR）和管理层持股比例（EXE）的系数显著为正，这说明企业规模越大、成长性越好、独立董事比例越高、管理层持股比例越高，越能促进企业的可持续发展。财务杠杆（Lev）的系数显著为负，可能是由于债权人为了保障其贷款本息的安全而制定相应的债务契约，限制了企业现金流动和资本支出等，从而影响企业的投资规模和策略，因此，较高的资产负债率对其可持续发展产生了不利影响。

7.3.4 稳健性检验

为了验证上述实证结果的可靠性，本章进行了以下 3 个方面的稳健性检验。

1. 替换企业社会责任投资表征指标的检验

前面计算企业社会责任投资强度时是以平均资产总额为基准计算的。现采用主营业务收入为基准计算企业社会责任投资强度（SRI2），重新对上面的研究假说进行检验，回归结果如表 7-6、表 7-7 所示。

表 7-6   替换 SRI 表征指标后企业社会责任投资与社会价值的稳健性检验

变量	全国样本			福建省样本
	全样本	国有样本	非国有样本	
	模型（1）	模型（2）	模型（3）	模型（4）
常数项	10.9192	12.9243	19.7441	36.9217
	(0.227)	(0.345)	(0.112)	(0.418)

续表

变量	全国样本			福建省样本
	全样本	国有样本	非国有样本	
	模型（1）	模型（2）	模型（3）	模型（4）
SRI2	0.0001***	0.0103*	0.0123	6.6089
	(0.000)	(0.051)	(0.308)	(0.253)
RD	2.5467	-9.3254	6.0103	-27.9605
	(0.619)	(0.451)	(0.295)	(0.126)
Size	-0.1875	0.0397	-1.1190	-2.4125
	(0.826)	(0.974)	(0.353)	(0.616)
FCF	-0.1086**	-0.1173**	-0.0780	-1.4791
	(0.014)	(0.040)	(0.184)	(0.843)
Age	-0.2908***	-0.5431***	0.0294	-0.6335
	(0.005)	(0.001)	(0.825)	(0.145)
Grow	0.0176***	0.0111***	0.0183***	0.0134*
	(0.000)	(0.000)	(0.000)	(0.060)
Lev	0.0366*	-0.0437	0.0933***	-0.0115
	(0.092)	(0.204)	(0.001)	(0.912)
Own	0.2069***	0.2542***	0.1148***	0.1179
	(0.000)	(0.000)	(0.003)	(0.247)
JP	1.5770***	2.1236***	0.7395	2.2593
	(0.000)	(0.000)	(0.122)	(0.136)
Board	0.9248***	1.4174***	0.4747	1.7690
	(0.000)	(0.000)	(0.190)	(0.239)
INDR	11.0017	0.9857	13.9696	10.9770
	(0.193)	(0.946)	(0.184)	(0.775)
EXE	0.0235	15.6185	3.4079	-11.7234*
	(0.991)	(0.334)	(0.110)	(0.071)
D^Y	控制	控制	控制	控制
D^I	控制	控制	控制	控制
Adj. R^2	0.083	0.105	0.062	0.057
F test	16.40***	9.580***	7.365***	11.909***
DW test	1.936	1.927	1.934	1.931
N	2408	1041	1367	210

资料来源：由 Stata13.0 软件统计而成。

表 7 - 7　　替换 SRI 表征指标后企业社会责任投资与可持续发展的稳健性检验

变量	全国样本			福建省样本
	全样本	国有样本	非国有样本	
	模型（1）	模型（2）	模型（3）	模型（4）
常数项	- 5. 8012 ***	- 8. 5295 ***	- 2. 9531	29. 8425 ***
	（0. 000）	（0. 001）	（0. 158）	（0. 000）
SRI2	0. 0108 ***	0. 0000	0. 0110 *	3. 8896 ***
	（0. 001）	（0. 406）	（0. 069）	（0. 000）
RD	0. 7210	1. 4138	0. 6174	0. 0847
	（0. 395）	（0. 544）	（0. 522）	（0. 975）
Size	0. 7196 ***	0. 9077 ***	0. 5094 **	- 2. 8827 ***
	（0. 000）	（0. 000）	（0. 012）	（0. 000）
FCF	0. 0058	0. 0103	0. 0043	0. 3968
	（0. 431）	（0. 336）	（0. 660）	（0. 722）
Age	0. 0164	0. 0374	- 0. 0032	- 0. 0247
	（0. 343）	（0. 230）	（0. 887）	（0. 702）
Grow	0. 0005	0. 0003	0. 0003	0. 0005
	（0. 115）	（0. 389）	（0. 560）	（0. 608）
Lev	- 0. 0240 ***	- 0. 0358 ***	- 0. 0175 ***	0. 0447 ***
	（0. 000）	（0. 000）	（0. 000）	（0. 004）
Own	- 0. 0005	- 0. 0064	0. 0038	- 0. 0432 ***
	（0. 924）	（0. 511）	（0. 548）	（0. 005）
JP	- 0. 0660	- 0. 0891	- 0. 0719	- 0. 0215
	（0. 261）	（0. 377）	（0. 371）	（0. 924）
Board	0. 0658	0. 1626 **	0. 0061	0. 2344
	（0. 132）	（0. 029）	（0. 920）	（0. 294）
INDR	2. 4780 *	4. 0205	1. 3681	5. 5171
	（0. 077）	（0. 139）	（0. 439）	（0. 334）
EXE	0. 5223	- 2. 8355	0. 4741	1. 0670
	（0. 124）	（0. 352）	（0. 187）	（0. 267）
D^Y	控制	控制	控制	控制
D^I	控制	控制	控制	控制
Adj. R^2	0. 083	0. 069	0. 071	0. 232

续表

变量	全国样本			福建省样本
	全样本	国有样本	非国有样本	
	模型（1）	模型（2）	模型（3）	模型（4）
F test	17.674***	14.787***	13.017***	15.500***
DW test	1.917	1.920	1.915	1.925
N	2408	1041	1367	210

资料来源：由 Stata13.0 软件统计而成。

由表 7-6 模型（1）可知，高新技术企业社会责任投资（SRI2）的系数显著为正，说明高新技术企业社会责任投资能显著提升其社会价值，与前面结论一致。由表 7-7 模型（1）可知，企业社会责任投资（SRI2）的系数显著为正，说明高新技术企业社会责任投资对可持续发展具有显著的正向影响，与前面结论一致。此外，国有样本、非国有样本以及福建省样本中企业社会责任投资对社会价值、可持续发展的影响效应也与前面回归结果一致，说明上述研究结论的稳健性。

2. 替换企业社会价值表征指标的检验

本章将和讯网对样本企业社会责任表现评分进行划分，分为社会价值较高和较低两组，进行哑变量取值，即大于中位数则 SV 取值为 1（社会价值较高），小于中位数则 SV 取值为 0（社会价值较低），将社会价值的替代指标代入模型（7-1）中进行 Logistic 回归检验，回归结果如表 7-8 所示。从表 7-8 中可知，企业社会责任投资（SRI）的系数为正且高度显著，与前文假说 7-1的结论一致。此外，国有样本、非国有样本以及福建省样本企业社会责任投资的社会价值效应与前文回归结果一致。说明上述结论是稳健的。

表 7-8　　替换社会价值表征指标后企业社会责任投资与社会价值的稳健性检验

变量	全国样本			福建省样本
	全样本	国有样本	非国有样本	
	模型（1）	模型（2）	模型（3）	模型（4）
常数项	-0.5602	-1.5532	0.4394	1.4561
	(0.552)	(0.247)	(0.753)	(0.800)

续表

变量	全国样本			福建省样本
	全样本	国有样本	非国有样本	
	模型（1）	模型（2）	模型（3）	模型（4）
SRI	0.2503 ***	0.1075 ***	0.3357	0.2316
	(0.001)	(0.008)	(0.169)	(0.122)
RD	1.0425 *	−0.0124	1.3252 **	3.6657 *
	(0.052)	(0.992)	(0.046)	(0.069)
Size	−0.1518 *	−0.0522	−0.2659 *	−0.5819
	(0.089)	(0.662)	(0.053)	(0.304)
FCF	−0.0042	−0.0106	0.0037	0.1466
	(0.399)	(0.109)	(0.600)	(0.848)
Age	−0.0027	−0.0148	0.0157	−0.0336
	(0.807)	(0.353)	(0.311)	(0.454)
Grow	0.0014 ***	0.0008 ***	0.0016 ***	0.0014 **
	(0.000)	(0.005)	(0.000)	(0.037)
Lev	0.00483 **	−0.00221	0.0107 ***	−0.0015
	(0.037)	(0.505)	(0.002)	(0.905)
Own	0.0185 ***	0.0279	0.0142	0.0095
	(0.000)	(0.000)	(0.001)	(0.405)
JP	0.11366 ***	0.14424 ***	0.09155	0.26188
	(0.003)	(0.006)	(0.117)	(0.174)
Board	0.0774 ***	0.1228 ***	0.0444	0.2923
	(0.006)	(0.001)	(0.301)	(0.160)
INDR	−0.0402	−0.9162	0.1905	4.5932
	(0.964)	(0.529)	(0.875)	(0.298)
EXE	0.5281 **	0.3698	0.5282 **	−1.7620 **
	(0.017)	(0.816)	(0.038)	(0.024)
D^Y	控制	控制	控制	控制
D^I	控制	控制	控制	控制
Pseudo R^2	0.053	0.059	0.062	0.089
Wald chi2	106.14 ***	71.41 ***	50.02 ***	107.18 ***
N	2408	1041	1367	210

资料来源：由Stata13.0软件统计而成。

3. 替换可持续发展水平表征指标的检验

本章将样本企业按其可持续发展水平分为较高和较低两组，即大于样本中位数则 SGR 取值为 1（可持续发展水平较高），小于中位数则 SGR 取值为 0（可持续发展水平较低），将企业可持续发展的替代指标代入式（7-2）重新进行 Logistic 回归检验，回归结果如表 7-9 所示。从中可知，企业社会责任投资的系数显著为正，说明高新技术企业社会责任投资促进了企业的可持续发展，与前文假说 7-2 的结论一致。此外，国有样本、非国有样本以及福建省样本中企业社会责任投资对其可持续发展的影响也与前文回归结果一致。说明上述结论是稳健、可靠的。

表7-9 替换可持续发展表征指标后企业社会责任投资与可持续发展的稳健性检验

变量	全国样本			福建省样本
	全样本	国有样本	非国有样本	
	模型（1）	模型（2）	模型（3）	模型（4）
常数项	-5.9684 ***	-7.8720 ***	-5.7523 ***	0.8033
	(0.000)	(0.000)	(0.000)	(0.868)
SRI	0.1264 *	0.0701	0.4749 ***	2.0976 ***
	(0.098)	(0.357)	(0.000)	(0.002)
RD	1.4325 **	4.0213 ***	1.5229 **	0.1295
	(0.018)	(0.004)	(0.037)	(0.939)
Size	0.7000 ***	0.8354 ***	0.7193 ***	-0.7789
	(0.000)	(0.000)	(0.000)	(0.137)
FCF	0.0090 *	0.0149 *	0.0064	-1.1420
	(0.094)	(0.065)	(0.395)	(0.190)
Age	-0.0005	-0.0084	0.0053	-0.0084
	(0.963)	(0.602)	(0.739)	(0.858)
Grow	-0.0002	-0.0001	0.0000	-0.0001
	(0.479)	(0.535)	(0.925)	(0.856)
Lev	-0.0171 ***	-0.0133 ***	-0.0177 ***	-0.0141
	(0.000)	(0.001)	(0.000)	(0.301)
Own	-0.0018	0.0027	-0.0007	-0.0432 ***
	(0.584)	(0.618)	(0.870)	(0.005)

续表

变量	全国样本			福建省样本
	全样本	国有样本	非国有样本	
	模型（1）	模型（2）	模型（3）	模型（4）
JP	0.0136	0.0521	− 0.0571	− 0.0057
	(0.721)	(0.335)	(0.314)	(0.597)
Board	− 0.0189	− 0.0441	− 0.0109	0.3630 *
	(0.506)	(0.263)	(0.797)	(0.081)
INDR	0.0447	1.8096	− 0.9189	8.4219 *
	(0.962)	(0.220)	(0.464)	(0.075)
EXE	0.6674 ***	− 0.5611	0.6051 ***	0.3965
	(0.000)	(0.719)	(0.000)	(0.535)
D^Y	控制	控制	控制	控制
D^I	控制	控制	控制	控制
Pseudo R^2	0.083	0.056	0.071	0.129
Wald chi2	109.76 ***	58.63 ***	71.65 ***	27.56 **
N	2408	1041	1367	210

资料来源：由 Stata13.0 软件统计而成。

7.4 高新技术企业社会责任投资的价值效应分析

根据前两章及本章的理论研究与实证检验结果，绘制了图7－1高新技术企业社会责任投资的价值效应分析图。从图7－1中可知，高新技术企业社会责任投资能够有效地提升企业的创新绩效、财务价值和社会价值（如图中的路径①、路径②、路径③所示），同时，企业社会责任投资能够促进企业的可持续发展（如图中的路径④所示）。

高新技术企业创新绩效的提升也有助于其提高创值能力和财务价值（如图中的路径⑤所示），随着企业价值的创造和财富的累积，企业将拥有更大的实力满足相关利益者的需求，加大企业社会责任投资强度，从而又能够进一步提升企业的社会价值和可持续发展水平。此外，当高新技术企业社会责任投资的社会价值得到提升，表明各利益相关方的利益诉求得到满足，各方能够为高新技术企业的发展营造更好的经营环境，例如，政府可能会为企业提供更优惠的政策支持、供应商会适时地为企业提供优质的原材料及半成品或劳务或技术

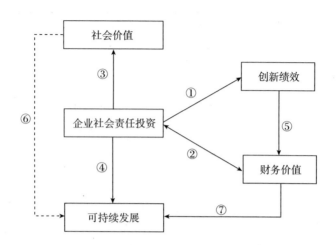

图 7 – 1   高新技术企业社会责任投资的价值效应路径

资料来源：由笔者绘制而成。

支持、社区将会为企业提供发展所需的资源支持、员工将充分发挥其潜能、创造性地开展研发工作、生产更多绿色智能产品等等，从而间接促进了企业的可持续发展（如图中的路径⑥所示）。当高新技术企业的财务价值得以增强后，企业的财务实力更加雄厚，能够为企业创造优良的经营环境、构建更完善的利益相关者关系网络，从而为高新技术企业的可持续发展奠定坚实的基础（如图中的路径⑦所示）。综上，高新技术企业进行社会责任投资能够兼顾创新、经济和社会效益，达到技术创新生态化，最终实现企业的可持续发展战略目标。

7.5   本章小结

基于理论分析，本章提出了两个研究假说：①高新技术企业社会责任投资有利于提升社会价值。②高新技术企业社会责任投资有利于促进企业的可持续发展。在此基础上，以 2010～2015 年高新技术上市公司为样本观测值，就其社会责任投资与社会价值、可持续发展之间的关系进行实证检验。

研究结果发现：①高新技术企业社会责任投资能够有效地提升企业的社会价值。但是，国有样本与非国有样本企业社会责任投资的社会价值效应存在差异，即国有样本企业社会责任投资与其社会价值呈显著正相关，而非国有样本却不显著。福建省高新技术企业社会责任投资对社会价值的影响效应也不显著。②高新技术企业加大社会责任投资力度能够促进企业的可持续发展，这在全国样本与福建省样本企业中均得到体现。但是，国有样本与非国有样本企业社会责任投资对可持续发展的影响效应存在异质性，具体表现为：国有样本企业社会责任投资对可持续发展的影响不显著，而非国有样本企业社会责任投资对可持续发展具有显著的正向影响。

8 结 论

本章对全书内容进行总结，主要阐述了本书的研究结论与政策建议，指出本书研究的局限性及未来研究方向。

8.1 研究结论

本书以三重底线理论、利益相关者理论、技术创新理论和可持续发展等理论为基础，阐述了企业社会责任投资的相关概念，梳理了高新技术企业进行社会责任投资的必要性，剖析了高新技术企业发展、社会责任报告披露以及社会责任投资现状与问题，在理论上阐释了高新技术企业社会责任投资的驱动机理，提出相应的研究假说，在此基础上，以 2010～2015 年沪深 A 股高新技术上市公司作为研究样本，实证检验了高新技术企业社会责任投资的影响因素以及其对创新绩效、财务价值、社会价值与可持续发展的影响效应。本书研究的主要结论如下：

第一，经济新常态要求高新技术企业应当推进技术创新生态化。当今自然资源短缺的现实与绿色治理理念的倡导，标志着我国长期以来靠规模速度型粗放式的发展方式已不再适用，必须把实现社会效益和生态效益纳入技术创新的目标之中。因此，为响应技术创新生态化的要求，高新技术企业应当树立社会责任投资理念并付诸行动，实现社会经济的可持续发展。

第二，剖析了我国高新技术企业发展的现状与问题。本书主要从高新技术企业总体情况、R&D 人员、研发费用投入及研发产出等方面对我国高新技术企业的发展现状进行分析，发现近年来我国高新技术企业数量与规模总体保持增长趋势，企业 R&D 人员投入、R&D 经费支出和新产品销售收入呈逐年递增。与广东省、浙江省、江苏省等相邻省份相比，福建省高新技术企业的数量、发展规模较低，R&D 经费投入虽然逐年上升，但强度明显偏低，企业的新产品销售收入和盈利能力也较低。对于高新技术企业发展存在的问题具体表现为：高新技术企业认定标准单一，高新技术企业不同行业发展集中化、地区发展不平衡，创新投入资源（R&D 人员和经费）行业分布趋向集中化，而地域差异较大，同时部分行业创新资源投入与产出比例失衡。

第三，考察了我国高新技术企业社会责任报告和社会责任投资的现状。①从高新技术上市公司社会责任报告的披露内容、披露质量来看，发现较多企业披露了社会责任的相关内容，但对各利益相关者的权益保护内容的披露比例差异较大。企业社会责任报告经第三方机构审验的公司或者参照 GRI《可持续发展报告指南》进行披露的公司数量较少，总体披露质量不高，不利于报告使用者了解企业社会责任投资情况。②我国高新技术上市公司社会责任投资强度逐年呈现持续增强的趋势，表明我国高新技术上市公司越来越重视对各利益相关者进行社会责任投资，而且福建省高新技术上市公司的社会责任投资强度略高于全国水平。从相关利益者角度来看，高新技术企业对分维度的社会责任投资强度的变动趋势呈现差异性，表现为：高新技术上市公司对员工的社会责任投资呈上升趋势，对政府、消费者的社会责任投资强度的变化趋势比较平稳，而对投资者、社区的社会责任投资呈波动式下降趋势，对供应商的社会责任投资呈平稳下降趋势。

第四，从公司内部较全面地考察了高新技术企业社会责任投资的影响因素。研究发现：①从公司治理因素来看，股权集中度、董事会规模与企业社会责任投资呈显著正相关，即股权集中度、董事会规模能促进高新技术企业加大社会责任投资的强度。董事长与总经理两职合一和高管薪酬激励则与新技术企业社会责任投资呈负显著相关，即董事长与总经理两职合一、高管薪酬激励对高新技术企业社会责任投资产生不利的影响，而独立董事比例对企业社会责任投资的影响不显著。②从公司特征来看，国有控股、公司规模、经营年限、财务杠杆和研发投入均有利于提高高新技术企业的社会责任投资水平。成长性、现金流量与企业社会责任投资呈显著负相关。可能是由于高新技术企业的成长性特性需要更多的财力、人才等资源的投入，相应地减少了企业的社会责任投资水平。③从高新技术社会责任投资的分维度来看，由于高新技术企业对投资者、员工、客户、政府和社区等社会责任投资的对象不同，导致公司治理、公司特征因素对各利益相关者分维度的社会责任投资的影响效应存在异质性。

第五，现有文献较少研究高新技术企业社会责任投资及其分维度的创新绩效，本书基于利益相关者和资源投入视角对其进行考察。研究结果发现：①高新技术企业社会责任投资对创新绩效产生显著的正向影响，即企业创新绩效随着社会责任投资的增强而提升。但是，福建省高新技术企业社会责任投资对创新绩效的正向影响效应不显著。②高新技术企业对各利益相关方分维度的社会责任投资的创新绩效表现不一。在全国样本中，企业对员工和客户的社会责任投资有利于创新绩效的显著提升，而企业对投资者、社区和政府的社会责任投资对创新绩效具有显著的负面影响。在福建省样本中，只有企业对员工的社会责任投资提高了企业的创新绩效。这表明企业对各相关利益者的社会责任投资对创新绩效的影响具有异质性。

第六，目前文献对企业社会责任投资与财务绩效之间关系研究结论不一，基于此，本书从不同产权视角考察了高新技术企业社会责任投资与财务价值之间的关系。研究结果发现：①高新技术企业社会责任投资能够有效地提高企业当期财务价值，与全国样本相比，福建省高新技术样本企业社会责任投资对当期财务价值的提升效应更大。②高新技术企业社会责任投资对财务价值的提升作用具有一定的滞后性，即企业社会责任投资对滞后一期财务价值的提升效应较当期更大更显著。同样，较全国样本而言，福建省样本企业的提升效应更大。③高新技术企业对投资者、员工、政府、社区、消费者和供应商等各利益相关者的社会责任投资均能显著提升当期和滞后期的财务价值。但在福建省样本中，高新技术企业对各利益相关者的社会责任投资对财务价值的影响效应不一。具体表现为：企业对投资者、员工、政府和供应商等分维度的社会责任投资均能提升当期和滞后期的财务价值；企业对社区的社会责任投资只能提高滞后期的财务价值；而企业对消费者的社会责任投资对当期和滞后期的财务价值的影响均不显著。④高新技术企业社会责任投资因产权性质的不同对企业财务价值的影响存在异质性，具体表现为：国有企业样本社会责任投资对财务价值的影响不显著，而非国有企业样本社会责任投资对当期、滞后期的财务价值均具有显著的正向影响，且相比较而言，其对滞后期财务价值的提升效应更大更显著。

第七，现有文献对于高新技术企业社会责任投资与社会价值、可持续发展之间的关系研究较为缺乏，本书对此进行研究。研究结果发现：①高新技术企业社会责任投资能够有效地提升企业的社会价值。但是，国有样本与非国有样本企业社会责任投资的社会价值效应存在差异，即国有样本企业社会责任投资与其社会价值呈显著正相关，而非国有样本却不显著。②高新技术企业加大社会责任投资力度能够促进企业的可持续发展，但是，国有样本与非国有样本企业社会责任投资对可持续发展的影响效应存在差异，具体表现为：国有样本企业社会责任投资对可持续发展的影响不显著，而非国有样本企业社会责任投资对可持续发展具有显著的正向影响。

总之，高新技术企业对各利益相关方的社会责任投资不仅能够提高企业自身的创新绩效与财务价值，同时能够有效地提升企业的社会价值，从而促进高新技术企业的可持续发展；而随着高新技术企业创新绩效与财务价值的提升，企业将逐渐积累更雄厚的实力满足相关利益者的需求，加大企业社会责任投资强度，从而进一步促进其社会价值和可持续发展水平的提升，达到技术创新生态化，最终实现企业与社会共同和谐发展。

8.2 政策建议

本研究发现高新技术上市公司进行社会责任投资有利于创新绩效、财务价值和社会价值的提高，促进企业的可持续发展。基于上述研究结论，本书就高新技术企业如何科学有效地进行社会责任投资提出如下建议。

第一，平衡高新技术企业行业和区域的发展。从前面分析可知，我国高新技术企业在不同行业的发展差异较大，区域发展也不平稳，一定程度上对各行业、地区的社会责任投资和经济的平稳发展产生影响。因此，政府部门应当出台相关政策引导高新技术企业在行业上的分布，在保持优势行业稳定增长的同时，促进各行业的平衡协调发展。根据地域发展特点统筹高新技术企业的区域分布，发挥各地域优势协调区域发展。例如，福建省作为典型东部沿海省份，与广东省、浙江省与江苏省等相邻省份相比，福建省高新技术企业在数量、发展规模、R&D 经费投入、新产品销售收入和盈利能力等方面明显较低。因此，政府相关部门应借助科技版开市契机，充分发挥福建省地域优势，加大对高新技术企业的扶持力度和研发投入，促进高新技术企业的科技创新发展。

第二，构建政府促进和倡导企业社会责任投资的机制。目前我国经济正处于转型时期，政府在市场经济发展中依然发挥重要作用。政府应当以政策促进和倡导高新技术企业进行社会责任投资，实现技术创新生态化。首先，完善现有企业履行社会责任的条款，也可借鉴国外社会责任的相关法律法规的做法，修订适合我国国情的社会责任投资法规，促使企业承担相应的社会责任。其次，完善高新技术企业的社会责任报告披露制度。高新技术企业具有高知识性、高投入和高风险等特点，各利益相关者通常更加关注高新技术企业社会责任履行情况。因此，要根据高新技术企业的特点，规范企业社会责任报告披露的参考标准、内容和时间，提高企业社会责任报告的可比性和可靠性，以便利益相关者从报告中获取所需信息，及时做出支持高新技术企业发展的决策。再其次，加强宣传工作。政府可以通过专门的社会责任管理部门宣传企业进行社会责任投资的必要性和益处，促使企业形成积极主动进行社会责任投资的良好氛围。最后，建立以政府为主导的企业社会责任监管制度，加大对企业履行社会责任的监督管理，对于社会责任投资表现好的企业要适时进行表扬和鼓励，对于违法的行为要及时地进行查处和处罚，并保证执法过程的公开公平公正。

第三，加大社会公众的监督机制。与西方国家相比，我国企业社会责任投资的社会基础相对薄弱，社会公众对企业社会责任投资的认识不高，也缺乏相应的理念和社会监督机制。因此，全社会应该共同努力，形成重视社会责任投资的环境氛围，培育企业履行社会责任的文化，以促进企业社会责任投资的健康发展。成立企业社会责任投资的非政府组织，构建高新技术企业社会责任投资评估体系，定期收集企业社会责任投资的信息，并进行评估分析，以获知高新技术企业承担社会责任情况，督促企业自觉地进行社会责任投资，也为政府部门的监管提供依据。充分发挥民间非营利组织及媒体和社会公众的舆论监督作用，利用各种媒体网站定期公布企业社会责任投资的情况，增加企业社会责任投资操作的透明度，接受社会舆论的公开监督，形成全民参与监督的良好氛围。

第四，完善高新技术企业公司治理，积极践行社会责任。新经济常态下高新技术企业作为促进我国经济发展的重要支柱，应当转变经济增长方式，优化产业资源配置，实现绿色技术创新，这与企业社会责任投资是一脉相承的。首先，高新技术企业应该树立社会责任投资战略理念，积极主动地对利益相关者进行社会责任投资，以提升企业形象等。其次，完善公司治理机制，优化内部环境。本书的研究表明公司治理对高技术企业社会责任投资产生影响，因此，高新技术企业应完善公司治理机制，有效地形成所有者对管理者的监督与制衡机制。例如，样本期间高新技术企业董事长与总经理两职合一情况占23%，对企业社会责任投资产生不利影响，因此，企业董事长与总经理两职应该分离，确保董事会的独立性，让独立董事真正参与企业的战略决策，以保证企业社会责任投资决策的科学性。充分发挥监事会对董事会和管理层的监督，维护企业各方面的利益，开展社会责任投资活动。最后，加强研发投入，促进技术创新生态化。高新技术企业居于技术和产品的前沿，在推进技术创新发展的同时要兼顾社会和环境效益，推动企业自身和其他企业提高产品废水废物的处理效率。注重社会友好型、环境友好型技术和产品的研发，加大研发投产比例，促进企业的绿色可持续发展。

第五，高新技术企业要充分考虑和平衡各利益相关者的诉求。与传统产业相比，高新技术企业对特殊资源的依赖性更强，更需要企业利益相关者提供更多的资本、知识、设备、技术与材料等方面的支持。因此，管理层在进行经营投资决策时应充分考虑和平衡各利益相关方的利益诉求；或聘请部分利益相关者参与企业经营管理和公司治理，或定期邀请各利益相关方代表面谈，知悉各方的诉求，协调企业与各相关利益者之间的利益关系，从而取得投资者的支援、员工的忠诚、社会公众的信任、政府和社区的支持等，最终实现绿色、协调、全面的可持续发展。

8.3　研究展望

本书以高新技术上市公司为样本，对其社会责任投资的影响因素、创新绩效、财务价值、社会价值和可持续发展进行理论和实证研究，为高新技术企业践行社会责任投资提供了新的经验证据。本书研究还存在着以下局限性。

第一，企业社会责任投资的度量不够全面。虽然国内外学者较多研究企业社会责任的评价方法，但由于我国企业社会责任报告披露的信息不够全面，披露标准不统一，无法获取企业在社会责任投资各方面的具体信息，如企业在顾客和产品质量方面的投入等，因此，本书基于财务报表数据对企业社会责任投资的度量不够全面，可能在一定程度上影响研究结果的准确性。今后应对此进一步研究，以寻求更为科学的度量方法。

第二，未考虑企业分维度的社会责任投资之间的相互影响。本书从利益相关者角度考察高新技术企业社会责任投资问题，即将企业对各利益相关者分维度的社会责任投资简单加总获得企业社会责任投资的综合水平，没有考虑各利益相关方分维度之间的相互作用。企业对各利益相关者的社会责任投资应该是各利益相关方博弈的过程，但由于该过程过于复杂和抽象，未能探究，可能对研究结果产生影响。这也是未来研究中进一步努力的方向。

第三，样本的选取还不够全面。高新技术企业数量众多，但考虑其财务数据、专利数等信息的可获得性，非上市高新技术企业的财务数据和信息的获取存在较大的难度。因此，本书只选取沪深 A 股高新技术上市公司为样本进行研究，样本的代表性受到一定程度的影响。未来可以扩展到非上市高新技术企业，或试着对某一高新技术园区内的样本企业进行问卷调查研究。

参考文献

［1］埃米·多米尼. 社会责任投资：改变世界创造财富［M］. 上海：上海人民出版，2008.

［2］常风林. 非连续性产出分布与高新技术企业治理结构［J］. 经济研究，2003（12）：68 – 77.

［3］陈德萍，曾智海. 资本结构与企业绩效的互动关系研究——基于创业板上市公司的实证检验［J］. 会计研究，2012（8）：66 – 71.

［4］陈承，张俊瑞，李鸣，裴潇，黄金蓉. 中小企业社会责任的概念、维度及测量研究［J］. 管理学报，2015，12（11）：1687 – 1694.

［5］陈迅，韩亚琴. 企业社会责任分级模型及其应用［J］. 中国工业经济，2005（9）：99 – 105.

［6］陈玉清，马丽丽. 我国上市公司社会责任会计信息市场反应实证分析［J］. 会计研究，2005（11）：76 – 81.

［7］陈智，徐广成. 中国企业社会责任影响因素研究——基于公司治理视角的实证分析［J］. 软科学，2011，25（4）：106 – 111.

［8］董千里，王东方，于立新. 企业规模、企业社会责任与企业财务绩效关系研究［J］. 技术经济与管理研究，2017，（2）：23 – 28.

［9］杜兴强，冯文滔. 女性高管、制度环境与慈善捐赠——基于中国资本市场的经验证据［J］. 经济管理，2012，34（11）：53 – 63.

［10］高勇强，陈亚静，张云均. "红领巾"还是"绿领巾"：民营企业慈善捐赠动机研究［J］. 管理世界，2012（8）：106 – 114.

［11］高敬忠，周晓苏. 经营业绩、终极控制人性质与企业社会责任履行度——基于我国上市公司 1999 – 2006 年面板数据的检验［J］. 财经论丛（浙

江财经大学学报），2008，V140（6）：63 – 69.

［12］郭岚，陈愚．政府俘获与企业社会责任关系研究综述［J］．生态经济，2015（9）：91 – 96.

［13］郭晔，苏彩珍，张一．社会责任信息披露提高企业的市场表现了么？［J］．系统工程理论与实践，2019，39（04）：881 – 892.

［14］胡立君，郑玉．知识产权保护、FDI 技术溢出与企业创新绩效［J］．审计与经济研究，2014，29（5）：105 – 112.

［15］胡丹，胡祎蝶，梁樑．冗余资源、财政压力与企业社会责任表现［J］．华东经济管理，2019，33（6）：147 – 154.

［16］贺远琼，田志龙，陈昀．企业社会绩效与经济绩效的互动关系研究［J］．软科学，2007（1）：1 – 4.

［17］何威风．政府控股、控制层级与代理问题的实证研究［J］．中国软科学，2009（2）：107 – 114.

［18］黄速建，余菁．国有企业的性质、目标与社会责任［J］．中国工业经济，2006，（2）：68 – 76.

［19］黄珺，郭志娇．社会责任履行与企业价值提升——基于技术创新中介作用的实证研究［J］．华东经济管理，2015（3）：29 – 34.

［20］黄保亮，侯文涤．公司治理、业绩变化与企业社会责任［J］．山东社会科学，2018（2）：129 – 134.

［21］黄超，王敏，常维．国际"四大"审计提高公司社会责任信息披露质量了吗？［J］．会计与经济研究，2017，31（5）：89 – 105.

［22］贾兴平，刘益．外部环境、内部资源与企业社会责任［J］．南开管理评论，2014，17（6）：13 – 18.

［23］贾明，张喆．高管的政治关联影响公司慈善行为吗？［J］．管理世界，2010（4）：99 – 113.

［24］金辉，杨忠，黄彦婷，吴洁．组织激励、组织文化对知识共享的作用机理——基于修订的社会影响理论［J］．科学学研究，2013，31（11）：1697 – 1707.

［25］靳小翠．企业文化会影响企业社会责任吗？——来自中国沪市上市公司的经验证据［J］．会计研究，2017（2）：56 – 62.

［26］姜付秀，张晓亮，郑晓佳．学者型 CEO 更富有社会责任感吗？——

基于企业慈善捐赠的研究［J］.经济理论与经济管理，2019（4）：35－51.

［27］蒋尧明，赖妍.高管海外背景对企业社会责任信息披露的影响——基于任职地区规制压力的调节作用［J］.山西财经大学学报，2019，41（1）：70－86.

［28］季桓永，许冠南，周蓉，周源.企业社会责任、非沉淀性冗余资源与二元性技术创新［J］.科技进步与对策，2019（6）：1－8.

［29］李相银，余莉莉.高新技术企业中的组织学习与技术创新［J］.科技管理研究，2012（10）：15－19.

［30］李维胜.提高高新技术企业技术创新能力的对策研究［J］.技术经济与管理研究，2011（6）：58－61.

［31］李维安，李汉军.股权结构、高管持股与公司绩效——来自民营上市公司的证据［J］.南开管理评论，2006（5）：4－10.

［32］李文茜，贾兴平，廖勇海，刘益.多视角整合下企业社会责任对企业技术创新绩效的影响［J］.管理学报，2018（2）：237－245.

［33］李茜，熊杰，黄晗.企业社会责任缺失对财务绩效的影响研究［J］.管理学报，2018，15（2）：255－261.

［34］李虹，王瑞珂，许宁宁.管理层能力与企业环保投资关系研究——基于市场竞争与产权性质的调节作用视角［J］.华东经济管理，2017，31（9）：136－143.

［35］李四海.管理者背景特征与企业捐赠行为［J］.经济管理，2012，（1）：138－152.

［36］李兰云，王宗浩，阚立娜.内部控制与企业社会责任履行——基于代理成本的中介效应检验［J］.南京审计大学学报，2019，16（1）：28－36.

［37］李志斌，章铁生.内部控制、产权性质与社会责任信息披露——来自中国上市公司的经验证据［J］.会计研究，2017，（10）：86－92，97.

［38］刘力钢.企业可持续发展模式研究［J］.辽宁大学学报（哲学社会科学版），2000（3）：12－15.

［39］刘曼红，杨玲.从道琼斯可持续发展指数（DJSI）到中国德益投资（EI）社会责任投资指数的影响和意义［J］.环境经济，2007（8）：31－38.

［40］刘娜.企业战略管理中企业社会责任融入问题研究［M］.北京：光明日报出版社，2010.

［41］刘婉立，朱红．基于公司治理视角的企业社会责任信息披露质量研究［J］．北京工商大学学报（社会科学版），2013，28（6）：74-80.

［42］林正奎．基于熵权—AHP 组合的城市保险业社会责任评价研究［J］．科研管理，2012，33（3）：142-147.

［43］林钟高，张春艳，丁茂桓．市场化进程、内部控制缺陷及其修复与企业社会责任［J］．安徽师范大学学报（人文社会科学版），2018，46（2）：57-68.

［44］卢正文，刘春林．产品市场竞争影响企业慈善捐赠的实证研究［J］．管理学报，2011，8（7）：1067-1074.

［45］陆静，徐传．企业社会责任对风险承担和价值的影响［J］．重庆大学学报（社会科学版），2019，25（01）：75-95.

［46］冷建飞，高云．融资约束下企业社会责任信息披露质量与创新持续性——中小板企业数据分析［J］．科技进步与对策，2019，36（11）：77-84.

［47］骆嘉琪，匡海波，沈思祎．企业社会责任对财务绩效的影响研究——以交通运输行业为例［J］．科研管理，2019，40（2）：199-208.

［48］龚天平．企业公民、企业社会责任与企业伦理［J］．河南社会科学，2010，18（4）：75-78.

［49］龚晨，毕克新．低碳情境下制造企业社会责任对创新绩效的影响研究［J］．预测，2018，37（1）：43-48.

［50］罗裕梅，孟楞琰，张一．企业信息系统创新性使用行为的影响研究——基于社会影响理论及个人创新特质［J］．科技管理研究，2019，39（10）：177-184.

［51］梁建，陈爽英，盖庆恩．民营企业的政治参与、治理结构与慈善捐赠［J］．管理世界，2010（7）：109-118.

［52］买生，匡海波，张笑楠．基于科学发展观的企业社会责任评价模型及实证［J］．科研管理，2012，33（3）：148-154.

［53］马虹，李杰．战略性的企业社会责任投资与市场竞争——基于 Hotelling 模型的分析框架［J］．经济学动态，2014（8）：78-89.

［54］孟斌，沈思祎，匡海波，李菲，丰昊月．基于模糊-Topsis 的企业社会责任评价模型——以交通运输行业为例［J］．管理评论，2019，31（5）：191-202.

［55］那保国．粗糙集—模糊积分模型：一种评价企业社会责任的新方法
［J］．统计与决策，2012（3）：103－106．

［56］聂萍，王瑞芳．机构投资者、企业内部治理与慈善捐赠关系研究
［J］．湖南大学学报（社会科学版），2017，31（6）：67－73．

［57］乔海曙，龙靓．社会责任投资绩效实证研究述评［J］．经济学动
态，2009（6）：132－137．

［58］齐丽云，张碧波，李腾飞．企业社会责任报告质量评价研究［J］．
科研管理，2016（S1）：644－651．

［59］钱丽华，刘春林，丁慧．慈善捐赠、利益相关者动机认知与企业绩
效——基于 Heckman 二阶段模型的实证研究［J］．软科学，2018，32（5）：
63－67．

［60］秦续忠，王宗水，赵红．公司治理与企业社会责任披露——基于创
业板的中小企业研究［J］．管理评论，2018，30（3）：188－200．

［61］芮明杰，吴光飙．可持续发展：国有企业战略性改组的目标［J］．
中国工业经济，2001（3）：48－54．

［62］沈洪涛．公司特征与公司社会责任信息披露——来自我国上市公司
的经验证据［J］．会计研究，2007（3）：9－16．

［63］寿义，刘正阳．制度背景，公司价值与社会责任成本——来自沪深
300 指数上市公司的经验证据［J］．南开管理评论，2013（1）：83－91．

［64］孙硕，张新杨．社会责任投资与公司价值相关性理论探索［J］．证
券市场导报，2011（11）：34－39．

［65］孙美，池祥麟，永田胜也．社会责任投资的发展趋势和策略研究
［J］．四川大学学报（哲学社会科学版），2017（6）：141－152．

［66］唐鹏程，杨树旺．企业社会责任投资模式研究：基于价值的判断标
准［J］．中国工业经济，2016（7）：109－126．

［67］田祖海．社会责任投资理论述评［J］．经济学动态，2007（12）：
88－92．

［68］田甜，姚海鑫．社会责任投资能提高企业经营绩效吗？——基于并
购企业的经验研究［J］．会计之友，2016，（14）：36－41．

［69］陶宇．权衡视角下企业社会责任行为研究［J］．重庆大学学报（社
会科学版），2019，25（1）：96－106．

［70］万杰，张晓娜．基于CSR2.0与GRI-G4的食品企业社会责任指标体系构建［J］．河北工业大学学报（社会科学版），2017，9（1）：47-52.

［71］王海兵，韩彬．社会责任、内部控制与企业可持续发展——基于A股主板上市公司的经验分析［J］．北京工商大学学报（社会科学版），2016，31（1）：75-84.

［72］王小东，邓康一．企业社会责任评价体系的构建［J］．统计与决策，2019，35（10）：174-177.

［73］王翊，许晓卉．媒体报道、制度环境与公司社会责任履行［J］．财经问题研究，2018（12）：129-136.

［74］王能，李万明，郭文顿．经济新常态背景下企业社会责任履行的经济效应［J］．经济问题，2018（3）：66-72，117.

［75］温素彬，方苑．企业社会责任与财务绩效关系的实证研究——基于利益相关者视角的面板数据分析［J］．中国工业经济，2008（10）：17-19.

［76］谢文武．公司治理环境对企业社会责任的影响分析［J］．现代财经-天津财经大学学报，2011（1）：91-96.

［77］肖海林，王芳华．企业可持续发展新论［J］．当代财经，2004（7）：69-72.

［78］许英杰，石颖．中国上市公司战略性社会责任影响因素研究——以沪深300指数企业为例［J］．经济体制改革，2014（4）：120-124.

［79］许年行，李哲．高管贫困经历与企业慈善捐赠［J］．经济研究，2016，51（12）：133-146.

［80］徐传谌，邹俊．国有企业与民营企业社会责任比较研究［J］．经济纵横，2011（10）：23-26.

［81］徐传谌，闫俊伍．国有企业委托代理问题研究［J］．经济纵横，2011（1）：92-95.

［82］徐光伟，李剑桥，刘星．党组织嵌入对民营企业社会责任投入的影响研究——基于私营企业调查数据的分析［J］．软科学，201（6）：1-11.

［83］严焰，池仁勇．R&D投入、技术获取模式与企业创新绩效——基于浙江省高技术企业的实证［J］．科研管理，2013，34（5）：48-55.

［84］阎海燕，凌嘉禄，孙雨．战略性企业社会责任实施的系统动力学分析［J］．系统科学学报，2017，25（02）：56-61.

［85］杨大梅，肖玉超．国外 NGOs 的社会责任投资战略及其对我国的启示［J］．软科学，2008（1）：94－97．

［86］杨钧．综合性社会契约视角下的社会责任投资决策［J］．生态经济，2010（2）：62－64．

［87］杨薇，孔东民．媒体关注与企业的社会责任投资：基于消费品行业的证据［J］．投资研究，2017，36（9）：16－33．

［88］杨皖苏，杨善林．中国情境下企业社会责任与财务绩效关系的实证研究——基于大、中小型上市公司的对比分析［J］．中国管理科学，2016，24（1）：143－150．

［89］杨洁，吴武清，蔡宗武．企业社会责任对现金持有价值的影响——基于分位数回归模型的研究［J］．系统工程理论与实践，2019，39（4）：893－905．

［90］叶艳，李孔岳．企业规模、家族涉入与私营企业捐赠行为——基于战略性动机的研究［J］．当代财经，2017（12）：78－86．

［91］于晓红，武文静．公司治理、社会责任与企业价值研究［J］．当代经济研究，2014（5）：74－78．

［92］张川，娄祝坤，詹丹碧．政治关联、财务绩效与企业社会责任——来自中国化工行业上市公司的经验数据［J］．管理评论，2014（1）：130－139．

［93］张俊瑞，刘慧，李彬．企业社会责任报告降低企业的诉讼风险了吗？［J］．预测，2017（1）：34－40．

［94］张兰霞，袁栋楠，牛丹，金越．企业社会责任对财务绩效影响的实证研究以我国上市公司为研究对象［J］．东北大学学报（自然科学版），2011（2）：292－296．

［95］张蒽．社会责任投资：财务绩效及其对企业行为的影响［J］．经济管理，2009（7）：59－64．

［96］张兆国，靳小翠，李庚秦．企业社会责任与财务绩效之间交叉跨期影响实证研究［J］．会计研究，2013（8）：32－39．

［97］张兆国，刘晓霞，张庆．企业社会责任与财务管理变革——基于利益相关者理论的研究［J］．会计研究，2009（3）：54－59．

［98］张兆国，向首任，曹丹婷．高管团队异质性与企业社会责任——基于预算管理的行为整合作用研究［J］．管理评论，2018，30（4）：120－131．

［99］张宏，范祎丽，李旭乐．基于模糊集定性比较分析的企业社会责任

投资策略研究 [J]. 管理学报, 2018, 15 (10): 1047 - 1055.

[100] 赵晓琴, 万迪昉. 影响中国企业慈善捐赠行为的因素: 省域空间相关的角度——基于"5·12"地震内地企业捐款的空间计量分析 [J]. 软科学, 2011, 25 (5): 120 - 123.

[101] 郑若娟, 胡璐. 我国社会责任投资策略与绩效分析 [J]. 经济管理, 2014 (5): 163 - 174.

[102] 周艳菊, 邹飞, 王宗润. 盈利能力、技术创新能力与资本结构——基于高新技术企业的实证分析 [J]. 科研管理, 2014 (1): 48 - 57.

[103] 周祖城. 企业社会责任研究的五种取向 [J]. 管理学报, 2016 (7): 1045 - 1050.

[104] 周丽萍, 陈燕, 金玉健. 企业社会责任与财务绩效关系的实证研究——基于企业声誉视角的分析解释 [J]. 江苏社会科学, 2016 (3): 95 - 102.

[105] 周虹, 李端生, 张苇锟. 战略性企业社会责任与企业绩效: 顾此失彼还是两全其美? [J]. 经济与管理研究, 2019 (6): 131 - 144.

[106] 曾春影, 茅宁. 女性 CEO 与企业捐赠——基于利他视角的实证研究 [J]. 经济管理, 2018, 40 (1): 123 - 139.

[107] 朱乃平, 朱丽, 孔玉生, 沈阳. 技术创新投入、社会责任承担对财务绩效的协同影响研究 [J]. 会计研究, 2014 (2): 57 - 63.

[108] A. Azadegan, S. Golara, A. Kach, N. Mousavi. Corporate Environmental Investments: A Cross-national Study on Managerial Decision Making [J]. International Journal of Production Economics, 2018 (199): 47 - 64.

[109] A. A. Ullmann. Data in Search of a Theory: A Critical Examination of the Relationships Among Social Performance, Social Disclosure, and Economic Performance of US Firms [J]. Academy of Management Review, 1985, 10 (3): 540 - 557.

[110] A. Beelitz, D. M. Merkl-Davies. Using Discourse to Restore Organizational Legitimacy: 'CEO-speak' After an Incident in a German Nuclear Power Plant [J]. Journal of Business Ethics, 2012, 108 (1): 101 - 120.

[111] A. B. Carroll. A Three-dimensional Conceptual Model of Corporate Performance. Academy of Management [J]. The Academy of Management Review, 1979, 4 (4): 497 - 505.

[112] A. B. Carroll. The Pyramid of Corporate Social Responsibility: Toward

the Moral Management of Organizational Stakeholders [J]. Business Horizons, 1991, 34 (4): 39 - 48.

[113] A. Karnani. The Case against Corporate Social Responsibility [J]. Wall Street Journal-Eastern Edition, 2010 (45): 1 - 4.

[114] A. Lewis, C. Mackenzie. Morals, Money, Ethical Investing and Economic Psychology [J]. Human Relations, 2000, 53 (2): 179 - 191.

[115] A. McWilliams, D. Siegel. Corporate Social Responsibility, a Theory of the Firm Perspective [J]. Academy of Management Review, 2001, 26 (1): 117 - 127.

[116] A. Mcwilliams, D. Siegel. Corporate social responsibility and financial performance: correlation or misspecification? [J]. Strategic Management Journal, 2000, 21 (5): 603 - 609.

[117] A. Popov, P. Roosenboom. Venture capital and patented innovation: evidence from Europe [J]. Economic Policy, 2012, 27 (71): 447 - 482.

[118] A. Simpson. The Greening of Global Investment: How the Enviment, Ethics and Politics are Reshaping Strategies [M]. London: Economist Publications, 1991.

[119] B. A. Stone. Corporate Social Responsibility and Institutional Investment [J]. Business and Society, 2001, 40 (1): 112 - 117.

[120] B. T. Peylo, S. Schaltegger. An equation with many variables: unhiding the relationship between sustainability and investment performance [J]. Journal of Sustainable Finance and Investment, 2014, 4 (2): 110 - 126.

[121] C. A. Sirsly, K. Lamertz. When does a Corporate Social Responsibility Initiative Provide a First-mover Advantage? [J]. Business &Society, 2008 (3): 343 - 369.

[122] C. Christopher. Playing by the Rules: Ethical Criteria at an Ethical Investment Fund [J]. Business Ethics: A European Review, 1999, 8 (1): 60 - 69.

[123] C. E. Hull, S. Rothenberg. Firm Performance: The Interactions of Corporate Social Performance with Innovation and Industry Differentiation [J]. Strategic Management Journal, 2008, 29 (7): 781 - 789.

[124] C. R. Ostergaard, B. Timmermans, K. Kristinsson. Does a different view create something new? The effect of employee diversity on innovation [J]. Research

Policy, 2011, 40 (3): 500 – 509.

[125] C. Revelli, V. Jean-Laurent. Financial Performance of Socially Responsible Investing (SRI): What Have We Learned? A Meta-analysis [J]. Business Ethics: A European Review, 2015, 24 (2): 158 – 185.

[126] C. W. Hill, T. M. Jones. Stakeholder-agency Theory [J]. Journal of Management Studies, 1992, 29 (2): 131 – 154.

[127] D. J. Wood. Social Issues in Management: Theory and Research in Corporate Social Performance [J]. Journal of Management, 1991, 17 (2): 383 – 406.

[128] D. R. Dalton, C. M. Daily, J. L. Johnson, A. E. Ellstrand. Number of Directors and Financial Performance: A Meta-Analysis [J]. The Academy of Management Journal, 1999, 42 (6): 674 – 686.

[129] G. D. Hansen. Indivisible Labor and the Business Cycle [J]. Journal of Monetary Economics, 1985, 16 (3): 309 – 327.

[130] G. Lenssen, N. André, L. Roger, H. Kievit, P. B. Tobias. Rational socially responsible investment [J]. Corporate Governance: The international journal of business in society, 2014, 14 (5): 699 – 713.

[131] H. C. Kelman. Compliance, Identification and Internalization: three Processes of Attitude Change [J]. Journal of Conflict Resolution, 1958, 2 (1) : 51 – 60.

[132] H. Geoffrey. Corporate Social Responsibility: An Economic and Financial Framework [J]. Geneva Papers on Risk and Insurance: Issues and Practice, 2005, 30 (3): 387 – 409.

[133] H. Jo, M. A. Harjoto. The causal effect of corporate governance on corporate social responsibility [J]. Journal of Business Ethics, 2012, 106 (1): 53 – 72.

[134] H. K. Kwang, K. MinChung, Q. Cuili. Effects of Corporate Social Responsibility on Corporate Financial Performance: A Competitive-Action Perspective [J]. Journal of Management, 2018, 44 (3): 1097 – 1118.

[135] H. Moskowitz. R&D Managers′ Choices of Development Policies in Simulated R&D Environments [J]. Engineering Management, IEEE Transactions on 1972, 19 (1): 22 – 30.

[136] H. Wang Corporate Social Responsibility: An Overview and New Research Directions [J]. Academy of Management Journal, 2016, 59 (2): 534 – 544.

[137] H. Youn, S. Song, S. Lee, J. Kim. Does the restaurant type matter for investment in corporate social responsibility? [J]. International Journal of Hospitality Management, 2016, (58): 24 – 33.

[138] I. Carrasco, I. B. Martínez. Corporate Social Responsibility: a Crossroad between Changing Values, Innovation and Internationalisation [J]. European Journal of International Management, 2013, 7 (3): 295 – 314.

[139] J. Barney. Firm Resources and Sustained Competitive Advantage [J]. Advances in Strategic Management, 1991, 17 (1): 99 – 120.

[140] J. Humphrey, D. Lee. Australian Socially Responsible Funds: Performance, Risk and Screening Intensity [J]. Journal of Business Ethics, 2011 (102): 519 – 535.

[141] J. P. Gond, N. Kang, J. Moon. The government of self-regulation: on the comparative dynamics of corporate social responsibility [J]. Economy and Society, 2011, 40 (4): 640 – 671.

[142] J. Sandberg, C. Juravle, T. M. Hedesström, Hamilton Ian. The Heterogeneity of Socially Responsible Investment: JBE [J]. Journal of Business Ethics, 2009, 87 (4): 519 – 533.

[143] J. Tippet. Performance of Australia's Ethical Funds [J]. Australian Economic Review, 2001, 11 (3): 44 – 45.

[144] L. Cummings. The Financial Performance of Ethical Investment Trust: An Australian Perspective [J]. Journal of Business Ethics, 2000, 2 (5): 79 – 92.

[145] L. Dam, B. Scholtens. Toward a theory of responsible investing: On the economic foundations of corporate social responsibility [J]. Resource and Energy Economics, 2015 (41): 103 – 121.

[146] L. E. Preston, D. P. O. Bannon. The corporate social-financial performance relationship: A typology and analysis [J]. Business and Society, 1997, 36 (4): 419 – 429.

[147] M. Cooper, B. B. Schlegelmilch. FOCUS: Key Issues in Ethical Investment [J]. Business Ethics A European Review, 2010, 2 (4): 213 – 227.

[148] M. Grant, W. Nick, L. Sandravander, F. Geoff. Ethical Investment Processes and Outcomes [J]. Journal of Business Ethics, 2004, 1 (52): 1 – 10.

［149］M. Jonathan, G. John. A Comparison of Socially Responsible and Conventional Investors ［J］. Journal of Business Ethics, 2004（52）: 11 - 25.

［150］M. P. R. Bolívar, R. G. Sánchez, A. M. L. Hernández. Managers as drivers of CSR in state-owned enterprises ［J］. Journal of Environmental Planning & Management, 2015, 58（5）: 777 - 801.

［151］M. R. Moskowitz. Choosing Socially Responsible Stocks ［J］. Business and Society Review, 1972（10）: 71 - 75.

［152］N. Murovec, R. S. Erker, I. Prodan. Determinants of environmental investments: testing the structural model ［J］. Journal of Cleaner Production, 2012（37）: 265 - 277.

［153］R. A. Schotland. Divergent Investing for Pension Funds ［J］. Financial Analysts Journal, 1980（9）: 29 - 39.

［154］R. Bauer, K. Koedijk, Rogér Otten. International evidence on ethical mutual fund performance and investment style ［J］. Journal of Banking & Finance, 2002, 29（7）: 1751 - 1767.

［155］R. Borghesi, J. F. Houston, A. Naranjo. Corporate Socially Responsible Investments: CEO Altruis, Reputation, and Shareholder Interests ［J］. Journal of Corporate Finance, 2014（26）: 164 - 181.

［156］R. C. Higgins. How Much Growth Can a Finn Afford ［J］. Financial Management, 1977, 6（3）: 7 - 16.

［157］R. E. Wokuteh, K. F. Murrmann, J. D. Sehaffer. Targeted Investing: A Survey of Policies and Practices of State Public Employee Pension Funds ［J］. Research in Corporate Social Performance and Policy, 1984（6）: 93 - 113.

［158］R. Kumar, W. B. Lamb, R. E. Wokutch. The End of South African Sanctions, Institutional Ownership, and the Stock Price Performance of Boycotted Firms ［J］. Business & Society, 2002, 41（2）: 133 - 165.

［159］R. Luc, T. H. Jenke, C. Zhang. Socially Responsible Investments: Institutional Aspects, Performance, and Investor Behavior ［J］. Journal of Banking & Finance, 2008, 32（9）: 1728 - 1729.

［160］S. A. Waddock, S. B. Graves. The corporate social performance-Financial performance link ［J］. Strategic Management Journal, 1997, 18（4）, 303 - 319.

[161] S. Bert. Borrowing Green: Economic and Environmental Effects of Green Fiscal Policy in The Netherlands [J]. Ecological Economics, 2001 (39): 425 –435.

[162] S. K. Majumdar, A. A. Marcus. Rules versus Discretion: The Productivity Consequences of Flexible Regulations [J]. Academy of Management Journal, 2001, 44 (1): 170 – 179.

[163] S. Russell, J. Christopher. Cowton The Maturing of Socially Responsible Investment: A Review of the Developing Link with Corporate Social Responsibility [J]. Journal of Business Ethics, 2004, 52 (1): 45 – 57.

[164] Steve Sehueth. Socially Responsible Investing in theUnited States [J]. Journal of Business Ethics. 2003 (43): 189 – 194.

[165] S. T. Bruyn. The Field of Social Investment [J]. Cambridge University Press, 1987: 185 – 199.

[166] V. Desai. Under the Radar: Regulatory Collaborations and Their Selective Use to Facilitate Organizational Compliance [J]. Academy of Management Journal, 2016, 59 (2): 636 – 657.

[167] V. Venkatesh, F. D. Davis. A theoretical extension of the technology acceptance model: four longitudinal field studies [J]. Management Science, 2000, 46 (2) : 186 – 204.

[168] W. Peter, L. John. The Impact of Socially Responsible Investment on Human Resource Management: A Conceptual Framework [J]. Journal of Business Ethics, 2005, 52 (1): 35 – 47.

[169] W. Zhihong, S. Joseph. Corporate social responsibility governance, outcomes, and financial performance [J]. Journal of Cleaner Production, 2017, 162 (20): 1607 – 1616.

[170] X. M. Luo, S. L. Du. Exploring the relationship between corporate social responsibility and firm innovation [J]. Marketing Letters, 2015, 26 (4): 703 – 714.

后　记

　　本书是笔者福建省软科学研究计划资助项目（项目编号：2016R0051）的研究成果，感谢福建省软科学研究计划项目的资助，感谢福州大学哲学社会科学学术著作出版基金的资助，感谢福州大学经济与管理学院提供了良好的学术环境，感谢研究生方烨、孙文焘和黄宿兵对数据的收集和处理，感谢经济科学出版社的大力支持和认真细致的工作。由于笔者水平有限，书中难免存在疏漏或不妥之处，敬请读者不吝赐教。

黄莲琴
2019.8